アジア・太平洋戦争への道のりと戦争責任

石井創一郎
Ishii Soichiro

文藝春秋
企画出版部

はじめに

　アジア・太平洋戦争についての私の関心は、世界一の大国の米国を相手になぜ無謀な戦いを挑んだのか、という単純な疑問から発している。

　本書は、この戦争の起因となったと判断した1915年の「対華21カ条の要求」から論をはじめ、戦後独立を果たしたサンフランシスコ条約の締結、及び戦後の天皇制の動向まで記述する。個々の事件や時代の流れ、世相と思想を中心に論を進めていきたい。そのためには世界情勢を多面的、客観的に究明し、日本の置かれた状況をできるだけ相対化して見ることに努め、さらに明治憲法体制の特色とその問題点、軍国体制を主導した陸海軍の軍事体制の特徴と問題点にも触れる。また、事件に大きく関わった人物の特徴とその責任を同時に描き、日本人及び世論の動向全般にも触れたいと考えている。

　補論では、各国に大きな被害を与えた戦争責任に対するドイツと日本の対比、歴史認識問題に対する近隣諸国との関係と問題点、最後に戦後責任、未来責任と、それに関連してグローバル化の進展に伴って現在世界が直面している難民、移民問題に対する日本の対応を、人権の立場から考えてみたい。最近、アジア・太平洋戦争は自衛戦争であると唱える論者が多くなっており、東アジアを中心とした近隣諸国との関係がギクシャクしている。戦争責任の問題を重層的に考えたい。

　朝日新聞取材班編『戦争責任と追悼』（2006年11月、朝日選書）に、2006年4月に行った世論調査で東京裁判の内容を知らない人が全体の70％にのぼり、20代では90％に達していると書かれている。日本の近現代史で最大の事件で、東アジア及び東南アジアに最も大きな被害を与えたアジア・太平洋戦争の戦争責任問題を公的に追及した東京裁判への無関心の広がりには、驚愕するばかりである。

　東京裁判に関連した書物は多数出版されているものの、関心のある人は限ら

れているようである。戦後日本は経済的には大きく発展したが、かつて日本が起こした重大な問題を等閑視し、過去を直視しないでいることに、現在の日本の問題点の本質を見たように思う。

　表題に関連する事項については網羅したつもりだが、15年戦争の引き金となった満州事変と、戦争責任問題を追及した東京裁判及び歴史認識問題が分量的に増える結果となった。人物としては、日中戦争、日米戦争に深く関与した近衛文麿、松岡洋右、東条英機と昭和天皇の記述が多い。特に昭和天皇については宮内省、側近による回顧録が近年数多く出版され、天皇主権で統帥権者であったこともわかり、戦争責任存否も含めて最も記述が多い。

　マキャベリはその有名な『君主論』で「運命の仕業と信じこんでいる多くの歴史的出来事は、実は彼ら自身が選んだかあるいは創り出したものであり、勇気と洞察力と決断力をもってすれば運命の大半は逆に人間が支配できると断言する」としている。19世紀中葉に開国を米国に強いられ、その後の中国侵略から日米の激突は必然だとする歴史的必然性の理屈はわからないでもない。しかし、侵略した政治的、経済的要因の背景を多面的に追求し、そこに介在した個々の人物がその事件に与えた影響とその判断を知ることは、歴史を多角的に深く理解するうえで必要と考える。

　ところで、私がこの研究をしようとするきっかけになったのは、台湾駐在時代の顧客に誘われ、2012年9月から非常勤の仕事をすることになり、サラリーマン生活もひと区切りしたことである。2013年度から一橋大学の聴講生となった。1969年に大学に入学した時は、学生運動が最も盛んな時期で、1年間の浪人生活からの解放感もあり、高校時代に横須賀原潜入港の反対運動に共感していたことから、入学早々学生運動に身を投じてデモに参加した。しかし棒を持った警官に追われた恐怖感から、すぐに足を洗った。学校は閉鎖されており、全く縁のなかった体育会のヨット部に入部した。これは1962年の堀江謙一氏のヨットによる単独太平洋横断の成功に感激したことと、ヨットなら経験がなくても、高校時代からヨットに乗っている連中と伍していけるのではないかという安易な気持ちからであった。年間120日にも及ぶ葉山と油壺の近くの三戸浜

の合宿生活が中心となり、大学に行くのは試験の時だけだった。真面目に勉強していなかったこともあり、仕事が暇となった時に、もう一度大学生となって勉強したいという願望を持ち続けていた。

また本書を書くことになった経緯は、40年のサラリーマン生活を終え大学の聴講生となり、近現代史を学んだ6年間の勉学生活を総括するために何か書き記したいと思ったことが発端だが、もうひとつは父の影響が大きかった。父は戦前の日中戦争時代に東京商科大学（一橋大学）で厖大な書物を読み漁り、本人は学者になりたいと思っていたようだが、戦時中でもありサラリーマン人生を選んだ。69歳までその生活を大いに謳歌したものの、学者になりたい気持ちはずっと持っていたようで、70歳の手前で『明治維新と薩長藩閥』というエッセイを書き自費出版した。父は常日頃から読書中心の生活を続けており、私の方がはるかに浅学非才ながらも、それを真似て何か書きたいと思っていたのが最大の動機なのかもしれない。

このタイトルを選んだ背景には、2002年から4年にわたった台湾駐在時代の経験がある。1985年8月の中曽根首相の靖国神社参拝を最後に、歴代の首相は（橋本首相を除いて）参拝を控えていた。しかし小泉首相は問題があることを認識していながら、敢えて6回も靖国神社の参拝をした。親日と言われている台湾でも、小泉首相の靖国参拝には極めて強い反発があり、台北の日本台湾交流協会に対する抗議行動が毎度起こった。小泉首相の参拝について台湾人から聞かれたらどのように答えたらいいのかわからず、大変困惑したことがある。

台湾での大きな反発は中国、韓国のようなA級戦犯が靖国神社に合祀されているということよりもむしろ、台湾人日本兵士の遺族が一方的に合祀された靖国神社への合祀取り消しを求めたことに対して、台湾社会全般の共感があったことが最大の理由であろう。台湾人兵士が靖国神社に一方的に合祀されていることさえ知らず、日本を取り巻く近現代史についてあまりにも無知であることについて、私は罪悪感を覚えた。

特に、日本のアジア諸国への侵略の事実とその背景、国力が圧倒的に違う米国に無謀な戦争を挑んだ経緯と戦争突入の事実内容、戦争・戦後責任について学び、自分の考えを整理することはこのグローバルな時代に必須だと思い、仕

事を離れてから東アジアを中心とした近現代史を学ぼうと決意した。一橋大学の聴講生となるのを選んだのは、昭和史の大家で戦争責任についての著述も多数あり、その書籍に日頃親しんでいた吉田裕教授の授業を受講したいと思ったことが、最大の理由である。

　このような経緯で6年間聴講生として学んだ。一橋大学の授業は前期・後期の年2回で、吉田先生の授業には計8回出席したが、講義の内容は靖国神社についての特別な講義はあったが、まさしくこの表題である昭和史を中心とした近現代史であった。吉田先生は家永三郎、藤原彰両先生の弟子であり、その理念と信条は私に近いと理解しているが、授業では自分の考え方・感想を一切述べず、事実の事柄と真実を文献の引用を中心に淡々と講義されていることにその特徴があった。

　関連した授業にも数多く出て、アジアだけでなく西欧の近現代史の本も数多く読んだ。そして最も関心があった「アジア・太平洋戦争への道のりと戦争責任」については歴史的事実、背景と問題点、それに対する自分なりの意見をまとめることにした。

　学び方については、受講した教授の多くがその必読を求める一次資料を一応は当たったものの、大半は近現代史の専門家が書いた書物を精読した。それについては注に記した通りである。新たな知見を見つける学者のような研究姿勢で臨んだわけではないが、なるべく多くの書物と文献に当たり、多岐多様な考え方を知ることに努め、問題の大きかった出来事の要因、経緯とその問題点について複合的な視点から真実の追求に努めた。

　引用した文献については、巻末にまとめて注として記載した。他に吉田氏の授業で先生が配ったレジュメと資料、一橋大学の聴講生を終えた後に通った朝日カルチャーセンターの諸先生のレジュメも多数引用しているが、レジュメで使用した文献には頁数は示されておらず、頁数を省略していることにご容赦願いたい。

アジア・太平洋戦争への道のりと戦争責任

◉

目　次

アジア・太平洋戦争

への

道のりと戦争責任

1章

アジア・太平洋戦争への道

第**1**節 | 対華21カ条の要求

　アジア・太平洋戦争は、別名で「15年戦争」とする学説が一般的で、1931年
9月18日の満州事変から始まったとされる。日中戦争が原因で太平洋戦争を誘
発させた経緯はあるものの、そもそも日露戦争で満州の権益の一部を獲得した
ことがその原因を作ったという理解もある。しかし私の意見は、良好だった日
中関係を悪化させることになったのは、第一次世界大戦中の1915年の対華21
カ条要求に問題の発端があるというものである。まずこの事件とその影響を記
すことから本書を始めていきたい。

　対華21カ条要求は多岐にわたっているが、日本が中国に要求した最大の理
由は満州権益の維持にある。日露戦争で獲得した満州の権益期限が喫緊に迫っ
ており、権益の延長を図ることに最も大きな主眼があった。

　この対華21カ条要求によって、中国全土で反日・抗日運動が起こり、中国
社会に日本に裏切られたという深い衝撃を与えることになった。「近代中国に
おける民族主義の誕生を画するもの」[*1]と言われており、日中対立の原点と言
える。

　また、日本はそれまで欧米とは一定に安定した関係にあったが、対華21カ
条要求により欧米に日本に対する不信感を与えることになった。英国の The
Times は日英同盟から宥和的な報道をしたが、The Washington Post、The
New York Times は日本への批判的報道を行い、米国の対日態度硬化の発端
となった。在英大使館に在勤していた重光葵も日本の中国に対する交渉要求の
全貌を知らされておらず、『The Times』から交渉の真相を知って以降、外に
対して自信のある説明ができず、大変苦慮したことを『外交回想録』に記して
いる。結果1923年の日英同盟廃棄の原因となり、これを契機に米国は「領土保
全、門戸開放という原則を掲げて中国をしばしば支援し、日本を牽制した。そ
れはやがて、満州事変以降の『不承認政策』につながっていく。こうして見ると、
二十一カ条要求は、対欧米外交という面でも、まさに日本の転機になったと言

える」*2。こうした意味では、対華21カ条要求は満州事変前の1927年に起こった山東出兵以降に続く一連の日中戦争を誘発させる原因を作った極めて大きな事件であった。

　対華21カ条要求に至る経緯を簡単に見てみる。

「1911年の辛亥革命以降、中国では列強の権益を回収する動きが強まり、日本の満州権益の維持も危ぶまれていた」*3。こうした状況下の1914年に第一次世界大戦が勃発し、加藤高明外相は満州問題解決の好機として早期参戦を主導し、1915年に対華21カ条要求を提出した。

　満州の権益拡大のほかにドイツが保持していた山東半島の権益の継承要求である。なかで一番紛糾したのは、希望条項であった第5号の、中国政府に日本人の政治・財政・軍事顧問を置くことを求め、英国の既得権に抵触する事項も含む、中国を植民地化する内容であった。しかも欧米列強に事前に連絡せず、秘密裡に日中交渉を妥結させようとする姑息な手法をとろうとした。このような法外な要求を行った経緯は、1913年に起こった兗州・漢口・南京事件で日本世論が激昂したことが大きな要因であったが、加藤外相の拙劣な外交が極めて問題であった、と私は思う。

　1915年1月18日に日置益駐華公使が袁世凱に対華21カ条要求を直接提出したが、袁世凱は強く反発し「これを受諾すれば、5年前の1910年に日本が韓国に強要した『韓国併合条約』と同様に中国が亡びる」*4 として、秘密を求められた第5号の内容を欧米に漏洩し、対内外世論に訴える戦術をとった。交渉は行き詰まりの様相を呈し、抵抗に業を煮やした日本は青島、済南、天津、南満州へ戦時編成の日本軍を増派した。25回の交渉が行われ、結果的に日本政府は第5号を取り下げたものの、5月7日に最後通牒し、中国政府は9日に万策尽きて受諾した。5月9日を中国は屈辱の日として「国辱記念日」と定め、日本への敵対心が固定化される。

　日清戦争後、歴代政府の懸命な努力の結果、中国人は親日的となり、1915年には東京だけでも5000人の中国人留学生が学んでいた。ところが21カ条の要求は排日運動を激化させ、多くの中国人留学生たちが米国へ転進する契機となった。

21カ条の要求に対して筒井清忠氏は、「加藤は、中国対策を含めた国際世論対策に失敗するとともに、政府内の調整・国内世論対策にも失敗したわけだが、中国と日本の関係が深まるにつれ多くの摩擦が生じ始めていたことも配慮せねば、その行動の背景はよく理解できないように思われる」*5 と非難しているが、一方で日中関係が極めて微妙な状況に置かれていたことにも触れている。加藤高明は三菱社員、駐英公使、駐英大使として英国に10年あまり駐在し、1900年に第4次伊藤博文内閣の外相に就任した。日英同盟締結の素地を築き、新英米協調派として外交を知悉していた。国内で中国への強硬論が強かったことはあるものの、外交についてはまだ外務省が主導している時代に、相手の立場を一切考慮しない無謀な要求をした背景には、彼が大変な野心家で首相になりたいという願望があった。世論に迎合するような判断を下したのではないかと思われる。プロの外交官であった加藤が、このように極めて問題のある21カ条要求第5号を中国にした背景を調べたが、残念ながらいまだにはっきりしない *6。しかし、加藤は個人的には21カ条要求をしたことは失敗と認めていて、以降は弁明を繰り返している。

　結果的に「中国や欧米の強い反発を招き交渉をいたずらに混乱させた」加藤の責任は極めて重く、奈良岡聰智氏は「西園寺公望は、加藤の外交手腕に対する懸念を抱き、加藤および彼が率いる憲政会を長らく政権から遠ざけた」*7 と記している。

　満州事変の経緯については第2章で詳しく記すが、蔣介石の北伐による日中関係の悪化と日中満在住の日本人が張学良の自主権回復政策に危機感を抱いたことが大きな要因となっている。対華21カ条要求は中国のナショナリズムを強め「排日運動の激化」を促し、日貨ボイコット、国貨提唱が全国に拡大し、「日本という『単独敵』を設定させ」*8 た、まさにそのきっかけを作ったことになる。日本領事館の記録によれば、満州居住の日本人は、奉天で1906年2250人、14年1万6558人、22年に3万0911人と激増、「満州事変の発生した1931年には4万7318になっていることから、対華21カ条要求が、日本人の満州進出を促進するきっかけ」*9 となったことにも注視する必要がある。

　以上の通り対華21カ条の要求は、日本の満州進出を促進させる契機となっ

ただけでなく、軍や政治家の一部とメディアや世論に政治指導者が引きずられるという1930年代の悪癖の前例となった。さらに、日中間、日欧米間に大きな亀裂を引き起こし、日本がこれ以降、孤立への方向に進むことになった見過ごすことができない事件であり、アジア・太平洋戦争の原点となったことを強調したい。

第2節 明治憲法体制の特質と問題点

　対華21カ条要求がアジア・太平洋戦争の原点だと議論を始めたが、無謀な戦争を回避できなかったことの背景として、明治期の憲法を含めた国家形成のあり方に伏線があったと私は考えており、以下検討していきたい。

　吉田裕氏は「国務と統帥の分裂、国務大臣の単独輔弼性と表裏の関係にある首相の権限の弱さ、憲法外の国家機関の存在など、明治憲法体制そのものの中に根本原因があることを指摘」[*10]している。一方、伊藤之雄氏、柴田三千雄氏は、明治憲法の立憲主義的性格や明治天皇が身に着けた進歩の思想を国民国家の形成期であるとして、明治憲法体制の制度の議論を封印して明治期の国家指導者を評価している[*11]。

　私は社会システムがより複雑化した戦前の昭和期を明治期に作られた制度だけの欠陥に原因を求めるのは無理があり、技術の大幅な進歩、世界情勢の推移など、多面的に検討する必要があると思うが、明治憲法体制の問題点を否定することはできないので、私なりの考えを記したい。

● 近代天皇制は絶対主義か立憲君主制か

　最も議論を呼んでいるのが、この天皇制が絶対主義的なのか立憲君主制なのかという論点である。どちらの側面を重視するかによって政局の運営の在り方への意見が大きく振れることに特徴がある。さらに同じ立憲君主制でも、英国

は実質的には議会主権となっているが、ドイツは君主の統治権の総攬、欽定憲法主義で議会権限の狭小となっている。日本の天皇制はドイツに近く、帝国議会に法律の協賛権はあるものの立法、行政、外交の他に統帥権は天皇の権限に属し、制度的には天皇主権が貫かれた専制性の側面が強かった。

● 近代天皇制は普遍的か特殊性が強いか

　日本の天皇制は専制的で絶対性が強かったとしたが、天皇は統治権の総攬者であるとともに天照大神の神勅によるものであるとする神権主義的色彩が強かったことにあまり異論はない。

　最近論議を呼んでいるのは、天皇制に特殊性または普遍性があるのかという問題である。近年の研究で主張されているのは、近代日本の行動、植民地支配や侵略戦争は、20世紀前半期の世界における各国の行動と本質的には変わらないものとして相対化し、評価する立場である。歴史修正主義を志向する意見が強まっており、この意見を擁護する政治家も増えている。

　安田浩氏は歴史修正主義に反対し、自説である天皇制の特殊性を「"日本の近代天皇制も、イギリスの君主制と変わらない立憲君主制であり、天皇も立憲君主としてふるまってきたから戦争責任を問うことはできない"とする（中略）言説である。

　それに対して、本書は、近代天皇制を広く世界史的近代のなかで位置づけながら、なおそれがもった特殊性、すなわち、社会の自立的行動を抑圧し社会に対し国家が干渉をくりかえす抑圧的性格、国家意思の最終決定権が天皇に集中される専制性」[12]を持っていると強調している。これは昭和天皇に戦争責任があるか否かに直結する問題であり、本書の最後でまとめるが、近代天皇制は欧米の制限的君主制とは大きく異なっている、と考える。昭和天皇は努めて立憲君主的に動こうとしたが、神権的なことも含めて天皇主権の立場から専制的な言動や行動をとる局面があり、状況によってはこの両面をうまく使いわけていた。欧米の統治体系と比較すると極めて特殊である、というのが私の考えである。

● 国家諸機関の分立制と多元性

伊藤博文は自由民権運動に脅威を感じ、天皇主権と共に権力の分散を図った。「政治権力が特定の部門に集中するのを避けるために、国家諸機関を相互に牽制させ、均衡を保つという『原理』」[*13]である。しかし平時なら問題はないものの、戦時のような非常事態に、政治と統帥が分離され、権力の分散が指導者のリーダーシップを発揮できなくし、意思決定しにくく、責任を曖昧にし、問題をすみやかに解決できない体制を作ってしまったのではないか。問題は多々あり、すべてを挙げることはせずに主な問題点を次に示したい。なお、最も問題のあった統帥権の独立問題は、別に項目を分けて記す。

① **大臣の単独輔弼責任制**　内閣を構成する個々の大臣が、国政に関してそれぞれ単独で天皇を直接輔弼する責任を有する。一人の大臣が内閣全体または総理大臣や他の大臣と意見を異にしても、天皇に上奏することができる。内閣の一体的な意思決定を行うこともできず、総理大臣は大臣を罷免することもできない。

② **内閣総理大臣の権限が弱いこと**　伊藤は内閣総理大臣に相当な権限を与えようと考えていたが、山縣有朋から総理大臣の独裁を生むと反対された。内閣総理大臣の主要な職務は各大臣の任免を奏薦し閣議を主宰するが、各大臣に命令する権限はない。内閣総理大臣は施政の大本の方針を定めて、調整業務を図ることとなった。その結果、内閣総理大臣の権限は大幅に小さくなり、主導して行政事務に当たることができない制度になった。

③ **枢密院の設置**　1888年に枢密院が設置され、天皇の諮問に応じて皇室典範、条約の締結を含む重要国務を審議するものとされた。枢密院は政党政治が機能しはじめたころ、官僚派の牙城としてしばしば内閣と対立した。後に記すロンドン軍縮会議の批准をめぐっては、軍令部が枢密院を使って反対運動を展開した。また枢密院は、1927年の金融恐慌のさなか台湾銀行緊急勅令案を否決し、第一次若槻内閣を総辞職に追い込み、天皇機関説糾弾の舞台となった。反対だけのネガティブな面が目立ち、政治運営に支障をきたすことが多かった。枢密院の動きは民意に反するものとして批判の対象となり、

敗戦後の日本国憲法施行前の1947年に廃止される。

④ 天皇側近に様々な役職を配置　宮中グループ。皇室自律主義に基づき、皇室典範、皇室令が憲法外大権として作られ、皇室の宮中と府中の分立で、前者は皇室一切の事務を輔弼する宮内大臣、後者は天皇の政務を常侍輔弼する内大臣、天皇に常侍奉仕し上奏書を奉呈する侍従長が置かれた。他に超法規的に天皇を補佐して重要政務に関与した元老、首相経験者、枢密院議長などの重臣もいた。これらの人々は宮中グループと言われ、国務に関する権限は建前上では有していないが、宮中における天皇の直接の側近グループとして一つの有力な政治勢力を形成した。

⑤ その他の分立した機構の設置　議会は衆議院と貴族院が設置された。貴族院は皇族、華族、勅任議員（勅撰による国家への功労者・学識者、多額納税者と帝国学士院会員の互選）からなり、衆議院と対等な権限を保有し、藩閥政府を擁護する役割を果たした。

吉田裕氏は「分立的な国家機構の下で深刻な路線対立が生じた場合には、高度な政治判断に基づく決断や、論理的な論争を通じた合意形成の努力は放棄され、政策決定は、両論併記的な性格を色濃く帯びます（中略）『両論併記』は、新たな抗争の出発点となり、二つの勢力間の争いは、次のステージに移行します。このような対立と抗争を繰り返しながら、次第に後戻りできない地点まで自ら追い込まれていった」*14 と記している。後述するが、1941年7月2日の御前会議で北進論と南進論の対立を「両論併記」したのが有名である。松岡外務大臣が南進は対米との戦争につながるため北進論を勧めようとしたが、北進で中国問題が解決するわけではなく、軍事的には全くの弥縫策であった。実態は決定先送りに過ぎず、新たな抗争を起こすだけとなり、問題解決機能を喪失させてしまった。

● **統帥権の独立**

明治憲法11条に「天皇は陸海軍を統帥す」と規定されたように、統帥権は天皇の大権であり、陸海軍に対する命令権限である。特に問題となるのは12条

の軍の編制及び常備兵額の決定を大権事項としながらも、これを国務事項としたことである。編制大権は統帥大権と関連することが多いことから、国務、統帥両機関の係争点となり、軍部は拡大解釈によって第12条にまで統帥権を拡張してきた。これは帝国国防方針、国防所要兵力の決定が統帥機関によって行われることから、兵力量は軍部が決定するものとの解釈を助長した。

　軍部は、この国防方針を盾とし軍部大臣現役武官制を鉾として、いくたびか内閣を倒し、流産させた。統帥権独立の根拠は明治憲法上明文の規定はなく、このような規定を持っている国は少数であるが、「国務大臣は天皇の陸海軍の統帥そのものに関しては、輔弼の機会なく、また輔弼すべき限りにあらざるものと思考せらるるなり」*15とされた。長谷川正安氏によれば、「国民皆兵を実現する徴兵令が公布されたのは明治6年であったが、その威力は西南の役（10年）において実証され、この戦役の成功と失敗の経験にもとづいて設置されたのが、全軍を統轄する参謀本部（11年）であった。このときあたりから、軍令事項をあつかう参謀本部長が軍政事項をあつかう太政大臣から独立するという『統帥権独立』の慣行ができあがっていった」*16とされる。このことから、憲法制定前に統帥権独立は既成事実化していた。統帥権の独立を支える制度としては次のものがある。

　① 軍人勅諭の発布　　発案者は山縣有朋で1882年に明治天皇が軍人精神涵養のため訓告し、「汝等能く朕と其憂を共にせよ」「朕と一心になりて力を国家の保護に尽くさば」などと天皇との一体性を強調し、天皇親率の軍隊・大元帥としての天皇という思想を確立させ、天皇に忠誠を尽くすことが国家に尽くすという論理を正当化した。日本軍は自己の存在意義を国民の保護ではなく、天皇への忠誠に求め、軍隊の構成員たるべき国民に対立する存在として生まれており、実質的には国民軍ではなかった*17。

　② 参謀本部、軍令部の陸軍省、海軍省からの分離　　「西郷（引用者注：征韓論争時、筆頭参議にして近衛都督さらにただ一人の大将であった）の再現を防ぐとは、特定の人物が政府の指導者であると同時に、軍の指導者としてその指揮権を握る事態を生まないようにすることであった」「政権と兵権を分離するとは、軍隊を政治から切り離し、その政治的中立性を確保すること

もあった」[18]。参謀本部は明治憲法が公布される1889年より前の1878年に、軍令部は1893年に、それぞれ分離される。参謀本部と陸軍省はその経緯から対等であったが、海軍は軍令部より海軍省のほうが優位だったが、1933年に海軍軍令部から軍令部と改称され発言力を強めた。

③ **軍部大臣現役武官制**　1900年山縣内閣は政党勢力の軍機構への浸透を恐れ、軍部大臣を現役大将、中将に限定した。1913年山本内閣は現役制限を削除したが、36年広田内閣で復活した。これは宇垣内閣の流産、米内内閣瓦解に威力を発揮した。現役武官制は陸軍、海軍大臣の選任拒否が行えるため内閣を倒す権限を与える強力な武器となり、実質的に軍部主導国家形成に威力を発揮した。

④ **軍令の制定**　山縣は、1907年内閣総理大臣の副署を避けるために軍令を制定し、軍部の法令は独自に制定権を付与することを定めた。

⑤ **帷幄上奏**　軍政・軍令に関し、参謀総長・軍令部長などの軍令機関の長と陸海軍大臣が内閣を経由することなく天皇に上奏・裁可を求めると、1889年に制度化された。陸軍は軍政事項まで帷幄上奏によって決定する傾向を強め、第2次西園寺内閣の2個師団増設問題で上原陸相は帷幄上奏後に辞任した。内閣総辞職の原因をつくるなど、統帥権独立の中核的な制度といえる。

統帥権の独立を論じるなかでよく言われるのは、国務大臣の「輔弼」と対比される「輔翼」という概念である。各国務大臣は天皇に対して輔弼責任を有していたが、統帥権の行使を補佐するのは参謀総長・軍令部総長による輔翼と呼ばれた。が、輔翼は天皇の大権行使を補佐することから、参謀総長と軍令部総長は天皇に対して最終的責任を有していないと理解された。国務大臣は憲法上の輔弼責任者なので意見を重んじる必要があるが、参謀総長と軍令部総長は国務大臣相当ポストではなく、「純統帥」に関しては自分が絶対者であり、最高責任者だというのが天皇の認識だった。

この点についてエドワード・ドレアも「日本軍が野戦場の司令官に与えた裁量の自由は、独特なものであったと思います。(中略) 他の殆どの国の軍は、(中略) 野戦場の司令官はある程度の権限しかありません。最終的に参謀総長が命令を下すのです。しかし、日本軍では、そうならなかった」[19]と指摘している

ように、統帥権のトップと目された参謀総長と軍令部総長の権限は、実際の戦闘行為では制限があり、すべては天皇に委ねられていた。

統帥権独立は Civilian control が効かない明治憲法体制で最大の欠陥だったが、東条英機は戦後の1945年11月大森拘禁所で、軍の問題点として第一に統帥権の独立で政府が軍事について一切発言することができず、第二に下剋上思想であり、将来憲法を改正して統帥権を国務に従属する米国式にすべきであり、国民に自覚を持たせる米国の基礎は民主主義にあると発言していた[20]。

鬼畜米英のスローガンを掲げ対米戦争に挑んだ東条が、米国の民主主義を高く評価していたことには驚く。ただし、東条は米国との戦いに勝ち目はないことは充分に自覚しており、彼が戦争に導いたのは陸軍の組織維持の論理であり、国益や天皇制は二次的要因に過ぎず、さらに言えば国民は全く視野の外にあった。

⑥ 幼年学校出身者の主要ポスト独占　日本の軍隊を特徴づけるものとして陸軍幼年学校を挙げることができる。1896年に陸軍将校養成制度の中核と位置づけられ、修業年限が3年から5年に拡大された。幼少期から有能な人材を陸軍に取り込んでしまうためである。幼年学校出身者が陸軍の出世街道を独占し、視野の狭い将校が陸軍の幹部を占めるようになった。幼年学校出身の主要ポスト独占は競争原理を働かせることができず、その弊害が昭和期に噴出する。

堀川惠子『暁の宇品』（講談社、2021年）は、大佛次郎賞を受賞したノンフィクションである。同書によると、主人公である田尻昌次は日本の軍隊で最も日の当たらない補給と兵站、及び太平洋戦争で戦争を遂行するうえで必要不可欠な船舶の調達・運用を統括した船舶部門に陸軍大学校卒業と同時に配属された。20年以上もその任務に就き最後には輸送司令官になった人物である。中将にまで上りつめたが、戦争が始まる1年前の1940年に太平洋戦争開戦に反対したことから予備役となった。田尻は士官学校に入学し、卒業時の成績は742人中47番の上位1割に入っていたものの、幼年学校出身ではなく第三高等学校から途中入学したことから、中枢部門には配属されず最初から長い下積みを味わった。結局主要ポストに就かなかったが、日中戦争で船舶調達・兵站に活躍し陸軍の奮戦の影の功労者であった。幼年学校出身者との差は軍隊入隊時からどう

にも克服できないものであり、私は本書を読んで陸軍のあまりにも閉鎖的で単眼的な体質に強い違和感を覚えた。

　海軍も1888年に兵学校を東京から広島の江田島に移転し、外界と分断してエリート教育方針を採り、席次優位の硬直的な人事システムは陸軍と変わらなかった。

● 統帥部の内部矛盾

　参謀本部と軍令部は対等な関係であり、統一した作戦計画の策定と実行に難があった。特に第一次世界大戦以降の総力戦体制では、その併存対等システムは速やかで柔軟な戦略を打ち立てられないことで致命的であった。天皇が最高統帥権者であり、参謀総長と軍令部総長は、陸軍と海軍の統帥について天皇を補佐（輔翼）する最高幕僚長であり、天皇の命令を宣伝するが、軍隊を指揮する権限はあらかじめ天皇から委任を受けない限り有していない。

第3節 | 国家諸機関の分立制克服の試み

　明治憲法体制は多くの欠陥があったが、1930年代後半の戦時体制になると意思決定に齟齬が生じるようになった。その欠陥を克服する試みが歴代内閣で行われたが、抜本的な改正には憲法を変更する必要があった。しかし憲法の改正には天皇の勅令と議会の出席議員の3分の2の賛成が必要であり、天皇主権を謳う憲法の改正は実質的に不可能であった。

● 内閣機能の強化

　内外急変に対処するため、首相、外務、大蔵、陸軍、海軍の5閣僚からなる5相会議が斎藤内閣から始まり、重要国策については5相会議で協議したが、

結果的に軍部が閣議決定の主導権を握ることになる。この方式はチャーチルが第二次世界大戦で Inner Cabinet 方式を採ったことで有名になった。

● 首相権限の強化とその限界

内閣総理大臣の権限を強化するために、①内閣調査局を1935年岡田内閣が設置し、重要政策に関する調査することにしたが、革新官僚が台頭したことで注目された。②1937年に内閣調査局が企画庁に改組される。同年支那事変を機に国家総動員計画が発動され、その策定のために資源局と統合して企画院となった。③1940年新体制運動を推進した近衛内閣で世論操作、情報の収集・統制を目的に首相の直属として内閣情報局が設置された。企画院総裁と情報局総裁の兼任の無任所国務大臣が置かれ、首相の権限強化には一定の効果があった。しかし内閣制度で一番問題であった国務大臣の単独輔弼性が存続して、首相の主導権発揮には限界があり、結果的に軍部の官僚制内部への浸透が進んだ。

● 国務と統帥との統合の試み

1893年に戦時大本営条例が公布されたが、支那事変が全面的に拡大した1937年9月中旬に近衛が、軍の行動が政府の知らぬ間に進められていくのに不満を持ち、日清、日露戦争の時と同様に国務と戦略との一致を図るべく、大本営設置を申し入れた。ところが陸海軍は統帥権独立の建前に固執し、首相の参加する大本営設置に反対であった。そして陸海軍作戦統一をはかるための純統帥機関としての大本営を置き、政府との間では大本営政府連絡会議を設けることで調整をはかった。

11月に戦時大本営条例が廃止され、戦時または事変でも設置ができる旨の大本営令が軍令で定められ公示された。大本営は参謀本部と軍令部が合体したもので、日清戦争の時は伊藤、日露戦争の時は桂首相等の主要閣僚が大本営に参加したが、支那事変の時は大本営では軍人のみに参加は限られた。代わりに、大本営政府連絡会議が設置されたが、政府と統帥間の連絡・調整機関に過ぎず、

国務と統帥の統合が唯一できる天皇の臨席が求められた。重要国策を決定する場合には天皇の臨席する御前会議となり、1938年から45年まで16回開催された。

　大本営政府連絡会議が設けられたことにより、統帥権に属さないことが明らかな事項を含む、重要な国策・国家意志が実質上決定されることとなった。宣戦・講和は広義の外交大権に属し国務大臣の輔弼に専属する国務であるが、開戦、終戦の決定は参謀総長・軍令部総長が同意権・拒否権を行使できる構成員として出席する御前会議で行われた。これは結果的に統帥部の発言権の強化につながった。

● 治安体制の強化

　戦時体制になるにつれて治安強化の法制度が強化され、1925年に制定された治安維持法で検挙された者をチェックする思想犯保護観察法が36年5月に公布され、41年3月には予防拘禁制が導入された。一方で右翼と権力の癒着は進み、運動資金の大半は陸軍の機密費、重臣及び実業家から安全を確保する必要悪としての小遣銭によってまかなわれていた。さらに、スパイ防止を理由として、軍機保護法全面改正が37年10月になされ、41年3月には国防保安法が制定された。

第4節 ｜ 日本の軍隊とその作戦思想

　既述のように、視野の狭い将校を輩出させた日本の軍隊が国務、国政を無視して戦争を主導したが、その特徴と問題点を考えてみよう。

● 軍式官僚の特質

　幼年学校の養成システムが極端なまでに閉鎖的であり、学歴至上主義が挙げら

れる。「日中戦争以降の大動員のなかで予備将校制度の拡充が図られはしたが、彼らには第一線での消耗が激しい下級将校の補充という役割しか与えられず、上級将校への道は事実上、閉ざされているに等しかった。(中略)陸軍の場合は、陸軍幼年学校―陸軍士官学校―陸軍大学校、海軍の場合は、海軍兵学校―海軍大学校という閉ざされた養成過程を通過したものだけが、いわばエリートへのパスポートを手に入れ、高級指揮官や参謀、あるいは省部(陸軍省―参謀本部、海軍省―軍令部)中枢の要職を占めることができたのである。しかし、この養成システムは、彼らに尊大で独善的なエリート意識を身につけさせたばかりではなく、有能な人材を自由に抜擢して軍事官僚機構と戦闘組織の活性化を図るという点でも、いちじるしい弊害をもたらした」[*21]のである。

参謀本部作戦部には陸軍大学校卒業生のうち成績上位5番以内のものが配属されるという内規があった。「この作戦参謀の権力たるやすさまじいものであった。まだ佐官クラスの作戦参謀が、太平洋戦争下の戦場に参謀肩章をつけて赴くと、将官クラスの司令官でさえ、平伏するという光景が見られた。日中戦争、太平洋戦争の敗戦のプロセスを詳細にたどっていくと、この作戦参謀の『戦場知らず』という弊害が如実にあらわれていると見ることができる。(中略)大本営の情報参謀が分析した情報なども無視すれば、兵站参謀の兵站計画なども一顧だにしない。ひたすら図面の上で作戦を考え、それを現場に押しつけるのだから、作戦と現実との乖離ははなはだしいものであった。ガダルカナルから始まってニューギニア、インパールなど、その現場を無視した作戦計画は、多くの兵士に餓死を強要する結果になったのである」[*22]。

教育は精神と戦術重視であったが、その戦術の活用は卒業後30年以上経過してなれるかなれないかわからない師団長としての戦術の演習に重点を置く、というものであった。「戦闘行動に直接関係する技術的事項の研究には熱心だったが、(中略)戦争理論、戦略、戦術の本質的研究に関しては、殆ど閑却していたようである。さらに情報に至っては、1名の研究者も見当たらない」[*23]と士官学校在学中に終戦を迎えた三根生久大氏は『帝国陸軍の本質』で記している。三根生氏はその著で日露戦争の勝利が精神主義と戦闘行動優先に偏り、情報の軽視、創造的研究を軽視してしまったと記している。

次に問題となるのは、人事政策の硬直性である。進級の基礎になったのは席次（成績）で、実績本位の抜擢制度は実現しなかった。一方、「米海軍では一般に少将までしか昇進させずに、それ以後は作戦展開の必要に応じて中将、大将に任命し、その任務を終了するとまたもとに戻すことによってきわめて柔軟な人事配置が可能であった」。「米軍の人事配置システムは、官僚制が持つ状況変化への適応力の低下という欠陥を是正し、ダイナミズムを注入することに成功したのである」[24]。

軍事官僚層が形成され、総力戦の時代になっても「帝国国防方針」の策定に首相は関与できず、陸軍の仮想敵国は終始ソ連であり、海軍は米国であることから、統一した戦略を立てられなかった。当然ながら席次で決められる特権的エリート将校が形成され、下士官の対立は構造的なものであるため、特に狭い空間で協力が必要な航空機の時代にはそれが顕著に現れた。

縦割りは日本の統治機構の特徴だが、陸海軍の対立は総力戦時代には致命的な欠陥で、機動的な共同作戦が効率的に行えなかった。陸・海軍がそれぞれ別々の指揮系統を末端まで維持しており、ガダルカナル島奪回作戦のように陸・海軍間で相互の使用兵力や作戦の目的・要領等の協定が必要となっても、その協定は大本営で基本的な協定をまず確認し、それに基づいて作戦参加部隊の各レベルで現地協定を行う。ガ島奪回作戦は当初から予期した作戦ではなく、作戦計画を変更する必要がたびたび発生し、半年で中央協定が5回実施された。「これに対して、現地に陸・海軍・陸軍航空部隊のすべてを指揮下に入れた統合指揮官である戦域最高指揮官を設けた米軍では、ガ島作戦の担任を南太平洋戦域最高司揮官と指令すれば、以後はその戦域内の陸・海・空部隊の協同は、指揮権を持つ最高指揮官に一任される」[25]。迅速で機動的な戦いが行えて、指揮官に問題があればすぐ更迭する措置が講じられ、極めて柔軟な体制であった。

● 陸軍の作戦思想

①短期決戦主義　第一次世界大戦によって総力戦・長期戦を強いられることを陸軍は理解していたが、長期戦の考え方は陸軍に根づくことはなかった。

1944年6月サイパン島での水際防御方式は典型的な短期決戦であり、本土決戦でもこの方式の作戦計画を立て短期決戦の思想を克服できなかったが、これは日本の国力、工業力に対する自信がなかったことが背景にある。

②極端な精神主義　「1909年（明治42）に改正された歩兵操典では『攻撃精神』や『必勝ノ信念』が高唱されるとともに、小銃に銃剣を装着した歩兵による白兵突撃に過大な役割が与えられることになった」「96式軽機関銃（1936年制式化）に銃剣の装着が可能であった事実がよく示しているように、日本陸軍の精神主義・白兵突撃主義はその後も堅持された。（中略）日本の歩兵は銃剣を装着した小銃にかわる突撃兵器としての自動小銃をついに持つことはなかったのである」*26。さらに軍馬に大きく依存していて、1923年に軍馬生産に直結する競馬法を制定、日中戦争の始まりからアジア・太平洋戦争で60〜70万の軍馬が戦場に送られ、中国では24万頭のうち残存馬数は12万頭余りであった*27。

③補給・衛生・情報の軽視　第2節で船舶輸送司令官であった田尻中将の事例を記したが、アジア・太平洋戦争で餓死した日本軍兵士・軍属の戦没者は全兵士230万人の60%にあたる140万人にのぼっている。補給・衛生軽視の説明はこの数字で十分だろう。情報についても、参謀本部第二部（情報部）に勤務した堀栄三によれば「堀の在任中、作戦課と（情報部）作戦室で同席して、個々の作戦について敵情判断を述べ、作戦に関して所要の議論を戦わしたことはただの一回もなかった」*28とされる。作戦課は、情報部の情勢判断を無視して作戦計画を立案していたことになる。

● 海軍の作戦思想

① 艦隊決戦思想の大艦巨砲主義　代表例が41〜42年の「大和」「武蔵」である。真珠湾攻撃、マレー沖での「Prince of Wales」「Repulse」撃沈で航空戦力の優位が立証されたにもかかわらず、戦艦優先から空母優先の艦隊編制にするまでに開戦から2年3カ月を要した。一方、米国は真珠湾攻撃の戦訓からすぐに航空母艦を海軍戦略の中心にすえた。戦艦大和に要した費用は1

億6千万円と言われ、1960年代の東京―大阪間の新幹線建設費用に相当する。大和は弾薬庫と機関部などに限定した集中防御方式を採用し、非防御区画の脆弱化を容認し、実在しない46センチ砲弾の防御としたため、速力などを犠牲にしたことから活動に制約があった[29]。1945年4月6日に沖縄戦で海上特攻隊として出撃したが、翌日に薩摩半島の坊ノ岬沖で2時間余りの戦闘の末沈没し、3056名の死者を出し[30]、無用の長物と言われても仕方のない船であった。

② 「漸減邀撃」作戦　国力に格差があり主力艦同士の艦隊決戦では優位に立てないため、潜水艦部隊による魚雷攻撃、南洋諸島から発進する陸上攻撃機による雷爆撃等で敵の兵力を漸減させて、最後に艦隊決戦に挑むという作戦をとった。しかし、潜水艦はハワイまで進出する航続力と水上速力を持たなければならず、必然的に大型化した。しかし大出力のエンジンは機械音を発して米国の対潜部隊に探知され、日本の潜水艦は大きな損害を蒙った。陸上攻撃機にも問題があり、主力の九六式と一式陸攻は漸減邀撃を実施し、長大な航続距離を飛行するために防御性能に欠陥があり、主翼そのものを燃料タンクとする構造を採用したため、被弾するとすぐに発火炎上するという弱点を持っていた。

③ 海上護衛戦の軽視　資源を確保するための南進政策をするうえで前提となる海上輸送路の確保とその護衛は基本条件となっていた。しかし戦艦、航空母艦等の軍備競争に焦点があてられ、海上護衛戦を軽視した。船舶の喪失の急増に衝撃を受けて、海上護衛戦のための中央機関として海上護衛総司令部を設置したのは米軍に制空権、制海権を握られた後の1943年11月であった。日米戦争時の軍令部総長であった永野修身は、戦争の主役となる海軍が41年時点で日米戦争において日米の戦艦、航空母艦の保有数から対等に戦える戦力を有しているように考えていたようだ。しかし、石油をはじめ戦略資材、機械の大半を米国に依存していたが、禁輸となったにもかかわらず、戦うための戦略物資の輸送と確保のための海上護衛を無視していたのは無能としか言いようがない。

長期戦が想定される近代戦争において、陸軍の精神論も含めて科学技術、情

報と兵站の軽視は、近代的な戦争を行ううえでの基本的な要件を検討していなかったことにある。戦争のプロであった陸海軍の超エリートの心構えと、最も初歩的な問題すら検討もしていなかった程度の低さに驚きを禁じ得ない。

第5節 人種問題（黄禍論）の影響

● 人種問題とは

昭和天皇は『昭和天皇独白録』で、人種差別が「大東亜戦争の遠因」と書かれている。第一次世界大戦後のヴェルサイユ条約で人種平等案が却下され、その後、米国がカリフォルニア州移民拒否など黄色人種差別をしたことに国民的憤慨がおこり、人種差別が太平洋戦争の起きた要因の一つであったのでは、と述べている。

人種差別とは物理的な肌、髪等の違いで人間の感性に起因して生じるものである。物事を判断し意思決定するうえで、理性なり経済合理性のほかにこのような感性が大きく影響を与えているということは、残念ながら認めざるをえない。人種差別は陰湿な形で表面化し、簡単になくならない人類の盲点と思われる。

海外には幼少時も含めて12年ほど住んだが（欧米とアジアは6年ずつ）、個人的に人種差別されるような場面に遭遇した体験がなかったので、関心を持つことはなかった。近現代史を学ぶにつれて、この問題はナチスのホロコーストや日本陸軍の南京事件とも密接に絡んでおり、避けては通れない大きな問題であると考えるようになった。

5年間あまり住んだニューヨーク州の Long Island のなかにある Garden City は人口2万2千人ほどの、日本で言う町の規模であった。驚くことに99.8％が白人であり、残り0.2％の僅か40人あまりは日本人、中国人、ベトナム人等の黄色人種の構成であり、ニューヨーク州に多い黒人はほとんどいなかった。ところが隣接した南の街はほぼ黒人一色で、北側の街は黒人とラテン

系が大半で、見事なほどに人種ごとに住居が分かれていた。マンハッタンは別にして人種ごとにコミュニティが異なることに違和感はあったものの、互いに平穏に生活するうえで人種ごとに住むのは、穏便に暮らすためにやむを得ないものと割り切って考えていた。

　ニューヨーク州は民主党が強いリベラルの街で、マンハッタンの街を歩いているとあらゆる人種が住み、世界でも最も多民族が居住して多様化している都市と思われる。しかし、人種、宗教ごとに住居がマンハッタンの中心部を除いて固定化されていて、棲み分けがはっきりしている。この事実からして人種を意識しないわけにはいかず、今回のブラック・ライブズ・マターの騒乱を見ていると、黒人が差別され劣位に置かれている状況はまったく変わっていない。人権意識が相当高まっている今日においても、深層心理にある人種差別意識に大きな変化はないというのが実感である。

● 20世紀以降の人種問題の動向

　20世紀前半の動乱の世界はどうであったか。陰に陽に人種問題が影を落としているのは間違いない事実だろう。欧州においてはユダヤ人への差別が歴史的に続いているが、建国以来の黒人差別が続いていた米国ではゴールドラッシュ以降、過酷な労働に中国からの移民がたずさわるようになり、西海岸で急増したこともあって、19世紀後半に黄禍論が沸き起こった。

　欧米では「社会的ダーウィニズムの蔵する暗黙の意味、及びアングロ・サクソン優越の観念は、コーカサス人系でないものは、近代文明において重要な役割を演ずるには全然不適当であるという信念であった」[*31]。ところが、日露戦争で日本がロシアに勝利したことから、日本脅威論が人種論と絡んで高まった。さらに1910年前後に日系移民の急増に伴って米国で排日運動が高まり、それに呼応して日本では反米、汎アジア主義の意識が強まってくる。

　このような状況下で特記しなければならないのは第一に、近衛文麿によるパリ講和会議直前の「英米本位の平和主義を排す」という論説である。これは黄色人種への差別に対する人種平等を訴えたものであった。第二は、パリ講和会

議で米国のウイルソン大統領が提案した14カ条に人種差別撤廃条項を盛り込もうとしたが、欧米の反対で廃案となったことである。第三は、1924年に米国議会での日本からの移民を禁止する「排日移民法」の制定である。これは親米派やリベラリストにも失意と挫折感が大きく、麻田貞雄氏によると、クエーカー教徒で親米派の代表であった新渡戸稲造は「1931年7月6日付で旧友のコロンビア大学のバトラー総長に次のような手紙を書いている。『排日移民法は私にとって青天の霹靂にひとしく、肺腑をえぐる痛撃でした。つねにアメリカ国家の正義感と善意によせてきた全幅の信頼を、私は失ってしまったのです。わが民族が、尊敬される座から突然、世界の賤民の身分へ突き落とされたかのような屈辱を覚えたのです。(中略)このような感情のしこりが残っているかぎり、私はアメリカにいくべきでないと思うのです』」*32 と米国での講演依頼を断ったように、米国への反発は極めて大きかった。

第一次世界大戦後、日本では人種差別に対する反米感情とそれに伴う汎アジア主義への流れが強くなり、一方で中国では欧米の植民地政策から有色人種差別を批判し、人種平等を唱えながら、対華21カ条要求を一方的に突きつけた日本への反発が広がった。対華21カ条要求を契機に、日本と欧米はこの人種問題でも相互に大きな反発を、複合的に増幅させる。

1930年代後半に英米との関係悪化から日独伊の連携が強まったが、ヒトラーの日本人蔑視は続いており、人種問題に起因する相互の不信感が、日独伊三国同盟を締結するうえで多大な時間と労力を費やした要因の一つであった。1929年に始まる世界恐慌以降の国際的な危機と動乱の時代を迎えて、排日移民法は日本での米国憎悪の感情を表出させ、反米・アジア主義への大きな起爆剤となった。

人種差別は人間の感性に訴えるため、アジア・太平洋戦争の勃発においてかなり直接的な影響を与えたと思われるが、実証的に検証した論説は見当たらない。しかし、人種問題も絡んで反米意識が高まる中、日本の世論とマスコミを米国との戦いに誘導し得たのは人種差別が大きく関係しており、戦争を主導した陸海軍も人種問題を陰に陽に利用したと考えられる。

一方、米国でも人種差別の観点から黄色人種を劣位なものとみなし、特に

太平洋戦争が始まってからは「上品な雑誌と見られる『ニューヨーカー』でさえ、ハワイ攻撃に関する短い記事の中で、日本人を『黄色い猿』と呼ぶ、酒場での人々の会話を紹介している」[*33]。さらに1942年2月19日の大統領行政命令9066号で日系アメリカ人12万人が強制収容所に一方的に収容される事態が発生した。人種差別の典型的事例であるが米国側には日本が米国相手に戦争をしかけてくると考えた政府高官は多くはなかった。但し、戦争誘導の要因としては、米国側の人種差別は些少な問題であったと言えよう。

第6節　第一次世界大戦による戦争の違法化と天皇制改編

● 第一次世界大戦勃発と戦争違法化の流れ

　1914年7月に始まった第一次世界大戦は史上初の世界大戦で、毒ガス、タンク、爆撃機などの新兵器が投入された。1917年11月にロシア革命が起き、ロシアは戦線から離脱した。18年11月にドイツ革命が起き、ヴィルヘルム2世が退位、帝政は崩壊した。4年4カ月近い戦いは終了したが、戦死者総数は軍人、民間合計で未曾有の1800万人にのぼった。

　日本では元老の井上馨がこの戦争を自らの国威を発展させる天祐と述べている。また第一次世界大戦への参戦をめぐっては、ほぼすべての全国紙が参戦に積極的であった。巨大な人道的悲劇と国土の荒廃を経験した欧州諸国が、戦後に恒久的な平和を強く願い、戦争を嫌悪した風潮が高まるなか、日本政府と軍関係者はそのような意識を共有することはなかった。日本はこの戦争で80万人ほど動員したが、そこでの戦死者は300人程度であり、とりわけ海を隔てて国内で生活していた人々からすれば、戦争の悲劇を経験せずして戦勝という美酒を味わえるというまたとない喜びがあった。

　18世紀後半以降、実定国際法では戦争は無差別に許容されるという無差別戦争論が許容されていた。しかし戦争の恐怖と悲劇を学んだ欧州で戦争を違法

化する考え方が大きくなり、戦後調印されたヴェルサイユ条約で設立が決まった国際連盟規約により、戦争を一般的な範囲で禁止した。最終的に1928年8月フランス外相ブリアンの提案に米国国務長官ケロッグが呼応し、提案国米仏に英独日伊等15カ国が賛同してパリで不戦条約が調印され、自衛権に基づく戦争及び反撃戦争を除いて戦争の禁止が約定された。不戦条約には法的拘束力がなく自衛権の発動の定義が曖昧で種々問題はあったものの、従来、戦争が合法であったのを180度転換してその違法性を確定したことは、国際法上画期的な出来事であった。

　前項で人種差別問題を論じたが、第一次世界大戦の様相は、帝国世界の下で支配される位置に置かれた人々の権利拡大の必要性を支配する側に認識させ、民族自決という考え方が浮上した。ウイルソンは14カ条で欧州の人々を念頭とはしていたものの民族自決論と解釈しうる演説を行い、植民地の民族運動家に希望を与えることになった。

● 指導者責任と天皇制改編の動き

　戦争違法化、民族自決の観念が醸成される状況から、さらに指導者責任という概念が生まれ、ヴェルサイユ条約ではヴィルヘルム2世が戦争犯罪人として訴追の決議がなされたが、オランダに亡命し、オランダ政府が引き渡しを拒否したため、裁判はできなかった。ウイルソンは講和会議で元首無答責は法的先例がないことから訴追には反対の立場であった。一方、ロイド・ジョージ、クレマンソーは、法律論ではなく正義に基づく講和に対し戦争犯罪は許すべきではないと反論した。

　このような情勢のなか、日本は明治憲法第3条で「天皇は神聖にして侵すべからず」という君主無答責の原則を固持しており、日本の代表団である牧野伸顕、珍田捨巳は、当初国家元首の裁判が聖なる国体という日本人の信念を揺るがすことを恐れて訴追に反対していたが、その経緯は不明ながら最終的に裁判に賛成した。しかし、ヴィルヘルム2世は中立国のオランダに亡命していて、オランダ政府が身柄引き渡しを拒否したので、皇帝訴追の裁判は実現しなかっ

た。その後、戦争違法観と指導者責任観が結合し、第二次世界大戦後に「平和に対する罪」「人道に対する罪」の概念が確立し、ニュルンベルク裁判及び東京裁判の国際法的な根拠となるのである。

　第一次世界大戦後における世界的な君主制の危機は、天皇制の再編成を迫り、大正期には民主的な皇室像が積極的にアピールされ、報道されるようになった。1921年には貞明皇后の反対はあったが、裕仁皇太子が半年余の欧州視察に赴いて、欧州皇室の伝統や風習を学び、帰国直後の11月に大正天皇の病気のため摂政に就いた。1926年12月25日に大正天皇が死去し裕仁が天皇になると、女官の住み込み制を日勤制に改め、女官制の改革を行い、側室制の事実上の廃止がなされ、国民と皇室の距離を近づける一連の改革を実施した。このように戦後の象徴天皇制を先取りする動きはあったものの、皇室典範の改正は行われず、改革は一過的なものに過ぎなかった。

　このなかで宮中グループの存在は大きく、基本的には軍部と対立する穏健派が占めたが、特に牧野伸顕の内大臣就任（1925年）は大きな意味をもった。大久保利通の次男として生まれ、主に外務を渡り歩いた牧野は、「天皇機関説的政治運用の枠を超えうる可能性をもつ天皇シンボルの積極的な活用、つまり天皇の政治的役割をより能動的なものとして構想することになったからである。のちの張作霖爆殺事件の責任者処理の過程にみられるように、昭和初期におけるそうした牧野の積極的姿勢が、昭和天皇の政治行動に大きな影響を及ぼしたことを考えるとき、大正後期以降の天皇統治の安定性にとって、ある意味では牧野の宮中入りこそが、もっとも大きな問題であったといえるのかもしれない」[34]。

　後述するが、宮中グループは15年戦争の過程でそのスタンスを変化させ、軍部の推進する路線に同調するに至った。吉田裕氏によると「敗戦時の国務大臣で情報局総裁の下村宏（海南）が、敗戦後かなり早い段階で、『私はまず近衛、木戸という一線が、牧野〔伸顕〕、湯浅〔倉平〕、鈴木〔貫太郎〕の一線に取って代ったということを指摘したい。近衛、木戸が軍に迎合せぬまでも軍と手を握った。軍の方からは彼らをオトリにつかったという事実は否定できない』と指摘している（『終戦秘史』）。（中略）宮中グループのなかではより若い世代に属す

る人々が、そうした転換をリードしたのである。太平洋戦争開戦時での年齢を例にとってみると、近衛は50歳、木戸は52歳であり、当時40歳の天皇も、40年11月に91歳で没した元老の西園寺公望などと比べれば、はるかに、近衛や木戸に同世代人としての親近感をいだいていた」[*35]。

第7節 | 大正デモクラシーの限界と総力戦体制構築

● 大正デモクラシーと軍縮

　日露戦争後の講和条約反対運動を契機に大衆運動が盛んになり、戦前で唯一自由主義的、民主主義的な傾向が大正末期まで続いた。1918年に「平民宰相」と言われた原敬の総理大臣就任が、政党内閣成立の先鞭となった。この時期を大正デモクラシーと言い、議会の過半数を制した政党が内閣を組織する政党内閣制が成立した。その後政党内閣は1924年の護憲三派が結束してできた加藤高明内閣から、短期間であったが32年の犬養内閣まで続いた。同時に普通選挙獲得運動が高まり、1925年加藤内閣は25歳以上の男子を有権者とする普選法を成立させた。同じ年に1922年に結成された共産党などを弾圧するための治安維持法も成立した。翌年の1926年12月に裕仁皇太子が践祚した。

　第一次世界大戦のかつてない大きな戦争被害を経験したことから、1922年にワシントン海軍軍縮条約、1925年宇垣陸軍大臣による4個師団の削減に伴い、合わせて陸軍10万人（平時陸軍30万人の3分の1）の削減が実施された。1928年にパリ不戦条約が成立した。後述の統帥権干犯で大きな問題となる1930年のロンドン海軍軍縮会議に日本も参加し批准した。軍事費も1923年には歳出総額の40％だったものが32.8％の4.99億円になり、満州事変が始まる1931年まで28％から30％強で推移した。

　1920年には高橋是清が「内外国策私見」と題する意見書を発表し、「一国の政治圏外に特立して独立不羈の地位を占め、ただに軍事上のみではなく外交上に

おいても経済上においてもややもすれば特殊の機関たらんとす」*36。と参謀本部の廃止を訴え、原敬首相も同様なことを日誌に記している。このように大正デモクラシー時代は反軍的な動きが顕著であったが軍閥は維持された。第一次世界大戦で日本は戦争の惨禍を経験せず、戦争景気のなかで重化学工業を確立し、戦争成金を簇出させた。日本は大戦の受益者であったため、日本の指導者が大戦を契機とする戦争観の転換を欧米と共有することを妨げることになった。帝国主義的意識から脱却することができず、戦争を功利的な観点からみる意識が残存していたし、中国、朝鮮に対する優越意識が深く沈潜していったのである。

● 総力戦体制の構築

　軍縮の流れにもかかわらず、総力戦として戦われた第一次世界大戦の影響から、国民生活のあらゆる部門が戦争遂行のために組織され、国民のあらゆる層が何らかのかたちで戦争に直接関与する必要があることが認識され、国民動員のための中核組織の整備のための地域社会の軍事化が進展した。1910年に陸軍省が主導して帝国在郷軍人会が設立され、現役以外の予備・後備役、補充兵役、国民兵役の軍人兵士の全国組織が総力戦準備のための社会的基盤造成にむけて活動し、35年の国体明徴運動の原動力となる。1926年には青年訓練所が勤労男子青年のための訓練施設として創設された。16歳以上の者を対象に修身、教練を課す内容であった。総力戦における国民の総力結集は、銃後の守り手である女性の戦争協力を引き出すこととなり、1932年に大日本国防婦人会が結成された。伝統日本の婦徳や国防思想を鼓吹させ、日中戦争開始後には684万人が参加した。

　軍事だけではなく、産業構造の転換も図られた。日本の輸出品は生糸、絹織物で40%以上を占めており、次は綿糸、綿織物が20%前後と軽工業中心だったが、総力戦の流れのなか、重工業化が進められた。1930年代になると絹、綿織物は50%以下となり5%以下であった機械類が35-39年には8%に達した。このような状況下で参謀本部の石原莞爾は、対ソ軍備の劣勢を深刻に受け止め、満州産業開発5カ年計画を実行し、計画経済及び統制経済への移行と日

満支ブロック経済による経済自給圏構想を推進した。

第8節 ｜ ワシントン体制と反対派台頭

● ワシントン体制の形成

　第一次世界大戦後の1921-22年のワシントン会議で採択された条約や協定によって成立した新しい国際秩序はワシントン体制と呼ばれ、国際協調主義を象徴するものであった。しかし中国に巨大な権益を持っていた英国は、中国のナショナリズムと協調した。中国に権益を持たない米国も同様の対応を取った。一方、日本は中国ナショナリズムとの協調よりも英米との協調を優先し、それによって中国ナショナリズムの攻勢を凌ごうとした。この路線の違いから日本は中国において孤立し、結果的に満州事変によって、隘路の強行突破に走ることになる。

　平和主義的な気運が醸成されると同時にヴェルサイユ条約で民族自決の問題が討議されたことから、民族運動が高揚し、1919年3月1日に始まる朝鮮の反日独立運動、同年の5月4日に北京の各大学で起きた反日運動は、第1節で記した対華21カ条の要求に起因している。

　ワシントン体制の具体的内容として、以下の諸点が挙げられる。

① 国家財政が逼迫し海軍軍縮による大国間の協調体制が図られた。第一次世界大戦は英独の建艦競争を招いたが、戦後は日米での建艦競争が激化し、a.1922年に米英日の主力艦保有量を10：10：6とするワシントン海軍軍縮条約の調印、b.1921年に太平洋の現状維持と4国相互の権利尊重を目的とした4カ国条約とそれに伴う日英条約の解消、c.1930年のロンドン海軍軍縮会議の調印、がなされた。

② ワシントン会議で中国の主権と領土を列国で確認することとなり、a.1922年に中国の主権・独立・領土保全の尊重及び門戸開放・機会均等を列

国内で確認することとなる9カ国条約が調印された。これにより日本は大陸政策の後退を余儀なくされ、大きな足かせとなった。b.山東半島の日本権益を日中間の交渉によって放棄した。

　既に記した通り、ワシントン体制は国際関係の漸進的改革にとどまり、1919年に結成された共産主義者による国際的組織であるコミンテルンや中国国民党が推進しようとしたような急激かつ根本的な改革案には抵抗した。日本は対華21カ条の要求等で、大陸進出を意図した政府、陸軍の反対派をかかえつつも、大正デモクラシーの最盛期であったことから、ワシントン体制に同調協力することになった。これを支えていたのは英米協調路線で立憲主義を強化し、議会政治の確立と財政緊縮で軍部を制御しようとする西園寺公望を代表とする宮中グループであり、民政党や財界主流がこれに連なった。

● 革新派の形成

　これに対して対英米協調路線に反発する立場も形成された。この立場は米英に対する経済上の劣位と依存を日本の克服すべき弱点（持たざる国の論理）と捉え、アジアでの自給自足圏を確立し、米英と対峙できる真の自立を達成してこそ、日本の前途を全うしうると判断するものであった。自給自足圏の確立のためには既存の勢力範囲や国際秩序を打破しなければならない。米英と対決し膨張を達成するための軍備増強・国家総力戦体制確立の要請から、対内的には天皇制を軍部を中軸として強化し、議会・政党勢力を制御ないし排除しようとする「革新」と呼ばれた。

　政治家としては近衛文麿、木戸幸一が代表的であり、海軍では艦隊派と呼ばれ、加藤寛治、末次信正が中心である。陸軍は1929年に結成された一夕会を結成した陸軍中堅幕僚グループで、その中心は小畑敏四郎、岡村寧次が主導していた。こうした人物がアジア・太平洋戦争開始決定に中心的役割を果たすことになる。陸軍でも穏健派である「宇垣一成でさえ『大戦後の日本外交は譲歩に譲歩を重ねた屈辱外交であること』（中略）『今後の日本は孤立無援を辞せず、独立独歩で押しとおしてゆくだけの覚悟とこれが実現の方策とに遺憾なきを期

すべきこと。中国問題の背後に米英露があり、究極的には力によってこの問題に解決を与うべく覚悟と準備が必要で、自力主義で邁進することが肝要である』と主張したようである」[*37]。

　平和主義が一応貫かれていたが、英米主導に反対する勢力も強く、極めて不安定な状態であった。暗い影がしのびよったのは1921年に原敬が暗殺されたことであり、これによって政党内閣の基盤が失われてしまった。

第9節　張作霖爆殺事件の真相

● 幣原協調外交、田中強硬外交と済南事件

　対華21カ条要求が戦争「前史」の開始であったのに対し、1928年は日本の歴史が戦争「前夜」に向かって大きく変動していった転換点となった年である。1927年4月に若槻内閣に代わって田中義一が首相となり外相を兼任し、協調外交から積極外交になったのは局面の転機となった。

　若槻内閣の外相であった幣原喜重郎は終始一貫、内政不干渉を固持し、第一次世界大戦後に基調となった民族自決と国家主権を尊重しようとする「新外交」を信奉した。幣原は大阪堺の豪農に生まれ、帝国大学で、のちに首相となる浜口雄幸と首席の座を争った。外交官としてワシントン体制に深く関与しており、世界的な見地から複合的にこの状況を観ていた。満蒙問題についても日本の特殊権益を認めながらも、主権は支那にあるという原則を固守して、大局的な見地から事象を判断していた。その国際協調主義は軟弱外交として非難されていたが、決して英米一辺倒の協調外交ではなく、独自の外交理念にもとづき、日本の経済を中心とした実益増進を図ろうとする、むしろ自主外交の側面が強かった。しかし、世論はそうは受け止めていなかった。幣原外交の弱点は、満蒙問題に対する具体的な解決策をもたなかったことである。

　幣原は中国の「革命外交」による利権回収運動の高揚について、満州を中国

の一部と認め、全中国的規模において経済外交を展開しようとした。彼はいたずらに局部的な利害にあくせくすることは大局を保全する所以にあらずとも声明した。合理的見解であるが、彼はあまりにも人間理性を偏重し、満蒙に対する日本人一般、ことに軍部の非合理的感情への評価と満蒙問題にからむ内政面への顧慮とを欠いていた。しかも彼自身はその合理主義へと世論を誘導する政治力をもたなかった。幣原はあまりにも内政に無関心で、また性格上あまりにも形式的論理にとらわれすぎていた。満州に対する幣原外交の挫折は、内政における失敗の結果で、幣原が柳条湖事件を惹起したのだと酷評するものもおり、幣原が満州事変の原因の一つを作った戦犯と評する者もいた。

　一方、田中義一は長州萩の下級武士の家に生まれ、士官学校、陸軍大学校を卒業しロシア通であった。山縣のあと長州閥の首領として陸軍のエリートの道を歩んだが、1925年に政界に転身し、政友会総裁となった。田中は1927年6月に幣原の協調外交を転換すべく、今後の中国政策の方針策定のための「東方会議」を開催した。同会議で満蒙は経済的にも国防的にも日本にとっての陸の生命線であることを確認し、満州事変への道につながっていった。田中は地縁や派閥といった個別的思考パターンに支配されていて、世界の世論に頓着することなく自主外交を唱える伝統主義者の主張にのみ耳を傾けた。

　田中が政権につく直前に蔣介石の国民党軍が国内統一のために北伐を開始したが、外国人の生命財産が奪われる事件が起き、田中は1927年と1928年に山東半島へ第一次、第二次の出兵を行った。

　5月3日に済南にいる日本の居留民2000名保護のため駐留していた日本軍と蔣介石南軍とのこぜりあいが発生し、5月11日に日本軍は済南を占領する事態に発展した。1929年3月に重光葵総領事と国民政府外交部アジア局長周竜光との交渉が成立したが、日本軍が先に発砲したと芳沢公使は非難した。済南事件は中国側の死者3500人前後、日本側約25名と両方に大きな損害がおき、これを契機に中国国内で最大の排日運動が起きた。これに伴い、中国ナショナリズムに苦慮していた英米は第一次出兵において日本に好意的であったが、第二次出兵で中国国民党寄りにシフトしていくことになり、日本の孤立が深まった。1927年9月に蔣介石は日本を訪問し、11月5日に田中義一と会談した。譚

璐美氏は会談した当事者同士は全く正反対の印象を持ち、この田中・蒋会談こそ両国の間に深い亀裂を生じさせ、その後敵対する決定的要因となったと述べている[*38]。さらに譚氏は済南事件は蒋介石の心に大きな傷を残し、「国恥、軍恥、民恥、今日ふたつの恥が加わった、いつの日にか雪辱を果たさん」と1928年5月9日に日記に書きつけたとする。

　この会談と済南事件こそ、日中両国の長い親善関係を断ち切り、やがて戦争へと導く決定的な要因となり、中国は日本と決別し、欧米へ急速に接近すると譚氏が記しているように、日中戦争、アジア・太平洋戦争に突入するうえで田中・蒋会談は両国亀裂の大きな要因を作った出来事であった。

● 張作霖爆殺と真相隠蔽

　済南事件の直後の6月4日早朝、奉天軍の総帥であった張作霖の爆殺事件が起きた。張作霖の奉天での悪政から、満州での日中関係は険悪な状況となっており、張作霖の存在は有害無益であると関東軍は結論を下していた。そのなかで蒋介石の北伐で張作霖率いる奉天軍は敗北必至な状況となっていた。そして満州に引き揚げようとする奉天軍を山海関または錦州で関東軍が武装解除し、張作霖の下野を実現しようとしていた。爆殺は田中首相がその武装解除計画に反対してお流れになったことで、関東軍の高級参謀であった河本大作が画策した非常手段であった。河本は、中国軍の仕業に偽装し、武力衝突を起こさせ、南満州を一気に占領することを意図したが、張作霖が死んだとはその時点で思われず、武力発動する機会を逸してしまい、謀略は失敗した。秦郁彦氏は「張作霖の爆殺は結果として裏目に出た。後継者の息子張学良は、父を殺された怨みを忘れず、蒋介石の国民政府に合流し、外国権益の回収を唱える革命外交の潮流に乗って反日姿勢を強めた」[*39]と記している。

　この事件は日中の関係悪化をさらに拡げたという意味では大きな影響を与えたが、それ以上に問題になるのは昭和天皇の介在と後悔による統治体制の不透明性にある。田中義一首相は関東軍の犯行であるとの情報を入手し、同年12月に昭和天皇に帝国陸軍が関与している旨を上奏した。ところが陸軍首脳部は

真相の公表に反対し、政権党であった政友会もそれに同調し、田中は1929年6月に日本軍の犯行の証拠がみつからず行政処分で済ませたい旨を上奏した。天皇は虚偽の報告と発表を田中が求めてきたことに怒り心頭に発し、辞表を求め田中内閣は7月に総辞職した[*40]。

　田中については「『宏量なれど一定の見識を有さず変通自在、清濁併せ呑み……政界では木に登れる魚の如く』と書いた林久治郎奉天総領事の評が的を射ている」[*41]。田中は外務政務次官に抜擢した森恪の中国強硬外交に引きずられたが、元々彼には定見がなかった。このような人物だったことから、田中はその出身である陸軍からも見放され、昭和天皇にもその方針が一貫しないことから信用が置かれなくなり、このような事態を招いたことになる。張作霖暗殺で日中関係が激動を迎えるときに、合理主義で日中問題に正面から向き合わなかった幣原、河本の処分で右顧左眄し蔣介石を反日に追い詰めた田中の二人が外交の責任者であったことは、日本にとって不幸なことであった。この事件は陰謀によって他国の軍の総帥を殺害するような極めて問題ある行動であったにもかかわらず政府、軍部そして結果的に天皇まで不問にし、真相を隠したのである。

　さらにこの事件について見過ごすことができないのは、真相の究明を求めていた西園寺公望が豹変して天皇自らが首相を解任するようなことはやってはならない[*42]と反対したことである。この問題で牧野と西園寺は対立したが、西園寺は「天皇がみずからの一存で一つの内閣を倒し、また、新たな内閣を立てるということになれば、もはや立憲君主ではなく、専制君主である。（中略）天皇や皇室は本来『悠久の日本』を体現し、時々の権力から超然としていなければならない」と昭和天皇に訴えた[*43]とされる。田中が総辞職して心臓発作で急死したこともあり、昭和天皇は自分の行動を強く反省し、「この事件あって以来、私は内閣の上奏する所のものは仮令自分が反対の意見を持ってゐても裁可を与える事に決心した」[*44]ということを以降肝に銘じたと『独白録』に記している。これが以降の歴史に大きな影響を与えることになる。

　1929年7月田中内閣の崩壊後、民政党の浜口雄幸内閣が成立し、幣原が再び外相に就任した。田中内閣で懸案だった中国との通商航海条約の改訂問題が第

一の課題で、条約交渉のために佐分利公使を派遣したが、11月に一時帰国した佐分利は箱根の富士屋ホテルで変死した。重光を代理公使として、1930年5月に関税協定が調印され、日華間の新関係成立として歓迎する空気が高まった。ところが同じ時期に朝鮮半島と満州の間の間島で朝鮮共産党と朝鮮人の学生が武装蜂起を企て、それに中国共産党が協同して暴動が連続して発生した。さらに7月に中国共産党の長沙攻撃があり、同地に停泊していた日英米伊の軍艦が砲撃する事件もおきた。一方で、蔣介石の全国統一は実質的に一歩進められ、30年暮れから31年にかけては満蒙をめぐる日中政府間の関係も表面上小康状態を呈するにいたった。

第10節 ロンドン軍縮会議と統帥権干犯問題

　米国では第一次世界大戦の結果、戦争を違法化する動きが顕著になり、1921年11月のワシントン会議で海軍軍縮が提議され、5カ国条約が成立した。同会議で中国の門戸開放と中国の主権と領土の保全、機会均等を謳った「9カ国条約」も結ばれ、国際機関の設立により紛争の平和的解決を目指す「新外交」が登場した。日本でも反軍的な動きが顕著となり政党政治が確立し、国民の民意が反映するような仕組みもできて、民主的な国家運営がなされるような状況になった。

　世界的に和平運動が顕著となったこの時期、1930年1月に補助艦の削減を図ることを目的にロンドンで軍縮会議が開催されることになり、浜口首相も財政削減の観点から会議に前向きに対応した。ところが海軍軍令部長の加藤寛治が、対米7割に固執し統帥権の独立を主張した。浜口は海軍の兵力量を決定するのは海相が担当する軍政事項だと主張したが、既述のように加藤は憲法12条の編制大権について内閣と統帥部の共同輔翼事項だから軍令部の同意が必要であり、政府が軍令部を無視して専断決定したのは統帥権干犯と主張した。この動きに野党の政友会の森恪は、統帥権侵犯を倒閣に利用した。

戦前の政党内閣は1924年から32年の8年間、二大政党制が続いたが、選挙と政権交代が事実上何の関係もなく、現内閣の「失政」こそ、政権交代をもたらす最大の要因となってしまった。野党勢力は①軍、右翼、宮中側近、枢密院等の民意の掣肘をうけない勢力と連携して与党を攻撃するか、②両党間の政策的差異をことさら強調して、相手党の政策を中傷するか、のいずれかの手段によって、現内閣を「失政」の名のもとに退陣に追い込むようになる。野党勢力による「失政」攻撃が金銭問題であればまだ救いがあったかもしれないが、こと国家の安全をめぐる中傷合戦となった場合、国民には政党内閣の統治能力そのものへ疑念や不信だけが堆積されることになる。

　加藤陽子氏は、その具体例として上記のロンドン軍縮会議のほかに、1928年成立したパリ不戦条約を挙げ、「人民の名において」とする宣言が「我国体の基礎観念と相容れざるもの」として政府の重大なる失態と民政党は糾弾したと述べている。言葉尻のつまらぬ挙げ足取りで政府を糾弾し、右翼も同調し条約批准反対運動を展開したのである。自衛権の解釈も含めて十全なる議論を行う必要のあった条約を、このような拙劣な議論でしか行わなかったことの意味は極めて大きく、その「ツケはやがて国民が払わされることになる」と加藤氏は慨嘆する *45。

　ロンドン軍縮会議は昭和天皇のみならず、国際協調外交を支持する世論が強かったこともあり、補助艦対米六割九分七厘五毛で折れ合い軍縮条約は批准されたが、これに反発した右翼に浜口首相は狙撃され、命を落とすことになった。ロンドン軍縮会議は海軍に大きな傷跡を残し、海軍の伝統的結束を破壊し、条約派と艦隊派の反目が生じた。1932年2月に伏見宮博恭王が軍令部長になり、加藤寛治の流れをくむ高橋三吉が軍令部次長として実権を握り、皇族の神格的権威を悪用して大角海相に圧力を加え、33年9月に海軍軍令部条例が改正された。軍令部長は軍令部総長に改称され、従来海軍大臣に認められていた指揮権が軍令部総長の権限下になった。さらに大角人事で軍縮に肯定的な条約派である山梨大将、堀中将が一掃された。海軍大臣の選任は、これ以降前任者が後任者を推挙して伏見宮総長の同意を得るという不文律が確立し、伏見宮が軍令部総長であった9年間に日本海軍の採った政策はいずれも歴史的には太平洋戦争

へ一歩一歩と接近する政策であったと言われている。

　政友会はこの問題で政党内閣を支える理念を自ら葬ることになった。以降、陸軍はこの統帥権独立を盾に暴走していく。明治国家制度の不備もあったが、情けないほど未熟な政党が自ら墓穴をほり、軍主導の体制変換に大きく舵を切ったことになる。

2章

満州事変から日中戦争へ

第1節 満州事変

● 満州事変の淵源

　第一次世界大戦が総力戦として戦われたことにより、政軍関係が新しい対象領域を生み出し、軍事と政治経済などとの境界線が消滅し、他の領域への軍事の進出は必然的となった。一方で論理的には他の領域との協力・関与なしには軍事も成立しなくなる状況の変化のなかで、軍は出先機関等を通じた二重外交の行使を行うようになった。加藤陽子氏が特に指摘した問題は、参謀本部が中国駐屯の軍隊に対して直接の指揮権を持っていたことである [*46]。満州事変は総力戦を支える拠点確保のために計画され、石原莞爾を中心とする関東軍の中堅・高級将校が数年がかりで入念に企画・準備した、関東軍単独による侵略計画の実現だった。

　満州事変を主導した石原は「世界最終戦争論」の背景となる「世界史大観」という基本理念を持っていた。第一次大戦は欧州諸民族だけの最後の決勝戦で、世界大戦と称するに足らない。次の世界大戦こそ「人類最後の大戦争」であり、それは文化史的考察から結論できる。戦争技術の発達のため、次の戦争は「飛行機をもってする殲滅戦争」である、と予言した。戦争形態が、線、面、体の順序で変化し、来るべき殲滅戦争がはじめてこの形態の戦争になり、全国民の総力戦になることを予測した。石原の予測のなかには「日蓮聖人によってしめされたる世界統一のための大戦争」という終末論的な戦争の不可避性に関する予言が混在していて、軍事的予測を非合理的な予言と結び付けていることに彼のカリスマ性が秘められている。石原は永田鉄山が想定した政党と軍部の協調による総力戦体制と異なり、戦争で戦争を養う持久戦を考えていた。

　石原らが仮想敵国であったソ連が未だ軍事的に弱体で、中国とソ連の関係が最悪な時を狙って満蒙領有計画を、まさに純軍事的観点から事件を起こしたのには、経済的な要因があった。石原と共に事変を計画した板垣征四郎は①満蒙

の農産による国民の糧食問題の解決、②鞍山の鉄、撫順の石炭による重工業基礎の確立、③満蒙の企業により失業者を救い、不況を打開することを考えていた。

1929年10月に米国で起きた金融恐慌は、日本にも大きな影響を与え都市では失業者が増え、農村は農作物の価格低下で疲弊していた。浜口内閣の蔵相井上準之助が1930年1月11日に「金解禁」で緊縮予算を実施したことから、金解禁と恐慌により「31年（昭和6年）の名目GNP（国民総生産）は、29年に比べて18%も縮んだ」*47。

満州にもこの恐慌は大きな影響を与えた。「在満日本人22万8千の大部分は満鉄付属地に住み、満鉄ならびにその付属会社に直接間接に依存して生活をたてていた。その満鉄が1930年から深刻な経営的危機に襲われたので、居留日本人の受ける影響は重大なものがあった」*48。これは27年から29年にかけて張政権の満鉄に並行して二線の鉄道を開通させるという、満鉄包囲鉄道網計画が大きな影響を与えたことが関係している。

さらに在留日本人会のなかで活動が顕著だった満州青年連盟は、1931年6月に「満蒙問題と其真相」1万部を内地の各種団体に配布して満蒙の危機を訴え、関東軍参謀らの主張と歩調を合わせた。満州における張学良の排日政策は昂進し、日華関係は急速に危険な状態になっていた。これに呼応するかのように中国の「革命外交」は高姿勢となり、31年4月14日王外交部長は重光代理公使と会見して、関税自主権の回復、治外法権の撤廃、満鉄旅順・大連の回収に言及した。危機意識をもった重光は4月24日に帰朝し、幣原外相に利権回収熱は極度に沸騰して阻止することは不可能なので蘇州、杭州における日本の居留地は支那に返還すべきと進言した。幣原は蘇州、杭州の居留地を返還するには条約の変更から枢密院の審議に付する必要があるとしたが、枢密院はロンドン条約批准問題の経験を見てこれを政治問題化して幣原外交攻撃に用い、さらに政府転覆の材料に使うために承認しないと重光提案を取り上げなかった。

大杉一雄氏は、幣原は日中問題がこの段階で外交的に行き詰ったと考え、事実上ギブアップしていた。「前年海軍軍縮問題で枢密院と苦闘したばかりで、これと争う自信がなかったのであろうが、彼（引用者注：幣原）が恐れたのは軍部のクーデタであったかもしれない。未遂に終わったが『三月事件』の情報

はすでにこの時期、政界上層部に流れていたから、幣原の耳に達していただろうし、浜口雄幸前首相が狙撃され重傷を負ってからまだ1年も経っていなかった」*49と推測している。重光は日本の軍部が衝突を起こすことを想定して、①軍部に満州その他で軍事衝突を起こさぬよう慎重の態度を求め、またはこれに対する国内世論を喚起すること、②衝突が起きれば国際連盟で問題になることが必至だから、満州における権益を排除しようとしている中国側の抗日排日の直接行動について、国際連盟はじめ英米諸国にあらかじめ充分理解を求めておくべきである、とした。重光も日支関係は行き詰まることを認識しており、幣原はそれ以上の外交努力を進めることはなかった。大杉氏は日中の外交チャネルは機能していて、まだ平和解決の可能性はあったと述べている。

　幣原外相の内政不干渉主義による協調外交で政党政治が最も機能していた時に、満州の経済の不振、張作霖爆殺事件等による中国のナショナリズムと排日運動の高まりとソ連の軍事圧力により、「関東軍は八方塞の状況に陥っていた」*50。1931年6月、北満州の日本人立入り禁止地区でスパイ活動をしていた中村大尉が張学良軍の兵士に射殺された。中国側と外務省の連携でこの問題が早期に解決されたため、孤立無援となった関東軍は、謀略によって「満蒙問題」の解決を決意する。

● 柳条湖事件

　満州事変は1931年9月18日奉天駅から東北7.5kmにある柳条湖で満鉄線を中国軍が爆破したとの口実のもとに始まった。石原は第一次世界大戦でドイツが敗れたのは経済封鎖のためで、今後の戦いは総力戦になると考えている。最終的に日米との戦争が不可避であり、資源がない日本としては中国を支配する必要があるが、それを妨げるのは主として米国であると見ている。加藤陽子氏は、「アメリカとの戦いにおいては、中国全体を根拠地として戦争を続ければ、戦争によって戦争を養えると、こう論じています。一厘も金を出させないというのは、軍閥の支配に苦しむ中国へ、あたかも解放軍として日本軍が乗りこんでいけばよい、との構想でした」*51とするように、1929年に米国で始まった恐慌

による経済的な困窮問題と関係なく、「実際の当事者の主観では、将来的な国防上の必要から起こされた」*52 ものであると述べている。一方、纐纈厚氏は国内の政党、議会政治の打破を軍が企画した国外クーデターで満洲を利用した軍事主義の台頭を企図した政治的な行動であると2023年3月5日「東京大空襲・戦災資料センター」主催の講演会で強く主張して、そのような見方もあるのかと感心した記憶がある。

　1922年に締結されたワシントン体制下での中国の主権・独立・領土的行政的保全を尊重してできた9カ国条約、1928年の不戦条約の新外交の軍縮・非戦が求められた新体制のなかで、何をどのように正当化したかが問われることになる。石原は9カ国条約で中国の主権等を尊重しなければならなかったことについて、満蒙新政権の樹立は表面上支那自体の分裂作用の結果という理由で説明することが可能であり、さらに不戦条約については自衛権の発動だという勝手な口実を述べている。

「統帥権の独立」をたてに不法な戦争が開始されたが、事件直後、奉天領事代理の森島守人は、板垣に外交交渉による平和的解決の必要を力説した。板垣は「統帥権の発動を見たのに、総領事館は統帥権に容喙干渉するのか」と反問し、同席していた参謀の花谷正は森島の面前で軍刀を引き抜き「統帥権に容喙するものは容赦しない」と威嚇したと言われている。代理領事の牽制に刀で威嚇した裏には、綿密な作戦行動が練られていたのである。

　ここで指摘しなければならないのは、兵力が中国軍よりも絶対的に少ない関東軍は当初から朝鮮軍の増援を想定していたことである。1900年の義和団事件の出兵から、国外出兵には①閣議が経費支出を認めること、②天皇が発する奉勅命令が必要なこと、の二つの条件が必要であるにもかかわらず、林銑十郎朝鮮軍司令官はいずれも了解を得ない独断で満洲に進軍した。しかし独断出兵の翌日の閣議で「大権干犯」を主張する者はなく、閣僚全員不賛成を唱える者もおらず、22日若槻内閣は出動した事実を認め経費支出を承認した *53。同日、南次郎陸相、金谷範三参謀総長が出兵に対する天皇の追認を求める「上奏」をしたところが、天皇は「此度は致し方なきも将来充分注意せよ」と統帥権干犯の事例にもかかわらず容易に認めてしまった。天皇の対応は問題だったと考える。

江口圭一氏は「もしも不拡大方針を貫徹しようというのであれば、この大権干犯問題は軍の独走を抑止するうえで、絶好且つ最大のチャンスだった」[*54]と記しているが、結局天皇は抑止しなかった。昭和天皇は張作霖爆殺事件でも同様の説示でとどめている。事後承認で「実行が先」「勝てば官軍」という前例踏襲の慣行が認められたことは、その後に続く中国での軍事行動に大きな影響を与えたと考えられる。「For young officers throughout the army and navy, the message went out that the emperor's main concern was success; obedience to the central command in Tokyo was secondary.」[*55]とハーバード・ビックスは記している。

　山田朗氏は「政治と軍事の摩擦、激動する現実政治の中で、天皇は、身を細らせながらも、陸軍がおしすすめる極端な膨張主義に対して、時にはそれを抑制し、時には賞賛して士気を鼓舞しながら国威を発揚していくやり方を体得していったといえる。国際関係を考慮しての『穏健さ』と、機を見て勢力圏を拡大しようとする膨張主義という、昭和天皇の帝国主義国家・日本の君主としての行動様式は、基本的にこの満州事変と、熱河侵攻の時期に形成されたものであるといえよう」[*56]と述べている。また側近も天皇の意向を反映して変化している。張作霖爆殺事件やロンドン軍縮条約時の対応では、牧野内大臣や鈴木侍従長らが協調外交の維持を望む天皇の意思にそって軍部と対立してでも政治に介入し、天皇や自分たちの意思を貫徹させようと行動してきた。ところが、朝鮮軍の独断越境問題は、木戸幸一秘書官長や西園寺の秘書官原田熊雄の働きにより、軍部を刺激しないことを最優先し、天皇や側近の政治行動を抑制するような対応をみせている。

　宮中側近が内閣、外務省寄りから軍部寄りにスタンスを変更したことは、天皇が10月8日、9日になって突然、軍事行動への同意、関東軍の軍備への配慮を示したことと、無関係であったとは考えられない。「天皇や牧野グループの『満州国』に対する見方は、上海事件と大きく異なっていた。昭和天皇は、のちに『満州は田舎であるから』（寺崎英成／マリコ・テラサキ・ミラー編著『昭和天皇独白録』）と回想しており、牧野も、『折角満州問題の解決は予想外の好調に進み、英米等の理解ある態度により有終の美を挙げんとせる』と語ってい

る。関屋宮内次官も陸軍関係者と会合を重ねるうち、1932年10月には、満州地域における中国側の『排日侮日の態度』が満州事変の原因だと理解し、『此等の事情の政府に十分認識せられざりしは遺憾に堪へず』（『関屋貞三郎日記』）と、当時の若槻内閣の中国認識を非難するにいたる」[57]。

さらに、世論を強硬論に導いたのは日本のメディアだった。若槻と幣原はこのような敵対行為を当初、早急に消し止める意向でいた。しかし世論は、強硬論調のメディアに焚きつけられたこともあり、石原以下の行動を称賛する方向に極端に傾いていった。新聞はこぞって戦地に特派員を派遣し、劇的な見出しの下に号外で戦況を報告することで発行部数を競い合い、売り上げ合戦がますます白熱した。「大手新聞はこの時点で、意識的に、政治的に、『自己検閲』という浅はかな道を選択したのである。その選択は、その後10年間かけて、日本のメディアを窮地に追い詰めていくことになる」。そして「戸惑う若槻政権は、9月24日に、当初の思いとは裏腹に、満州での軍事作戦を承認することを選んだ」[58]。

● 国際連盟の対応、犬養内閣成立と第一次上海事変

国際連盟で施肇基中国代表は9月21日に連盟規約11条「戦争の脅威」を基に、日本の軍事行動を提訴した。翌9月22日、米国のスティムソン国務長官は出渕駐米大使に対して9カ国条約、不戦条約を引用して憂慮を表明した。スティムソンは、若槻及び幣原を信用し、両国の紛争を友好的手段によって調停することを両国政府に希望するとの通牒を送り、若槻内閣を支持した。

連盟理事会は9月30日満州附属地への日本軍撤退を勧告する決議を採択した。幣原外相は前節の注にも記した通り、日中の直接交渉で解決を図るべく動いた。しかし中国に対して強硬だった亜細亜派の谷正之亜細亜局長に引きずられ、撤兵条件に「五大綱目」を提出して、新たな大綱協定の成立が条件として撤兵条件をつりあげ、国際連盟にもその旨伝えた[59]。当然ながら中国は10月12日その協議を拒否し、連盟理事会も日本への不信を高める結果となった。

この間、大きな問題になったのは、張学良の反抗拠点であった錦州に対する

関東軍による爆撃である。10月8日に日本が満州から権益をもっていた附属地から150kmも離れている熱河省錦州に、第一次世界大戦以来最初の無差別空襲を行った。このことは国際社会に大きな衝撃を与え中国で権益を有していたことから静観していた英仏も反発し、10月24日国際連盟理事会は日本軍の満州からの撤退勧告を13対1で採決した。幣原を信用していたスティムソンも、この錦州攻撃によって米国の基本的な政策を明確にする必要があると考え、1932年1月7日に日本に対し、9.18事件以後の日本軍の武力行使に基づく事態の変更の合法性を一切承認しないという「スティムソン・ドクトリン」を発表した。これは以後の国際関係の運営に大きな影響を与えることになる。

このような事態に直面した1932年1月8日、昭和天皇は関東軍の果断迅速の行動を全面的に称賛し、「皇軍の威武を中外に宣揚せり朕深く其忠烈を嘉す」という勅語を発し、若槻内閣の不拡大方針を無視して展開した軍事行動は、天皇の追認を受けることになった。この勅語は、対英米協調路線とアジア・モンロー主義的路線との抗争における後者の勝利を象徴している。後者は英米に対する経済上の劣位と依存を日本の克服すべき弱点であると考え、アジアでの自給自足圏を確立し、英米と対峙できる真の自立を達成してこそ、日本の前途を全うしうると判断するものであった。柳条湖事件は、日本が対英米協調路線からアジア・モンロー主義へと針路を変える転換点となった。

31年12月13日に不拡大方針を破綻させられた若槻内閣は、閣内不一致で総辞職し、政友会の犬養内閣が誕生した。陸軍の動きに危機感を抱いた民政党は、政友会との協力内閣を作りその動きを封じようと構想した。しかし、幣原が協力内閣では外交方針が変更される可能性があること、翌年に総選挙があり単独内閣を志向したことから、協力内閣は成立しなかった。結果的に関東軍は動きを封じられることなく、事変を拡大させることができた。井上寿一氏は政党側は軍部をコントロールする機会があったが、党利党略のためにそれを逸し、政党側は自滅してしまった[60]と主張している。その当時の各政党の動きをつぶさに調べていないためコメントできないが、満州事変へのマスコミ主導による国民の熱狂的応援に加えて、天皇も関東軍の動きを抑えられなかったことから、政党が結束してもこの動きを止めることができたとは思えない。

上海は当時、極東最大の都市でアジア金融の中心であった。共産主義運動が盛んな都市であったこともあり、反帝国主義活動が激化したことから、排日運動が特に強かった。一方、上海における日本人は排日運動に一撃を加えて悪い空気を一掃すべきという考え方を持つ人々が多くなってきた*61、と当時駐華公使の重光葵は述べている。

　このような状況で、1932年1月18日上海で日本人僧侶5名が中国人工員に襲われ1名が死亡した。この事件は、満州事変から世界の関心をそらすために、当時上海駐在陸軍で特務機関活動をしていた田中隆吉少佐と川島芳子が仕組んだ謀略である。日本の海軍は軍艦と海軍陸戦隊を増派し、中国軍の地方軍である第19路軍と2月に交戦して両軍合わせ2万人近い死傷者が出た。これは後に「第一次上海事変」と呼ばれる。

　国際連盟は国際都市上海での事件に迅速に対応し、3月3日臨時総会を開催、11日に①条約の厳重なる尊重の原則、②連盟各国の領土保全及び現在の政治的独立の尊重、③連盟国間に発生する一切の紛争を平和的解決方法に付すべき連盟国の義務、を採択した。3月3日、上海派遣軍司令官に親補された白川義則が昭和天皇の強い要望に応えて、停戦を断行した。陸軍は白川に対し激昂したが、天皇はこの果断な処置を大変評価した。3月3日に19路軍が上海地区から退却し、3月19日から停戦交渉が始まった。ところが4月29日、上海新公園で行われた天長節祝賀会場で朝鮮独立党員尹奉吉が爆弾を投げ、白川司令官は重傷（のちに死亡）、野村第三艦隊司令長官、重光公使、村井総領事等が重軽傷を負う事件が発生した。犬養内閣は国際連盟からの批判を受けて早期収拾方針を決め、英国の仲介もあり5月5日に停戦協定が成立した。

　第一次上海事変は対中投資が上海に集中していたこともあり、その中心であった英仏だけでなく米国も同調して、英米仏との関係悪化を招き、日本の国益を大きく毀損する事態となった。満州の関東軍は蔣介石と張学良が不抵抗作戦で対応したこともあって作戦開始4カ月で満州をほぼ占領した。欧米列強が上海での戦争に関心を向けているさなかに、関東軍は32年3月1日に「満州国建国」を宣言し、溥儀を執政に就任させた。

● 犬養首相暗殺と政党政治の終焉

　犬養は孫文はじめ中国革命の多くの志士が日本に亡命した際、彼らを庇護したこともあり、中国との直接交渉を進めようとした。大杉一雄氏は犬養は「30年のロンドン海軍軍縮問題に際し、浜口内閣を『統帥権干犯』として攻撃するという、それなりに党派的な行動もみられたが、満州事変の処理については、身を挺して軍部と対抗しようとした。以後日米開戦に至るまで、このような政治家がほとんど存在しなかったことが、日本の悲劇をもたらした」*62と述べている。ところが不可解なことに、犬養は中国強硬派の森恪を書記官長に任命した。犬養の暗殺にも加担していたのではないかと言われる森は、満州を併合することを主張しており、閣内の意見は一致していなかった。

　緒方貞子氏は「注目すべきことは、在任中犬養内閣についての6か月間で政党から軍へと政治権力が移動したことである。軍が政治的に擡頭した最大の原因は、満州における日本の権益の保護と発展という伝統的な国家目標を達成したことであった。平和的手段で用いてはこれに成功することの出来なかった政府は軍に対しいきおい受け身とならざるを得なかった」*63と記しているが、満州事変の成功はマスコミも大々的に報道し、国民の熱い支持があったこともあり、軍の政治権力の増大が決定的となった。

　このような状況のなか、1932年5月15日海軍青年将校と橘孝三郎の愛郷塾の塾生が首相官邸等を襲撃、犬養は暗殺された。5.15事件である。恐慌のなかで一部特権階級が蓄財することに不満が高まっていたという背景があり、彼らは西田税を通して北一輝の影響下に発展した国家改造運動に共鳴した者たちである。軍法会議は当初主謀者に死刑の求刑がなされたが、犬養内閣陸相の荒木貞夫は犯人の海軍青年将校に対して同情的であり、裁判で明らかにされた農村の窮状に社会の同情が集まり、判決は禁錮15年に減刑された。この甘い判決が後の2.26事件に影響をあたえたのではないかとの説もある。

　西園寺は天皇の「高潔な人格者」という希望を考慮し、木戸幸一、原田熊雄の助言もあり、斎藤海軍大将を犬養首相の後継に指名、以降政党内閣制は終焉した。5.15事件研究の第一人者である小山俊樹氏は、ロンドン海軍軍縮会議の

結果に不満だった軍部の意向で、後継は軍人出身の首相となったと述べており、これが通説である。しかし、政党に不信感を持つ人々のなかで、最大の人は昭和天皇だとしている。犬養の後継として政友会総裁の鈴木喜三郎の名が上がったが、彼は党利党略で官僚人事を行っているから鈴木首相ではだめだと西園寺、牧野伸顕は判断した。それは昭和天皇の意向が大きかったのでは、というのが小山氏の分析である。昭和天皇は中国大陸で大変なことになっているのに、政党政治家は自分のことしか考えないことに納得しなかったという[*64]。

　一方、家永三郎氏は5.15事件で「軍は軍人をからかうような凶悪犯罪者を出した責任を感ずるどころか、多数の将校は犯罪者たちに同情し、逆にこの不祥事を利用し、後継内閣につき『所謂憲政の常道論により単純に政党をして組閣せしむるが如きことにては軍部は収まらざるべし』という意向を宣伝することにより、大正末期以来つづいてきた議院内閣の慣行に終止符をうつことに成功したのである」[*65]と記している。軍は自らの不祥事を悪用することにより、軍の独裁制が一層高まっていくことになる。

● リットン調査団派遣と報告書

　中国から提訴を受けた連盟理事会は、満州事変ならびに「満州国」建国に関する現地調査を行うために英国人のリットン伯爵を長とする委員5名を1932年2月に派遣した。調査は6月まで続けられ、9月5日に報告書に全員署名、10月に報告書が公表された。報告書は10章からなり、9章は解決の原則及び条件、10章は考察及び理事会への提議で、英文148頁に達するものである。

　報告書[*66]は、次のように述べている。
・不毛の荒野であった満州の住人の大半がいまや支那人であり、これは日本の地域経営の成果である。
・この地域の主要勢力であった張作霖はこの地域の独立を志向していたのではなく、あくまで支那の政権であることを自認していた。
・支那中央政府の権力が脆弱であり日本人が保護されていない。
中華民国と満州国の実情をこのように述べた後、下記のように論じている。

・柳条湖事件及びその後の日本軍の活動は、自衛的行為とは言い難い。

・満州国は、地元住民の自発的な意志による独立とは言い難く、その存在自体が日本軍に支えられている。

・満州に日本が持つ条約上の権益、居住権、商権は尊重されるべきであるが、一方が武力を、他方が「不買運動」という経済的武力や挑発（irritation）を行使している限り、平和は訪れない。

そして日支両国の紛争解決に向けては、下記のような提言を行っている。

・「柳条湖事件以前への回帰（支那側の主張）」「満州国の承認（日本側の主張）」は、いずれも問題解決とはならない。

・満州には、支那の主権下に自治政府を樹立するが、国際連盟が派遣する外国人顧問の指導の下、行政権を持つものとする。

・満州は非武装地帯とし、国際連盟の助言を受けた特別警察機構が治安の維持を担う。

　日中双方と日中それぞれが推薦する満州地域の現地代表者を加えた三者による直接交渉によって最終的解決を図るべきと提言しているが、注目すべきは報告書や付属書が日本側の主張していた経済的権益の侵害について、ほぼ認める記述をしていることである。また9カ国条約、不戦条約に違反しているが、中国の欧米への反植民地運動の激化も影響したのか、全体的に武力を行使し傀儡国家を作った日本に対して非常に好意的な判断をしている識者がいたことである。

● 満州国承認と国際連盟脱退

　リットン報告書が発表される前後、マスコミの満州事変を擁護する世論も味方につけた議会では、満鉄総裁時代から関東軍に協力的な内田外相が8月25日に国を焦土としても満州国を承認するとの焦土外交演説をし、9月15日満州国を単独承認、日満議定書に調印した。議定書は、①日支間の条約、協定その他の取決めによって日本国や日本人が有する一切の権利利益を確認し尊重する、②日満両国の共同防衛のため日本国軍は満州国内に駐屯する、の2点からなる。

日本が満州国を保護国化する内容であり、連盟脱退を結びつける議論もあったが、衆議院議員の芦田均は制裁の可能性がない以上、日本は脱退の必要はないと主張した。

　日本軍は満州と中国本土との間にあり、アヘン栽培が盛んな緩衝地で、かつ華北地帯への進出に戦略的価値を有する熱河省に進出すべく、1933年1月3日に偽装工作を絡めて山海関を占領し、熱河作戦を開始した。2月4日天皇は、河北省に侵入することなしを条件に熱河作戦を認可したが、8日に斎藤首相が熱河攻撃は国際連盟との関係から同意できない旨上奏した。天皇は熱河作戦の中止を画策したが、奈良侍従武官長の反対で、中止をあきらめて行われた作戦であった。熱河作戦について加藤陽子氏は北京大学教授であった胡適の記述を引用して「僅か2個師団の日本軍が本格的な攻撃を開始すると、31万の中国軍が『枯れて腐った落ち葉を取り除かれるように敗退してしまった』」[*67]と嘆いた。陸軍は天皇の意向を無視し、河北省内部に、5月下旬には北京近郊まで進出したため、中国側は停戦を求め、塘沽停戦協定が結ばれて満州事変は一段落した。

　熱河作戦で自ら連盟を脱退した日本は除名や経済制裁は受けなかったため、政府と軍部の経験は成功体験ととらえられ、軍の強硬路線を導くこととなった。軍の一方的な行動に政府も追随するような状況になったと言えよう。この熱河作戦の展開が結果的に国際連盟脱退の引金となる。国際連盟は常任理事国の一つである日本の脱退を止めようと画策したが、熱河作戦に連盟加盟国が強く反発した。日本は世論の脱退論の高まりに後押しされて、内閣は熱河作戦を撤回できないとの方針から連盟脱退を決意した。

　2月16日に連盟事務局により勧告案が発表された。それはリットン報告書を基にした和協案より厳しいもので、①日本軍隊の駐屯地付属地以外の場所からの撤収勧告、②満州の現状の不承認（満州国の存在の否定）である。24日の総会で勧告案の採決がなされ、賛成42、反対1、棄権1（タイ）の結果、勧告案は採択された。松岡全権はこの採択に抗議して退場し、脱退した。松岡の退場は国内での評判はよかったが、原田熊雄はその日記で「先般来新聞の論調を不必要にといふよりも寧ろ有害に硬化させて、ひいては国家の品性を疵つけさせたのは、誰あろう、ジュネーブにいる松岡全権その人だったのである」[*68]と記し

ている。国際連盟脱退をマスコミや国民は大歓迎したが、これに反対した人物もいた。その代表が石橋湛山である。石橋は東洋経済新報社の主幹として小日本主義・満蒙放棄論を説き、軍事力で他民族を威圧すべきではなく経済的繁栄を追求すべきだと主張している。

● ワシントン体制の崩壊

満州事変の歴史的意味は大きかった。先走ることになるが、1934年4月、日本は天羽声明を出して「東亜モンロー主義」をとなえ、12月にワシントン海軍条約の破棄を通告した。36年にはロンドン軍縮会議からも脱退し、9カ国条約は満州事変により破綻しており、ワシントン体制はここに全面的に崩壊することになった。

米国では孤立主義的な世論が高まり、35年8月に「中立法」が制定された。戦争に巻き込まれることを拒否するこの法律は、大統領によって交戦状態にあるとみられた国には武器・軍需品を売らず、輸送しないというものである。しかし、この「中立法」により、日中戦争を戦争として宣言しない方法で、日中の戦いが続くことになり、戦時国際法を無視したことから大きな悲劇を生むことになる。1934年秋以降には華北地域を国民政府の施政下から切り離し、日本の支配下に置くことを企てた華北分離工作が始まり、35年に本格化する。新任の支那駐屯軍司令官・多田駿は、華北分離のために実力行使を辞さないと主張し、中国側の強い反発を招いた。

● 満州事変の総括

列車爆破が謀略であることを知らされなかった国民が、中国の不平等条約反対を掲げた排日運動に直面し、満州事変を爆発的に支持したことが大きかった。しかし国防的な観点から勝手に他国の領土に侵入、占領、爆撃することは国際法違反の無法行為である。

これは第一次世界大戦から顕著となった戦争の違法化の流れに逆行するよう

な行為であった。国際連盟の常任理事国として世界の5大国、3大国と言われるような大国になったにもかかわらず、人道、人権への配慮がなく、国際的信用、協調する意識が全く欠落している。しかも、その侵略的行為が認められなかったら、最後は国際連盟から脱退するような傍若無人のふるまいに私は唖然とする。これを契機にたまたまドイツという協力相手が生まれたことから、世界を相手に無謀な戦争をはじめ、国土を荒廃させることになったのは、ある意味で必然の結果であり、その意味でも満州事変は極めて重大な事件であったと言えよう。

　これは、明治憲法の制度的欠陥である統帥権の独立という制度のために軍隊の一方的な行動に歯止めがかからなかったという問題が大きい。国内のみならず国際情勢の情報とその動きに高い知見を有していた政治家、高級官僚、天皇及びその側近がこのような無法な行為を抑えられず、マスコミを通じて無知な国民を扇動させ、自ら隘路にはまりこんでしまった。さらに、天皇の統帥権が軍エリートに乗っ取られ、軍事独裁国家に変容することにもなった。

　幣原喜重郎も『外交五十年』に、満州事変の原因は「軍人に対する整理首切り、俸給の減額、それらに伴う不平不満が、直接の原因であったと私は思う」と記し、更に「軍の内部はいわゆる下剋上で、陸軍大臣でも、海軍大臣でも、殆ど結束した青年将校を押さえることが出来なかった」[69]と記している。また、丸山真男氏は日本のファシズムの起源を満州事変にみている。

　満州事変はその後の日本のアジア・太平洋戦争への先駆けとなったが、これは極東での事件だけにとどまらず、世界にも多大な影響を与えた。最終的にリットン報告書の通り、9カ国条約、国際連盟規約の判断で満州国は不承認となった。しかし、満州事変は「ほとんど成功の一途」をたどってきた国際連盟という組織の「転換点」となり、国際連盟に内在する弱点を暴露する機会となった。

　欧米の強国である米英仏の三カ国が日中への対応で意見を集約することができず、国際連盟は日本への制裁を決議できなかった。集団安全保障体制を目指した「新外交」という新たな潮流のなかで、「旧外交」である各国主権を尊重する勢力均衡政策を保持するしかなくなってしまった。「西欧諸国は、その利己主義、近視眼的態度、偽善、とくに無意識な人種差別的傲慢さのために日本

の過激論者の主張に手を貸すことになった」*70、とクリストファー・ソーンは
『満州事変とは何だったのか　下』の結びで記している。英米仏の傲慢な対応が、
日本をしてアジアの反乱を招いたとし、欧米にもその責任の一端があったと結
んでいる。極東の軍事侵略事件は第二次世界大戦後の帝国主義の解体、植民地
解放への転換点となったとも言える。

● 満州国誕生に伴う日本への影響

　満州国の誕生が1930年代日本の歴史的景観を形成したとL・ヤング『総動員
帝国』は述べる。満州国が日本の社会にどのような影響をあたえたのか、ヤン
グは以下の六つの要因を挙げている*71。

①　マスメディアの発達。好戦的愛国主義から日刊紙の全国規模への拡大と
ラジオなどの新しいメディアが発達し大衆文化が広まった。

②　利益集団の発展。政治、経済組織が発達して、大衆政治と大衆社会の回
路の確立が図られた。

③　軍と財閥の協調的な関係の構築。対立しがちな公的利害集団と私的利害
集団の同盟関係の成立による満州開発の促進は、帝国主義と軍備拡張への支
持と利害一致となった。

④　帝国建設の夢物語の誕生。軍人の英雄的行為と民間の開発事業が民族的
使命感を醸成し、日本人の優越性と植民地経営の確信を与えた。

⑤　経済と社会の領域までの国家の介入。国家主導による満蒙開発こそが経
済回復の鍵とみなされ市場経済の困難を国家によって解決を図ることが意図
された。

⑥　満州国建設の屋台骨を支えた政府系機関の成長と軍事官僚機構の拡大。
軍事帝国主義による検閲強化・監視活動・左翼活動への弾圧等による政府の
関与の拡大。

　これによれば、傀儡国家たる満州国創設はファシズムと言われるように、日
本に戦時軍事体制を構築することになり、軍事国家として邁進する大きな契機
となったことがわかる。大衆社会の浸透に伴い、軍エリートがそのポピュリズ

ム的な手練手管を駆使して世論を誘導する手法が確立し、戦時軍事体制を構築したと私は見ている。違法な行為をしても結果が良ければ天皇も事後承認するという勝利の方程式を、満州事変を機に国民が広く是認したことも大きかったと考える。

第2節 | 2.26事件とファシズム化

● 軍事ファシズム化

1930年代の日本は「持てる国」に対して「持たざる国」として、恐慌から始まったブロック経済に対抗していたが、犬養内閣で高橋蔵相が再就任して金本位制を離脱し、積極財政で通商自由による通商貿易政策が成功したことで、いち早く恐慌から脱出できた。

満州事変については軍部・在郷軍人会のキャンペーンや新聞・ラジオ報道の軍事行動の支持、一般民衆の支持の広がりのなかで、政府はこの排外主義的熱狂を無視できなくなった。しかしこの軍事行動に批判的な人々も多く、若槻は不拡大方針を決め、西園寺公望、牧野伸顕らの宮中グループもこの方針を支持した。

この分岐は、英米に対立しながらも経済は依存するという日本帝国主義の二面性に根源を持ち、アジア・モンロー主義路線と対英米協調路線とが対抗していた。しかも二つの路線のどちらが勝利するかは、最終的には両者のいずれが民衆をより強力に掌握し、その支持を獲得しうるかが鍵であった。結局、前者がマスコミの支援もあり民衆の支持が強まり、陸軍が推し進めた軍事路線であるアジア・モンロー主義が優位になった。

経済的には英米に依存する他なかった脆弱な経済構造の日本が、英米に対抗してアジア・モンロー主義に突っ走る、この構造上の矛盾を政治も軍幹部も精査しなかったが、そのつけは大きな代償を払うことになった。

2.26事件とファシズム化の流れで特記すべきことは、天皇機関説事件である。1935年2月に右翼系の菊池武夫は、美濃部達吉の天皇機関説について国体論の立場から絶対的存在であるべき天皇を国家の一部とみるのは、天皇を侮辱している不適切な憲法学説であると貴族院で批判した。その結果、統帥権の主体が天皇にあることを明らかにする国体明徴運動が展開され、政友会は岡田内閣打倒のため強硬姿勢をとり、3月に国体明徴決議案を提出、可決された。この問題は元老・重臣・政党の現状維持勢力を打破する運動に発展し、岡田内閣は11月に天皇機関説を事実上禁止する見解を明らかにした。文部省は学校の副読本として『国体の本義』を刊行し、「冒頭では、『万世一系の天皇皇祖の神勅〔天照大神の勅語〕を奉じて永遠にこれを統治し給ふ』のが『万古不易の国体』とうたわれている」。「国体思想が日本国家の正統性の根幹であることが示され、国体の正統性を疑わせるような言論や学説は社会的に抹殺されていくことになる」*72。

● 陸軍内での皇道派と統制派の対立

　2.26事件は陸軍内部の皇道派と統制派との対立から起きたという説が定説になっているようだが、これは皇道派の首領の真崎甚三郎が、1935年7月15日に教育総監を罷免されたことに起源がある。罷免を断行したのは林陸相である。優柔不断の林は、陸軍三巨頭の一人である真崎の弊害が大きいことから、林主導の三長官会談で罷免を決定したが、閑院宮参謀総長が真崎を嫌っていたことと渡辺錠太郎軍事参議官の支援も大きかった。

　真崎は自らの罷免について皇道派の青年将校に文書で流した。この文書を見た直情径行的な皇道派系の相沢三郎中佐が、罷免した陰謀の首魁は統制派で将来の陸軍を率いると目された永田軍務局長であると曲解し、8月12日白昼に軍務局長室に赴き軍刀で斬殺した。将来を嘱望されていた永田軍務局長の斬殺は陸軍中枢で大きな動揺を起こし、皇道派と統制派の亀裂を一層深めた。両派とも軍部独裁による軍国主義体制の確立をめざし、皇道派がイデオロギー偏重の対ソ主戦論を唱え、統制派が軍の近代化や総力戦体制の樹立を最優先してお

り、両派はそのための手段が異なっていたにすぎない。

　2.26事件は陸軍の青年将校が「国体破壊の不義不臣」を排除して、「神州赤子の微衷」を天皇に捧げるために決行したとされる。その究極の目標は対ソ戦を意識した「軍の充実」であったが、農村疲弊による「国民生活の安定」を阻害している元老、重臣、財閥、政党が私利私欲に奔走しているから、その排除が必要と認識していたことにもよる。しかし、「そもそも青年将校たちには天皇制国家の政治的・経済的システムによって搾取された農村を解放するという発想はない。『国体擁護』が至上の目標であった」*73。

● 2.26事件とファシズム体制確立

　2.26事件は、1400名近くの兵員を動員して決行され、斎藤内大臣、高橋蔵相、渡辺教育総監を殺害した軍事クーデターだが、蹶起後についての計画は持っていなかった。松本清張はその膨大な著『昭和史発掘』で、実行した大尉、中尉は体制変革を希望することはできても実施できなかったのは「大権私議」を恐れたからだと書いている。「青年将校らは、ただ天皇個人の『聖断』にのみ頼り、その『聖断』を動かすことの出来るシンパサイザー（引用者注：真崎等）の将軍にのみ頼った。また、彼らの眼には、将軍連のみがあって、軍の組織が見えなかった。これも階級制度の過信からきている。（中略）天皇個人と天皇制の実体を十分に理解し得なかったことから、以上の自家撞着による破綻をきたした」*74と理念なき特攻的な行動を批難するが、一方で、日本の軍隊組織の論理からは無理だとも言っている。

　この事件には、北一輝の『日本改造法案大綱』にある「軍事革命」の影響が大きいと言われているが、背景には真崎とその行動を是認した荒木貞夫を中心とした皇道派幹部の支援が大きいと判断される。結果的に真崎は裁判で無罪となるが、これは政治的な判断であり、すべての責任を反乱将校及び北のような民間人にのみ帰している。秘密裁判の結果、主謀者でもない北までを死刑にして真相を抹殺し、皇道派幹部は何の罪にも問われずに終わったのである。松本清張は「真崎有罪は皇道派を徹底的に潰す機会だが、それでは統制派も返り血

を浴びる。だれも口には出さないが空気はそのようであった」*75と記している。国民の反軍感情が起き軍の発言力が後退するのを心配したことが大きな要因だったと思われる。

　天皇は股肱たる重臣及び大将の殺害に激怒し、陸軍への勅語案を示した。しかし、寺内陸相は叱責の勅語は前例がなく、「陸軍に拭い難き汚点を残す」として高級司令官のみにしか伝達されなかった。陸軍は天皇から叱責されたという不名誉な事実を組織ぐるみで隠蔽したのである。

　軍法会議では、将校は有罪、兵士は無罪、下士官は将校と同志的関係にあったと認定された者のみ有罪となったが、これは上官の命令への絶対服従の立場をとる限り、命令で反乱に参加した兵士たちの責任を問うことができなかったためである。真崎、荒木貞夫らの皇道派の頭目は予備役に編入、徹底的な粛軍がおこなわれ、寺内寿一陸相、梅津美治郎次官らの新統制派が陸軍主流に座り、武藤章、石原莞爾らが省部の実権を掌握した。

　この事件は、陸軍の組織の欠陥から生じた大変な汚点であるにもかかわらず、結果的に日本的ファシズムを体現していた皇道派は衰退したものの、大罪を犯した陸軍は反省するどころか、内閣で発言権をさらに増し日本のファシズム体制が完成したことになる。保阪正康氏はこの事件について、2.26事件は日本の文化大革命であり、「臣民意識涵養運動」となり、陸軍首脳部と文部省が進めた皇民教育による天皇神権体制が構築されたこと、そして陸軍大臣を現役軍人に限ることを復活させることにより、その後の陸軍が動かす宝刀になった、と述べている*76。

第3節 ｜ 日中戦争の前史

● 広田外交と日中協議

1933年5月31日、塘沽で日中停戦協定が締結され日中の戦闘は停止した。

同年9月に広田弘毅が外相となり、同年5月に重光葵が次官となっており、この二人で中国外交が展開された。重光が主導し、中国の立場を理解して擁護する局面はあったが、中国に対して基本的には強硬な立場を貫いた。

その典型的な事例は天羽声明である。外務省の情報部長であった天羽英二は、1934年4月に「日本は東亜の安定勢力としての責任は重大であって、日華関係を悪化せしめるような外国の作為的行動、たとえば武器や借款などについて重大な関心を持っている」と発表した。東アジアの平和及び秩序の維持は日本の単独責任であり、列強が実施する中国援助は名目が財政的・技術的なものでも必然的に政治的意味を包含するため、日本は主義として反対するというアジア・モンロー主義を宣言するものであり、中国および列強から強い異議が表明された。

1935年10月に中華民国との協議のなかで、その後大きな問題となる広田三原則が提示された。①排日言動の徹底的な取締り、欧米依存政策からの脱却と対日親善政策の採用、②満州国の黙認、③外蒙古などからの赤化脅威排除のための協力、という日本の要求を一方的に押し付けるものであった。

国民政府は同じころ①日中相互の独立尊重、②真正な友誼の維持、③両国間の事件は平和的外交手段による、という三原則を提示していて、これを日本側が承認し、上海・塘沽両停戦協定を廃棄すれば、中国側は満州国の独立を承認し、共同防衛に応ずると態度を明らかにしていた。交渉はどちらの三原則を前提に交渉をすすめるかで平行線をたどっていたが、関東軍による華北分離工作が進行し、これが中国の国内世論を硬化させた。有吉大使は華北分離工作の中止を広田に要請したが、広田は両者を別個の問題として、三原則交渉を進めようとして暗礁に乗り上げた。有馬学氏は「満洲事変後の関係改善の最後のチャンスであったと言えるかもしれない」[77]と記しており、その後の日中戦争の泥沼化を見ると、広田は中国世論及び蔣介石の真意を見誤り、極めて問題のある判断をしたことになる。

● 中国幣制改革と日本の正貨流出問題

中国は1935年11月に英国のリース・ロスの提案に基づき幣制改革を断行、

これまでの銀本位制を廃止して管理通貨制にした。英国は中国問題に関する日英協調を回復し、日本のためには満州問題の解決を図り、中国のためにはその混乱を防ぎとめ、英国のためには中国における自国の権益や貿易を維持することを目的として、日本に共同で借款を提案してきた。広田と重光は軍の強い反対もありその提案に乗らず、日英華の関係改善の絶好の機会を逃した。

国民政府は、幣制改革によって地方政権の経済的な基盤を崩壊させ、国内統一を意図していた。リース・ロスと国民政府との協議は順調に進行した。11月4日1千万ポンドの借款が成立し、中国幣制の改革に着手することになり、法幣が統一通貨として流通するようになった。日本は円ブロック化政策を推進したが、法幣との交換レートが実勢を無視した円高だったために正貨の流出を招いた。これは蔣介石政権に外貨を節約させ米国等からの軍事物資調達を助けることになり、日本の軍事物資調達能力を制約させた。満州に一方的に資本投入し、蔣介石に勝因を作るような通貨政策により日本経済は行き詰まりつつあった。「持てる国」の英国のスターリング・ブロックや米国の関税障壁が「持たざる国」である日本を締め出しているという軍部の宣伝も手伝い、対英米感情を悪化させていった[78]。

● 華北分離政策と対外強硬策

陸軍は華北に重化学工業の資源を求めるべく華北分離工作を進め、11月に冀東防共自治委員会（12月に冀東防共自治政府に改組）を通州に樹立した。国民政府の親日派との提携による華北の国民政府からの分離の自治工作は、学生の自治運動反対運動等の盛り上がりもあり失敗した。なお華北分離工作を推進した理由の一つとして加藤陽子氏は、「穏健な対中政策をとっていた皇道派が中央から一掃された影響には大きなものがあった」[79]と記している。2.26事件の主役の皇道派はネガティブなイメージがあるが、彼らの最大の関心はソ連の動向であり、中国への対応については現実主義的であった。

1936年3月、2.26事件で岡田内閣が退陣すると、外相の広田が首相となった。陸軍は組閣に干渉し、陸相を送る条件として「国防の強化、国体の明徴、国民

生活の安定、外交の刷新」など4項目の要求をつきつけ、さらに自由主義的人材を排除するなど閣僚候補者についても注文をつけた。

広田は国内の不満をそらすための手段として、強硬対外政策に打って出て、5月に軍部大臣現役武官制を復活させ、同月に支那派遣軍の兵力を倍に増強し、支那駐屯軍司令官と同格とし、「北支」工作を主導させた。8月には「国策の基準」を会議で決定した。「国策の基準」は「東亜大陸における帝国の地歩を確保するとともに、南方海洋に進出発展する」と南北併進を謳った。国力を超える無謀ともいえる「国策の基準」を広田は戦後、「軍部による予算獲得のてだて」と述べている。

軍事費急増で国家予算の半ばを占めることは、戦争の瀬戸際となったときに、軍部が戦争はできないと主張しにくくなることと背中合わせの論理になり、海軍が米英との戦争直前に忌避できなかった大きな理由と言われている。同時に「対支実行策」を決定したが、その内容は日支軍事同盟の締結を求めるものであった。さらに11月には日独防共協定を結んで、軍部に追随し、その後のアジア・太平洋戦争に先駆けるような施策を次々と打った。この外相及び首相時代の軍に迎合する一連の方策が、東京裁判で唯一文官の死刑判決を受けた事由となる。

1937年1月議会で浜田国松が政治干渉を批判した「腹切り問答」により広田内閣が総辞職する。後任内閣として宇垣一成が組閣の命を受けると、陸相の現役専任制を利用して陸軍は陸軍大臣を出さないことにし、宇垣は組閣を断念することになった。家永三郎氏は「陸軍の真意は宇垣が民政党の支持を受けており、政党と衝突して広田内閣を倒した陸軍が政党と結託している宇垣に組閣させては陸軍の敗北になると考えたところにあったのである」[80]と推測している。

独断で満州国境を越え進軍した林銑十郎が首相となり、駐仏大使の佐藤尚武が外相に就任した。佐藤は日中間の平等な立場での交渉を基本方針に掲げ、①中国を普通の統一国家として認識し、軍事力による威嚇を武器とするような高圧的な外交を排除し、②中国には中国の立場があることを前提にギブアンドテイクによる平和的交渉を徹底させた。4月には新たな「対支実行策」を決定した。広田とは180度転換する方策で、華北分離工作に反対し、支那の内政を乱すおそれがあるがごとき政治工作は行わずと日中正常化を推進した。しかし林の強

硬な衆議院解散から倒閣運動が起こり、林内閣は4カ月で退陣した。

この時期、石原莞爾が参謀本部作戦部長に就任した。石原はソ連極東軍の急速な軍備強化に危機感を持ち、満州国育成に専念、日満一体の軍需産業基盤強化を図り、中国との軍事衝突を回避する方針を打ち立てた。北支分離工作を行わないよう陸軍省に申し入れたが、関東軍参謀長の板垣征四郎、今村均等と対立し、以降日中戦争で拡大派と不拡大派の対立を起こすことになる。

第4節 | 日中戦争の展開

● 盧溝橋事件の勃発

1937年6月に国民が熱望していた近衛政権が誕生し、外相に広田が就任した。中国に対して佐藤外相とは正反対の広田外交を復活させ、それをさらに進めることになった。その最中、7月7日に盧溝橋事件が発生し、7月11日に支那駐屯軍と北支の冀察政務委員会とで停戦協定が締結された。蒋介石は事件を偶発的な事件ではないと判断し、9日に4個師団を北上させた。近衛は7月11日閣議終了後の夜、新聞通信社・政界・財界の代表者を順次首相官邸に招き、政府への協力を要請するという異例の措置を取った。政府の重大決意のほどを内外に印象づけ、「挙国一致」の戦争協力体制をつくり、「自衛権の発動」を高らかに宣言し、11日に華北への派兵を声明したのである。

藤原彰氏は「この派兵は大命事項であり、天皇が事前に参謀総長の説明を受けて納得したうえで、正式に允裁したものである。すなわち天皇は、自発的に参謀総長を呼びつけ、ソ連との関係を問いただしたうえで、中国への派兵を決心したのであり、主体的な意志に基づいて対中国戦争を決意したのである。昭和天皇は日中戦争に関しては拡大論者であった。天皇が配慮したのはソ連の動向であった。中国の国民感情や対日抗戦意欲についてはほとんど関心をもっていなかったといってよい」[81]と述べている。

17日に蔣介石は廬山談話会で「盧溝橋事変は中国全体の問題であり、我が民族の生命を保持するためには戦いに応ぜざるを得ない」と国民政府の方針を闡明した。

　7月25日、北平・天津間の廊坊駅（廊坊事件）で日中軍が衝突し、日中の本格的な戦闘が始まった。

　臼井勝美氏は「近衛が戦争—軍事的強圧に踏み切った目的は二つあったとみられる。一は国民政府の抗日政策の是正、排除であり、一は華北5省の勢力圏化である。しかし中国の抗日は日本の行動に主たる原因があり、戦争あるいは戦争の威嚇による勢力圏の獲得は時代錯誤というほかなかった。（中略）決断の背後に戦略的には一撃論、外交的には広田・重光路線の復活があったのである」[*82]と記し、日中戦争の責任は日本にあると主張しているが、私もこの意見に全く同感する。

　7月25日の北平・天津間での日中軍の本格的な戦争が始まった直後の29日に、北平の東にある通州で中国保安隊による日本人、朝鮮人への虐殺事件が起き、200名以上が命を奪われる「通州事件」が発生した。日本のマスコミは中国の残虐を大きく報道して戦意をあおった。

　陸軍は拡大派と不拡大派が対立したが、拡大派の急先鋒で作戦課長の武藤章は、石原に対して「われわれは閣下が満州事変のときに行った主張を繰り返しているだけです」と言った。石原は、増派して中国に一撃という武藤や軍事課長の田中新一らの多数派の主張に抗することができず、渋々承認している。9月に石原は関東軍参謀副長に転じるが、参謀長は対立していた東条英機であり、二人の関係はこれ以降抜き差しならぬ状況になっていく。

● 第二次上海事変と本格的戦闘の開始

　8月9日に上海虹橋飛行場で大山海軍中尉と斎藤一等水兵が中国保安隊に殺害されると、13日閣議で上海への陸軍派遣が決定され、同日上海で本格的な戦闘が開始された。大山を死に至らせた行動は、全面戦争に持っていくための海軍の謀略であったと言われている。

政府は「帝国としてはもはや隠忍その限度に達し、支那軍の暴戻を膺懲しもって南京政府の反省を促すため今や断固たる措置をとるのやむなきにいたれり」と声明を発表、17日に従来の不拡大方針を放棄して、本格的な戦争体制を進めた。

　上海に飛び火したとき、上海揚子江地域を「ナワバリ」と自認する海軍は従来不拡大方針であったが、「第二次上海事変」の段階で陸軍と海軍の役割が逆転した。8月14日、蔣介石の応戦から決戦への方針転換によって、黄浦江に停泊していた旗艦「出雲」への爆撃を受けたことにより、米内光政海相は中国への強硬姿勢を主張した。海軍の攻撃姿勢もあって「第二次上海事変」と言われるように、中国全土を戦場とする全面戦争となった。海軍の強硬な対応は後述の臨時軍事費の獲得と転用による軍備の拡充も意図していた。

　蔣介石に仕えていたドイツ軍事顧問団は、上海でのこの戦いをヴェルダン以来の激戦と評していたが、日本軍の被害も多大で4万人の死傷者が出た。ただし、その戦いの進め方は兵力の逐次投入策が講じられ、対ソ戦準備のため現役兵中心の精鋭を控置して後備兵が40%近くを占めていた。当時軍務局軍事課長だった田中新一は「天皇の日中戦争観と同じく、兵力の逐次投入策に強く反対していた人物であった。(中略)『上海戦は初期大失敗を演じたために諸外国を反日毎日に追いやり遂に長期持久戦に陥らしめたり。その責任は(中略)不拡大政策の負うべきものなり』(〈引用者注：業務日誌〉12月31日)」[83]とその逐次投入の戦術を批判している。

　戦争目的が不明確なままで戦争が長期化するにつれ自暴自棄的な衝動にかられることが多く、しかも後備役兵は年齢が高く、既婚者が多く「後顧の憂い」を断ち切れず、生活を引きずったままで戦場に駆り出された人々で体力もなく戦意が低かった[84]。このことが南京虐殺に繋がっていく。

　このような情勢のなかで蔣介石は、米英の調停に期待したが米英は動かず、ソ連に接近した。武器の支援や不可侵条約の交渉にソ連は応じ、1937年8月21日に中ソ不可侵条約が秘密裡に締結された。8月29日にそれが発表されると日本側に衝撃が走り、特に中国との和平に望みを託していた日本人ほどショックは大きかった。不可侵条約調印の翌日、ソ連は武器の引き渡しを決め、年内に航空機や戦車が引き渡された。結局、上海での激戦は3カ月近く続いたが、11

月11日中国軍が退却する事態となった。

　中国の軍隊はエリートと大衆との格差が激しく、徴兵された大衆の多くは極貧層出身で、軍隊教育もままならず、戦争に対しての説明はなされず逃亡する兵士も多く戦意は当然ながら低かったとされる[85]。このように近代の軍隊とはかけ離れた前近代的な軍隊であった中国軍と、同じくモラルの低い日本の軍隊との南京での衝突は必然的に悲劇を生むことになる。

第5節 | 南京虐殺、近衛声明と日中戦争

● 南京攻略の経緯

　上海から南京までは300キロ、軍中央部のなかでも当初は上海周辺の在留邦人保護が課題だったため、満足な補給部隊を持たない現状では南京攻略は困難であるという声が強かった。しかし参謀本部の武藤章や上海派遣軍司令官松井石根は、南京攻略をもって事変の早期収束が可能と判断し、中国軍を追撃し南京に向かい、1937年12月1日陸軍も南京攻略を追認した。

　長期抗戦を可能とするため蒋介石は重慶に遷都することを決意し、12月7日廬山に飛び立った。南京死守を唱えた唐生智が司令となったが、三方面を包囲され、揚子江方面だけが空いていた。13日に城内に突入する日本軍と阻止しようとする中国軍との間で激戦が展開したが、12日に撤退命令を受けた唐は撤退を命じたものの、揚子江方面しか逃げる道がなく、兵士市民が多数溺死した。

　日本軍の南京城入城前から悲劇が始まった。裁判の手続きなしに、軍服を脱ぎ捨て民間人に成りすましていた中国兵を便衣兵の故をもって集団で処刑した。これは日本も批准していた「ハーグ陸戦法規」ではその手順に裁判の手続きを要すると見なされたため、国際法に違反した不法行為であった[86]。さらに無抵抗の婦女に対しては広範囲の暴行強姦行為も行われた。この重大な南京事件が起きたときに、それに派生するような米英の船舶に対して爆撃する事件が発

生した。

　12月12日に南京上流で揚子江航行中の英国砲艦Ladybirdと商船に日本陸軍砲兵部隊が砲撃を加えた。さらに4時間後南京から北方で日本海軍の航空機が米国の砲艦Panayと商船3隻に爆撃を加え、計86名の犠牲者がでる事件が発生した。日本軍には揚子江のすべての艦船を砲撃すべしとの命令が出ており、12月8日に岡本上海総領事は各国の外交団及び領事団に対し揚子江沿岸各地の各国の船舶車両を交戦地域外に移転するよう通報していた。

　日本側はいずれも中国側船舶と誤認して爆撃を行ったことが判明したため、広田外相は事件直後グルー駐日米大使、クレーギー駐日英大使に遺憾だと陳謝し、賠償を支払って大きな外交問題にまでならずに解決した。一方、米国は日本側の通信を傍受解読して、日本海軍の命令を事前に知っていたが、傍受が露見することを避け、強硬に責任追及することを敢えて避けた。

● 南京虐殺事件と戦後の論争

　南京虐殺は東京裁判で初めて日本人が公に知ることとなり、大きなショックを与えたが、1970—80年代に日本で事件をめぐって大論争が起きる。代表的なものは虐殺を全面的に否定した松井司令官の秘書であった田中正明『南京虐殺の虚構』と虐殺を過小評価した鈴木明の『「南京大虐殺」のまぼろし』で、虐殺はあったものの人数は多くなく、戦争にこのような過ちはよくあることで、やむを得ない事件として、戦争責任を免罪にするという議論であった*87。一方、虐殺を報じたのは本多勝一記者の『中国の旅』で中国各地で日本軍がどのような残虐非道を行ったか、生き残り証人からの聞き取りを記述したものである。その悲惨な内容は衝撃的で大きな影響を与えた。

　さらに大きな論議を起こしたのは、1982年の教科書検定で「侵略」を「進出」に書き直させたことと、南京虐殺の事実を隠蔽したことが問題だと中国が提起し外交問題になったことである。検定問題は家永三郎氏が教科書検定違憲訴訟を提起し、南京虐殺の検定は違法とされた。結局この論争は虐殺があったことは否定できない事実として否認論者も認めざるをえなくなり、主要争点は①虐

殺した人数、②組織的な関与があったかどうか、に絞られることになった。

　①については投降兵、便衣兵、敗残兵を虐殺でなかったとまぼろし説の論者はみなしているが、既述の通りこれは明らかな誤りである。中国側は30万人以上と主張しているが、笠原十九司氏は15万人の防衛軍のうち、8万人が虐殺され、民間人については埋葬記録から20万人近くが犠牲になったと推定している[88]。②については次の藤原彰氏の分析が答えになると思われるが、日本軍隊の体質から組織的ではなかったものの必然的に生まれたものと解釈できる。

● **虐殺事件発生の事由**

　このような不法行為はどうしておきたのか、自ら兵隊に従軍したことがある藤原彰氏は次のように分析する[89]。

　①　この時期の日本が中国を対等な国民・国家として扱わず、蔑視していたことで、戦争として自覚していないこともあったが、既述の通り国際法を遵守することを指揮官も全く考慮していなかった。

　②　日中戦争は大義名分のない戦争であり、戦争の目的を内外に明示することもなく、「暴戻支那軍の膺懲」だけであり、後備役が多く、損害も多く出して自暴自棄になっており、抵抗があると敵愾心が高まった。

　③　上海から南京への作戦過程の特殊性にある。補給を無視して食糧の現地徴発となり、略奪、強姦、虐殺が起こった。さらに日本の軍隊の兵士の人間性は無視され、過酷な規律と懲罰で、上から下への非常に厳しい抑圧から、抵抗力のない捕虜や市民に過酷な仕打ちをさせ、うさをはらさせるような土壌があった。これが日本軍隊の特徴である。

　日本側に問題があることは論を待たないが、蔣介石は日本軍が南京に突入する5日前の7日に南京を離れ、唐司令官の撤退命令は時機を逸しており、中国軍は退路が塞がれ大混乱に陥っていた。蔣介石、唐の責任も極めて重く、『ニューヨーク・タイムズ』は12月18日の記事で中国側の責任を強く糾弾している。中国側も同様な批判のコメントが散見される。

　蔣介石は盧溝橋事件1周年記念日で「日本国民に告ぐ」という文書を発表し、

「『貴国は、昔から礼教を重んじ、武徳を敬い、世界の賞賛を受けてきた。ところが今日貴国の軍人の行動に表われたところを見ると、礼教が地をはらい、武徳も跡形なくなくしているだけでなく、人倫を無視し、天の理に背こうとしている。このような軍隊は、たんに日本の恥辱であるばかりでなく、人類の汚点でもある』（玉島信義編訳『中国の日本観』）」[*90] と非難した。

● 近衛内閣「国民政府を対手とせず」声明

　上海戦のさなか近衛内閣は10月1日に「支那事変対処要綱」を決定し、国民政府との和平を想定した。国民政府も10月25日に国防会議で停戦を協議した。11月2日、広田外相は駐日ドイツ大使・ディルクセン経由で駐華ドイツ大使トラウトマンに内蒙古自治政府樹立、上海の非武装地帯の拡大、排日政策の中止等の条件を伝達し、12月2日国民政府は華北の主権と独立を侵犯しないことを条件に、和平協議に応ずることを決定した。日本は11月20日に大本営政府連絡会議を設置、上海・南京作戦の成功を受けて条件交渉のつり上げを図り、満州国の承認、賠償の支払いも加えられた。

　1938年1月15日の連絡会議で、中国側の回答を誠意なしとして交渉打ち切りを主張する政府と、回答を待つべきとする統帥部とは激しく対立した。1月16日近衛政府は「国民政府を対手とせず」という有名な声明を発し、point of no return となった。国務と統帥との分裂という国家機構の特殊性は前者の後者への追随をもたらしたが、ここでは反対に前者が後者を圧倒した。

　このトラウトマン工作打ち切りの背景については、いろいろな見方がある。まず、中国との交渉を困難にするようなことを敢えて行ったのは、加藤陽子氏は松浦正孝氏の著作を引用して「政府側の第一に念頭に置いていたものが、戦時経済の強化であった点が挙げられよう。中国側の抗戦意欲を挫き、戦争継続に必須の海外からの経済的補給を安定的に行うためにも、対外為替相場の維持と公債消化率の向上が不可欠であった。そうであれば、トラウトマン工作に日本側が執着をみせることは、やみくもに停戦を急いでいるかのように海外から見透かされるおそれがあるとの警戒感を生じさせる。」（松浦正孝『日中戦争期

における経済と政治』)[*91] という見解がある。

　そのほかに、トラウトマン工作に期待していた木戸幸一と参謀本部次長でその交渉打ち切りに抵抗した多田駿に対して、近衛が最も心配したのは、支那がこの交渉を拒絶して、その条件を議会開会中に逆宣伝に使用することであった。議会・世論を考えたからこそ和平工作は潰れ、強硬な声明が出され、戦争は拡大していった。この政権のポピュリズム的性格が関係しており、その危険性が見えた[*92] という筒井清忠氏のコメントは的確であろう。

　さらに、日本軍が占領直後から各地に育成した現地政権の存在と、その将来への期待があり、新興勢力と手を握ることのほうに重点が置かれた。内蒙古に３つの自治政府、華北に臨時政府を作ったことが背景にあり、その判断は単純なものではなかった。しかし結果的にはこの判断によって泥沼の長期戦を強いられ、大きな禍根を残すことになった。

● 宣戦布告なき戦いと英米の反発

　宣戦布告をせず戦いを続けたのは、宣戦布告した場合、米国の中立法の適用を受けて米国からの軍需資材の取得が困難となるという理由からである。この中立法は米国の孤立主義的感情を背景に1935年に成立し、交戦国への武器・軍需品の輸出や信用の供与を禁止した。石油などの基礎的な戦争資材の場合でも、交戦国が現金で購入し自国船で輸送する場合を除き輸出禁止することになっているものである。

　陸軍は中立法適用を回避し、9カ国条約違反と名指しされないよう、軍事占領・軍政施行を行わず、傀儡政権（華北の臨時政府、華中の維新政府）による占領地工作に早くから着手する方策を講じた。宣戦布告しなかった結果、もともと戦時国際法への関心がないうえに交戦法規（Laws of warfare）の遵守という意識が希薄になり、南京虐殺を含む戦争犯罪が多発する要因ともなった。

　しかし、戦時体制に移行すべく、戦時大本営条例を1937年11月に廃止し、軍令で大本営令が公示された。戦時のみに設けることになっていた大本営（最高の統帥機関）を「戦時または事変」にも設けることとした。大本営令は陸海相

も出席することになり、内閣が一定に関与することが可能となった。大本営会議とは別に、国務と統帥の調整及び重要国策を決定する大本営政府連絡会議、御前会議が設けられ、戦時体制の確立が図られたが、政府側は統帥権の壁に阻まれて作戦にはほとんど関与できない状態が続いた。結局宣戦・講和は外交大権に属し、国務大臣の輔弼に専属する国務であったが、開戦・終戦の決定も参謀総長・軍令部総長が同意権・拒否権を行使する構成員として出席する御前会議で決定されるようになった。

このような日本の行動に対して、1937年10月に米国・ローズベルト大統領は「日本の行動は9カ国条約、ケロッグ不戦（パリ）条約に違反する」と日本糾弾の声明を発し、国際連盟も同様な内容と対日抗戦力増強の決議を行った。さらに1938年9月に国際連盟理事会は支那代表部の提訴に伴い、制裁の決議はしないが、連盟各国の任意で制裁は可能な旨を採択した。この決定は、経済的制裁と状況次第では戦争を行うことの合法性を明示したことになる。こうした情勢のなかで近衛は皇軍の支那への絶大なる犠牲によってなせる正義の進軍による絶対的優位を当然のことと主張した。一方、英米は支那において日本の実力行使によって生まれた「現状の変更」を一切認めないと主張しており、「話せばわかる」ようななまやさしい問題ではなかった。「日本はなんら確固たる決意と準備もなく支那事変という大消耗戦に没頭し、支那事変の長期化により、日本の国力を疲弊せしめ、これに乗ずられる危険」をあえて犯しており *93 一層の孤立を深めた。

英国は、中国に最大の権益を保持していた。日本が揚子江以南での英国の権益の排除にかかり、東南アジアの植民地の存在を脅かすことになれば、日英間での戦争は不可避となる。英国は日本の軍事戦力を過小評価し、日本に妥協することを拒否し、米国の軍事力に頼ることになる。中国に権益を持たず、原則外交を推進する米国との間では中国政策で日米調整の余地は少なかった。ただし、日米間で国益をめぐる根本的な対立はなかったが、後述するように陸軍で「英米可分論」の考え方が出てくる。米国のグローバルな理念は英国のアジアでの崩壊を座視するわけにはいかず、英国の米国への対応も加わって、日英対立は日米戦争を誘発することになった。

南京陥落後5月に徐州を占領したのち、近衛は内閣を改造し、宇垣一成を外相に任命した。宇垣は蔣介石を評価し、国民政府と和平交渉を試みたが、陸相の板垣（内閣改造で杉山の後任）が反対し、宇垣は9月に辞任、有田八郎が外相となった。その後、漢口、広東を攻略し軍事行動の頂点に達した11月3日、「国民政府を対手とせず」声明を修正し、ワシントン体制を否認する日満支提携による東亜新秩序声明を発した。これは日本の真意を理解して「『東亜新秩序建設の任務を分担』するならば、『国民政府と雖も』あえて拒否するものではないというのが、声明の趣旨である」*94。目的が不明確なままはじまったこの戦争は何度か戦争目的の再定義が試みられ、戦争目的は「東亜新秩序」の建設とされたが、蔣介石はこの声明に強く反発した。さらに11月30日に「日支新関係調整方針」を御前会議で決定した。その内容は日本による全中国の独占管理を意図するものである。日中戦争開始から1年半過ぎても収拾しないこともあり、1939年1月に近衛内閣は総辞職した。このころ参謀本部は蔣介石政権の政権分裂を狙い、ターゲットを国民政府ナンバー2の汪兆銘とした。和平派の汪兆銘との秘密交渉は1938年11月に合意に達し、満州国の承認、治安回復後2年以内の撤兵が盛られた。1940年3月30日に南京国民政府が設立されたが、日本人顧問を大量に登用した「傀儡」であった。

● 日中戦争の総括

　日中戦争は日本にとって大義名分のない戦争であったが、ここで考慮しなければならないことは、共産主義にたいする予防戦争という側面があったことである。蔣介石は1936年12月の西安事件で容共政策を強いられたが、蔣介石は中国統一で最も障害のあった共産党弾圧を抗日より優先した。抗日への意識は強かったものの、形勢が不利な局面で交渉に応じる姿勢は示しており、反共では利害が一致していたため、日本と和平交渉をする機会は何度もあった。近衛が陸軍に押され、政府として自主的に臨機応変の対応を蔣介石に行うことができなかったことは、「国民政府を対手とせず」の有名な声明に囚われていたと理解するほかはない。蔣介石は第二次上海事変以降、日中戦争へ国際社会の介

入を引き出すことに注力し、英米を中心に支援する情勢を徐々に作りあげ、国内では長期持久戦略をとることを決意していた。蔣介石の長期戦略に日本は乗せられる状況となる。

40年ごろになると日中戦争で日本軍は行き詰まり、大きな勝利を得ることができなくなった。南昌、長沙などの交通要所を占領したが「点と線」の占拠に終始し、高度分散配置に移行した。日本軍は飛行機、艦艇、戦車、毒ガスまで用いて総攻撃を行うが、中国軍は小出撃を繰り返し、機動戦と遊撃戦を実施、日本軍は徐々に消耗し、単独で解決する能力を喪失した。日本軍は占領地域拡大のなかでも補充が不十分で、常に兵力不足に悩まされていた。鉄道・公路は絶えず破壊され移動に困難さを増した。修復には中国民衆の動員を行ったため、民衆の反発を増大させた。日本軍は重慶その他の主要都市に無差別の爆撃をした。ビックスは、昭和天皇がこの絶滅作戦を知っていて承認を与えており、日本軍は虐殺数の誇張が言われてしまうような情勢を自ら作ってしまった*95と主張している。

このような状況で日本軍は85万の兵力を41年末に40万に縮減しようとしたが、支那派遣軍の反発で実行できなかった。1940年末から翌年1月に天皇は「支那が案外に強く、事変の見透しは皆があやまり、特に専門の陸軍すら観測を誤れり」「結局、日本は支那を見くびりたり、早く戦争を止めて、十年ばかり国力の充実を計るが尤も賢明なるべき旨、仰せありたり」*96と小倉侍従に述べている。

アジア・太平洋戦争と日中戦争の連続性について、軍事評論家の伊藤正徳氏がきわめて重要な問題提起をしている。伊藤氏によれば、「もし日支戦争がなかったら、日米戦争は之を欲しても戦い得なかった」という。なぜなら、日本が開戦段階で英米に対抗するだけの戦力を保持できていたのは、日中戦争中に、「兵力動員の上から、軍事産業大拡張の上から、武器の大蓄積の上から、日本は嘗て夢想になかったような戦力を蓄えるのに至った」からであり、そのために必要な巨額の予算の獲得は日中戦争の戦費として計上された

臨時軍事費からの流用によって可能となった。つまり、伊藤氏によれば、軍は「日支戦争を利用して、平時は予算的に不可能であった弱点の補修から基本

戦力の増力まで仕上げてしまったのである」*97。臨時軍事費は戦争終結までの全期間を一会計年度とする特別会計であり、予算編成に際して大蔵省の審査も不充分な形でしか行われず、議会の審議でも予算の細目が不明なため、申し訳程度の秘密会でそのまま可決された。日中戦争勃発時の「拡大派」の政治的な狙いの一つは、戦争を口実にした臨時軍事費の獲得にあった。後述するが日米戦争開始時点での日米の戦力はほぼ拮抗しており、臨時軍事費の流用で結果的に国力相応ではない軍事力を一時的に獲得して、日米戦争に飛び込んだというのが実態である。

　日中戦争期から国民の栄養摂取量・主要食料品供給量は大きく低下した。1939年と41年を比較すると、コメと魚介類の供給量はそれぞれ91%、70%に低下し、カロリーも2156から1879に下がっている。これは大規模な兵力動員に伴う農業労働力の減少、外米輸入のための外貨不足、朝鮮の大干ばつ、民需用船舶の減少、肥料不足等、専門家から農業生産や海上輸送力の維持に関して強い疑問が出されていたにもかかわらず、それを無視して御前会議で太平洋戦争の開戦を決定したのが原因である *98。

　国際収支の急速な悪化で統制経済に移行し、38年1月に物資動員計画が閣議決定され、39年には生産力拡充を最優先とすべく計画が策定された。38年4月には国家総動員法が制定された。これは勅令に委ねられた全面的な委任立法であり、国民徴用令、価格等統制令等勅令で決定され立法権の形骸化が図られた。37年9月には臨時軍事費が1日の審議で可決された。

　日中戦争について最後に特記しなければならないことは、アヘン政策と毒ガスの使用である。アヘンは綏遠省が主産地の一つで1937年11月に設立した傀儡政権である蒙疆政権が大量に中国各地に輸出し、歳出予算の25%がアヘン収益であった。太平洋戦争がはじまるとさらに増量のアヘンを輸出した。アヘンは日本も調印、批准した国際条約で規定された禁制品である。38年設置の興亜院がアヘンの需給管理をしており、傀儡政権の主要財源にあて、抗日勢力を肉体的に崩壊させることを目指した。アヘン政策は戦争犯罪である *99。

　一方毒ガスは、日本政府は1899年に毒ガスの投射禁止に関する「ハーグ宣言」に調印、批准していたにもかかわらず、37年7月から使用許可令が出て、38年

の徐州作戦以降に本格的に使用されるようになった。くしゃみ、嘔吐が起きるあか剤から、窒息性のある青酸ガスまで使用されるようになり、武漢作戦、山西省での戦いでは主要な武器の一つとして使われた[*100]。戦争の泥沼化で陸軍はこのような無法な手段を使うことになったことに注意を喚起したい。

第6節 | 日中戦争、国民と軍のずれとその問題点

　日中戦争については、『木戸幸一日記』に「1940年7月11日に天皇は木戸幸一に盧溝橋事件が起こらざる前だったが、どうも支那とは結局戦はなければならぬように思はれた」「閑院宮載仁参謀長と杉山元陸相を招き其の点をどうかと尋ねたところ、陸軍としては対ソの準備は心配はない、支那は万一戦争となっても2—3か月で片付くと云う様な意味の答申であった」「支那と戦ふことになって見ると兵力が足りない、思ひ切って満蘇国境より廻してはと云ってもそれは出来ないと云ふ様なことで、とうとう今日に迄なってしまったとの御話ありたり」[*101]という記述がある。国民だけでなく、天皇は支那との戦いの必然性を予期していたにもかかわらず（これが既述の通り、日中戦争について天皇は是認・拡大論者となったと判断する論拠となっている）、陸軍は仮想敵国対ソ作戦については熱心に研究していたが、中国との全面戦争についてはほとんど計画をたてていなかったのである。

　一方、陸軍と国民との間で、中国との戦争を扇動する過程でずれがあったと加藤陽子氏は次のように記している。満州事変を計画した石原は、満州を対米の補給基地として戦略的に必要と考え、目的は明確であった。「しかし、それは国民の前には伏せられ、条約を守らない中国、日本品をボイコットする中国という構図で、国民の激しい排外感情に火が点ぜられた」。さらに陸軍内部でもずれがあり日中戦争で不拡大派は、「ソ連を警戒するあまり、満州に駐屯していた現役兵の多い屈強な師団には手をつけず、荒木貞夫が喝破したように、後備兵の比率の高い弱体な特設師団に上海・南京戦を戦わせた。いっぽう、軍

内の拡大派もまた、目の前の中国との戦争を名目に臨時軍事費を獲得し、実のところ将来の対ソ戦に備えた拡充計画、国防国家化に予算の6割を振り向けていた。陸軍の不拡大派も拡大派も、その実、中国と正対していなかったのである」*102。

40年2月に斎藤隆夫の反軍演説が行われた。近衛の「東亜新秩序」再定義は、帝国主義的な国家間の戦争とは性格が異なったものになったとするものだったが、斎藤は、①東洋の平和のために戦う聖戦との政府説明は成立しうるのか、②蒋介石を相手とせずに統治能力に疑問のある汪兆銘を相手として事変は解決するのか、③支那事変はなぜ無賠償なのか、の3点について、多大な犠牲を払っている国民が納得するのかと批判した。

これに対して陸軍から激しい反発が起き、斎藤は議員除名される。日中戦争で膠着状態にある状況で極めてポイントを衝いた質問であり、満場の拍手を浴びた。ここで興味深いのは皇道派の重鎮であった真崎甚三郎がこの演説に共感したことだ。真崎は2.26事件の黒幕として陸軍の組織から失脚したものの、反東条としてその存在感は維持しており近衛、吉田茂とも緊密な関係にあった。真崎の妖怪のような本質を知った私としては、このような人物が陸軍を一時的にでも統括し、影響力を維持していたことを考えると、陸軍は強靭でどんな局面でも対応できる無恥傲岸な体質を続けるDNAを保持していたのでは、と納得した。

このような状況のなかで、戦争に対する軍と国民の捉え方の乖離は危険な段階になっていた。国民のなかにも意見の分断があり、斎藤は古典的な自由主義と反聖戦が結合していた。一方、社会大衆党に代表される勢力は、大きな政府による大衆政策を要求し、日中戦争を解放戦争として「聖戦」とみなしていた。

ここまでの経緯をまとめておくと、①当初は国防及び経済的観点から満州を制圧するというはっきりした目標はあったが、②中国を上から膺懲するという目線で常に見ていたこと、③ソ連を仮想敵国としたことから、中国との戦いに正面から向かわず、④中国民衆の抗日の実態を冷静に分析せず、⑤統帥権独立のため、軍事情報について首相、外相、蔵相は全く情報を与えられず、時の首相近衛は天皇から軍事情報を教えてもらうような状況にあった。情報なくして

政府として対応するすべを持ち合わせていなかった。かといって近衛の「国民政府を対手とせず」と一方的に交渉を打ち切るような姿勢はもちろん認められず、近衛の定見のなさが現れている*[103]。⑥欧米からの反発と中国支援が加わり、⑦最後には東亜新秩序という新たな観念を弄したことによって日中戦争は、蔣介石の軍隊だけでなく、大きく勢力を伸ばしてきた毛沢東率いる共産党軍をも相手にする、多元的・多面的な泥沼の戦いとなった。

　複雑怪奇、多層的で欠陥のあった政治・軍事構造に加えて、交渉の落としどころを押さえておらず、目的も曖昧で何とはなしに侵略を始めた日本は、自らその解決能力を失っていった。

3章

第二次世界大戦、日独伊三国同盟と日米交渉

第1節 第二次世界大戦前の状況

● ノモンハン事件とファシズム台頭

　1939年9月に第二次世界大戦がはじまったが、この年5月に満州とモンゴル国境付近でソ連・モンゴル連合軍と関東軍の間で領土の帰属をめぐり、4カ月にわたる死闘が繰り広げられた。ノモンハン事件である。1938年7月にも北満州とソ連の国境に近い張鼓峰で紛争があり、1カ月あまり紛争が続き、張鼓峰の攻防で日本軍はソ連軍に撃退される事件が発生していた。ソ連軍の圧倒的な火力と機動力で多大な損害を出したにもかかわらず、再びノモンハンで関東軍の独断で戦闘が開始される。圧倒的に機械化されたソ連軍の反撃にあい1万8000人の死者が出たこの戦いを主導したのは、関東軍作戦課参謀の辻正信である。

　1989年にソ連・モンゴルと日本が行ったノモンハン事件を回顧した会議に出席した田中克彦氏が、辻の独断でこの戦闘が始まったと述べたことに対し、ソ連、モンゴルは1927年に発した田中メモランダムによる侵略計画の一環であると主張したと報告している[104]。幻の田中メモランダムがソ連及び中国でいまだに信じられているようである。ここで強調したいのは、1931年の満州事変のときの石原莞爾もそうだが、中堅将校による下剋上的動きが軍の行動様式となり、組織的にこのような動きを封印できず、さらにその動きを最終的に結果容認してしまう組織運営を日本の軍隊が内包していたことである。

　日本が中国との戦争を始めると、政権を奪取したヒトラーがそれに呼応するように1935年にヴェルサイユ条約廃棄と再軍備を宣言し、36年にはラインラントに進駐、38年にはチェコスロヴァキアからズデーテン地方を奪取し、39年にはチェコスロヴァキアを解体させた。1938年夏から39年夏、ヒトラーはチェコスロヴァキア進出の際に英仏の介入を阻止するには、日独の軍事同盟がその牽制に有効ではないかと考えるようになった[105]。

日本でも日独伊防共協定強化の動きがあったものの、米内海相が対英米戦に勝てる見込みはないと主張していたから、同盟反対の立場は維持された。しかし、海軍は36年に軍縮会議から脱退すると海軍拡張計画の理由づけとして、「北守南進」論が強まっていった。海軍ではその「北守」論から対ソ提携論を展開する親ソ派が、1920年代の加藤友三郎から綿々と続いていて、加藤寛治、永野修身、米内光政も同様な立場であり、ソ連を敵視する日独防共協定には反対していた。米内は日中戦争の膠着状態のなか39年2月に海南島を占領し、南進政策の前段的な行動を起こした。佐藤元英氏は「日本海軍にとっての三国同盟の戦略」の講義で「海軍の日独伊防共協定強化への消極的態度の本意は、対英米協調論としてではなく、北守南進論に由来するものと言える」と述べ、米内首脳部が英国との敵対を避けるために三国同盟に反対していたことに疑問を呈している*106。

　イタリアはムッソリーニが35年にエチオピアを侵略し、翌年には植民地に編入した。英仏はドイツの強硬姿勢に宥和政策で臨み、ミュンヘン会談でその後に問題となったチェコスロヴァキアのズデーテン地方のドイツ奪取を容認した。

　ノモンハンでの戦いが終わって日ソ戦争の可能性もなくなり、英国も譲歩するなかで、蔣介石が最後の頼りにしたのは米国である。39年7月20日にローズベルト大統領に書簡を送り、日本が9カ国条約に違反しているので経済制裁と軍需物資の援助を行うように求めた。これに応えるようにローズベルトは7月26日に、米国は日米通商航海条約を半年後に廃棄する旨を通告した。

● 「バスに乗り遅れるな」の風潮

　1939年9月1日ドイツ軍はポーランドに侵攻し、第二次世界大戦の火蓋が切られた。8月23日に独ソ不可侵条約が結ばれており、17日ソ連は背面からポーランドに侵攻、18日間の戦闘でポーランドは敗れた。その後、ドイツは40年4月にフィンランドに侵攻したあと欧州大陸に全面的に侵攻し、6月にはパリが陥落した。西ヨーロッパにおけるドイツの勝利は、日中戦争の泥沼化に悩みぬいている日本に衝撃と興奮をよびおこした。新聞は連日のように欧州戦局の

ニュースで埋まり、ドイツ軍の勝利を報じた。仏印や蘭印には豊富な資源が眠っているから「棚から牡丹餅」式に手に入れるチャンスではないか、「天佑神助」ともいうべき好機が到来したと軍部、政府、政党も世論も浮足立った。

近衛のあとを継いだ平沼騏一郎内閣は、独伊との防共協定強化と米国の了解獲得という二股外交を行った。ローズベルトが呼びかけた世界経済会議に、日本は独伊に会議参加を再要請してもよいとの外交転換策を米国に伝えた。ところが、39年2月の海軍による海南島占領、6月陸軍による天津英仏租界封鎖事件がおこり、英国が譲歩すると、米国の対日世論が硬化したこともあり、7月26日米国は突然日米通商航海条約の破棄を通告してきた。翌年9月23日に援蒋ルートの停止を強化する目的で北部仏印に進駐すると、米国は9月26日報復措置として屑鉄の全面禁輸という対抗措置をとった。

欧州戦争がはじまると、英国は対独経済封鎖を強化し、海路からの対欧州輸出が不可能となり、武器の欧州からの輸入も難しく、米国への輸出入依存が一層高まった。8月23日に独ソ不可侵条約締結の報が伝わると、三国同盟を結び反ソ同盟国の獲得を目論んでいた前提要件が崩れたことで、平沼内閣は有名な「欧州の天地は複雑怪奇」との声明と共に総辞職した。日米通商航海条約の破棄は、米国に石油類の75%、鉄類の49%、機械類の54%等を依存している日本の軍事経済を、当然ながら南方に志向させることになった。一方、米国は経済恐怖を与え、これ以上の南方への進出を阻止しようとした。

平沼騏一郎は司法と行政のトップを唯一極め、さらに枢密院議長にもなった稀有な政治家だが、歴史書を読むとその存在感が余りにも低く不可思議である。が『平沼騏一郎』（萩原淳、中公新書、2021年）を読んでその人物像が理解できた。国本社を設立した右翼で欧米を嫌っていたものの、英米戦争に反対したことに何か違和感を覚えていたのだが、彼には崇高な理念などなく機会主義者で、単に能吏に過ぎなかったため、歴史的に埋没されているのではと考えられる。

1939年8月平沼内閣総辞職で、同内閣で内相を務めた木戸は、高木惣吉海軍省調査課長に「英国の勢力を駆逐せざるべからざること明白なり」と述べ、アジア地域での勢力拡大とこの地域に権益を持つ英国の排除の必要を語った。また8月24日付の「対外諸政策の利害得失」とする文書で、独ソ不可侵条約締結

後の対処方針で、日独伊ソとの連合の政策を帝国がとるべき最も有利な政策としている。海軍のなかでも親ドイツ派の動きが顕著となってきた。「アジアにおける日本の権益を抑制してでも、英米との関係改善を模索すべきと主張する西園寺や湯浅内大臣など『親英派』と、日本の権益拡大のためにイギリスを駆逐すべきだと主張する木戸の政治的立場は明らかに対立する位置にあった」*107。しかし、40年に木戸が湯浅の後の内大臣になり、西園寺も同年に死去、若手の宮廷官僚に移行したことで、昭和天皇を取り巻く宮廷グループは大幅な政策転換を図ることになった。

　平沼の後、陸軍大将で穏健な阿部信行に組閣の大命がおりた。1939年8月30日に阿部は、「自主外交の確立」を唱え、9月1日に開始された欧州戦争には関与せず、日中戦争の解決に努力した。しかし、内外の政策が機能せず、4カ月の短命内閣に終わり、後継には意外にも英米協調の米内光政が指名された。

　前年からドイツは快進撃を続け、英国軍のダンケルクよりの撤退の後、6月14日にパリが無血占領された。このような状況でフランスの植民地仏印とオランダの植民地蘭印が力の空白地帯となり、南進すべき好機とする主張が高まった。米内と有田外相も南進する意志はあったものの、あくまで平和的な方法を模索していた。

　このような状況で『東京日日新聞』のロンドン特派員が送った「バスに乗り遅れるな」という記事の言葉が流行語になったように、世間でも米内・有田の協調外交は不人気であった。陸軍は7月3日に「世界情勢の推移に伴う時局処理要綱」を設定したが、これは独伊との政治的結束の強化、対英戦も辞さず南進し武力攻撃する内容であった *108。南進の武力推進、三国同盟の締結を進めたい陸軍はその障害である米内内閣を潰すことに力を注ぎ、7月16日米内内閣で畑陸相が辞任、後任の選任を陸軍が拒否し米内内閣を総辞職させた。

第**2**節 | 第二次近衛内閣と日独伊三国同盟調印

● 第二次近衛内閣成立と南進政策

　1940年7月22日に第二次近衛内閣が成立し、松岡洋右外相、東条英機陸相、吉田善吾海相（重任）が選任された。その後海相は吉田から及川古志郎に代わるが、この面々により英米との戦いの方向へと進むことになる。松岡の選定は本人の強い働きかけもあるが、陸軍を抑えるには野人のような松岡が適任だと近衛は判断したようだ。近衛の外交方針に沿った人物を選ぶのではなく、陸軍牽制のための外相選任であったから、外交方針を巡ってギクシャクするのは自明であった。松岡は8月1日に日満支を一環とする大東亜共栄圏の確立という外交方針を発表し、9月14日の陸・海・外務省の首脳会議で「米との提携は考えられぬ、残された道は独伊との提携以外なし」と発言している。

　組閣直後に近衛は「世界情勢の推移に伴う時局処理要綱」を策定し、北部仏印への武力進出も謳い、日中戦争解決のための武力南進策が決定された。これは英米可分の見地に立っている。ドイツ軍が英国に上陸して政権崩壊させれば、米国は孤立主義的世論が支配していることもあり、日本と戦争してまで軍事介入する可能性は低いと判断したことになる。芦田均は「端的に日本は英米仏蘭等を向こうに回して戦争を始めることを決定したとも解釈しうるものである。これは近衛として心にもない方向に重要政策を決めて、抜き差しならぬ破目に落込んだ極めて無責任な態度」と糾弾している [*109]。近衛は自らの範囲を超えた世界については根本的に理解力を欠いていた。内向きの政治力には長けていたものの、外交センスは持ち合わせていなかった。「近衛の執政スタイルは、優柔不断と衝動が特徴だった。（中略）また周囲の声に耳を傾けるまでは良いが、その中で一番やかましい声に媚びるという憂慮すべき傾向があった」[*110]。

　ドイツ軍の電撃戦の勝利は、日中戦争で自力での解決が難しくなり、方向性を見失っていた日本においては、ドイツの勝利に積極的に便乗し、ドイツと一

体となって勢力圏の再分割戦争に加わろうとする勢力が台頭してきた。その勢力は敗戦で窮地となっていたフランスを強要し、南進政策と中国への軍需物資支援を阻止するために、40年9月に北部仏印への駐兵を近衛に承諾させた。このような動きを主導的に構想していたのは軍務局長の武藤章であり、自給自足の「国防国家体制」を確立することを目指していた。そのためには南方に進出する必要があり、「大東亜生存圏」に包摂されるべき諸民族を白人帝国主義下の奴隷的境遇から解放することが日本の使命、と考えたのである。同時に南方からの資源輸入の対価となる工業製品を生産し輸出する国力が不足しているなかでは、「崇高な目標を掲げていたが」一方的な略奪経済になることを武藤は認識していた。

「南進政策が国策化された時の論理は、日中戦争を終結させて南進政策を追求するというものであり、日中戦争の終結が南進政策の必要条件となっていた。ところが、『支那事変処理要綱』の御前会議決定（引用者注：40年11月13日開催）を境にして、その論理は逆転した。南進政策の追求こそが泥沼化する日中戦争を終結させるという論理に置き換えられ、南進政策の追求が日中戦争終結の必要条件となったのである。拙速に具体化が図られた南進政策は、支離滅裂の状態に陥りつつあった」[111]。

　一方、三国同盟を主導した陸海軍及び外務省の中堅は、ドイツの勝利を確信して、逆に日本の核心的利益である南北仏印、蘭印等の権益をドイツが狙ってくるのでそれを牽制し、その植民地を確保することが一番の関心であった。また三国同盟で最も問題となっていた英米への懸念など、議事録には言及がなく、ドイツの進撃に便乗してその植民地の権益を確保することのみ追求して、帝国主義的な発想を捨てることはできず、崇高な理念など全くなかった[112]。

● 日独伊三国同盟の締結

　このタイミングで懸案の三国同盟の交渉が始まる。松岡は当初否定的であったが、陸軍の攻勢に松岡も同意する状況となった。交渉を進めるうえで問題は二つある。一つは米英との戦いに否定的な海軍の動向である。同盟に反対して

いた吉田善吾が9月4日病気で辞任し、後任の及川は同盟反対から条件闘争へと戦術を変更させた。自動参戦義務の回避、南洋諸島の完全譲渡、日独伊ソ四国協定努力の三条件を松岡が受け入れると、同盟締結をあっさり承認した。

仲介役は当時海軍次官の豊田貞次郎だったようだが、この変身には伏見宮軍令部総長が関わっており、海軍部内の反対論は伏見宮の権威により封殺された。これはロンドン海軍軍縮条約と同様のパターンである。伏見宮の影響力はこの時代も続いていたようで、皇族であることからか、彼の責任を主張する論者を私は見つけることができていない。最終的な海軍の理屈は「海軍がこれ以上反対することは最早国内の政治情勢が許さぬ故に止むを得ず賛成する。海軍が賛成するのは政治上の理由からであって、軍事上から見れば、未だ米国を向うに廻して戦うだけの確信はない」。軍備予算の獲得を考慮した海軍組織保全のためのセクショナルな判断であった[113]。海軍上層部は伏見宮を除いて対英米決戦に対しては悲観的であったが、海軍中堅のドイツ優勢の状況も勘案して対英米強硬論を抑えることができる人材が払底してしまい、中堅層の意向に乗せられたというのが実情ではないか。対英米戦回避の論陣を張っていた海軍次官の山本五十六は連合艦隊司令長官、軍務局長の井上成美は支那方面艦隊参謀長としてすでに転出していた。米内がこの二人は暗殺されるのではと心配して転出させた経緯もあり、海軍上層部でもこのような緊急事態のときに自分たちの意思を表明し、部下を抑えることができる人物はいなかった。

次に問題となったのは「自動参戦条項」である。ドイツがこの条項に固執しているなか、9月19日に御前会議で三国同盟条約締結が決定され、松岡は参戦は自主的に決定しうると説明した。最終的に9月24日ドイツ側が譲歩したが、ベルリンからの訓令であったのか、オットー駐日大使の独断であったのではないかとの疑念は残る。

近衛は9月26日の枢密院で、「本条約の根本の考へ方は、元より日米の衝突を回避するに在り、然れ共、下手に出れば米国をつけ上らせる丈なるに依り、毅然たる態度を示す必要ありと思考す（「日独伊同盟条約関係1件」第一巻、外務省外交史料館所蔵）」[114]と答弁していた。米国との戦争回避が松岡と同様に近衛の意図であり、三国同盟による対米交渉力強化により回避が可能と判断し

たのである。息子を米国の大学へ留学させるほど米国への思い入れが強く、同時に自意識過剰な国であることを認識していたにもかかわらず、三国同盟締結の前提の認識として、近衛は木戸と同様ドイツが勝利すると考えていた。松岡への過剰ともいえる信頼があったと思われるが、自国の浮沈がかかる重要な条約の締結を、他国の勝利を与件にしていたとは理解できない判断である。近衛の精神的な弱さがこの局面でも現れたのかと思われるが、英米の人種差別を常に憎んでいた近衛は、欧州の中で最も狂信的かつ排他的な人種差別国家ナチス・ドイツを日本と同盟させることを良しとした。

　1940年11月に92歳で亡くなる西園寺は、その直前に英国が最終的に勝利するとともに三国同盟は外交上の失策だ、と原田に語っていたという。松岡は三国同盟による日米関係の悪化の声には「毅然」たる態度が必要であり、同時に米国を牽制するためにはソ連を引き入れて「四国協商」に発展させることを考えていた。

　1940年11月10日、皇紀2600年式典が皇居前で挙行され、同様の祝賀行事が全国各地で開催された。記念式典は天皇制をさらに神聖不可侵なものとし、国民ひとりひとりが神国日本の一員であるという帰属意識を高めることに一役買った。

　しかし近衛と松岡との緊密な関係は、予想されたように長くは続かなかった。松岡の単騎独往的な性格で有為なスタッフを欠いたことは、「軍のたびたびの干渉を可能にする状況を作り出す原因」となり、外務省を弱体化する方向へ進んだ。「彼の孤立無援の念と、それを打開するために逆に国民の支持を得たいと願う期待は、自らその線に沿うて行動するように彼を導いた」[115]。近衛とも違うポピュリスト的なその後の対応は、松岡の孤独と孤立から生まれたと言えよう。

　NHKが2022年12月8日に放映した「太平洋戦争」では、三国同盟の報に接した蔣介石はこれは有名無実な軍事同盟であり、日本の孤立化を深めることになると考え「神に感謝」したとしているが、この蔣介石の感想はその後の歴史を俯瞰する要諦をついていたことになる。

第**3**節 | 近衛新体制、日米交渉と南部仏印進駐

● 近衛新体制の空回り

　近衛は首相になる以前の6月、第一次近衛政権が軍の横暴で倒れたこともあり、挙国一致体制の確立のための声明を発した。5.15事件以降弱体化した各政党はこの流れに呼応、各党派は解党して新党結成運動に繋がり、10月に「大政翼賛会」が結成された。国民の自発的政治組織ではなく、軍部、官僚という既成の政治組織を強化、支援するための官製組織であり、烏合の衆の集まりであった。

　大政翼賛会は一国一党の独裁政治をめざし、天皇の大権を干犯する旧幕府的存在であり憲法違反だと議会で罵倒された。そして近衛は「大政翼賛の臣道実践」の精神運動組織であるとして逃げ、組織自体は骨抜きとなった。権力分立的な明治憲法の欠陥を矯正するために立ち上げた新体制運動であったが、自らの判断で実質的に葬ったことは、その後の政権運営に痛手となった。

● 松岡外交の特徴と問題点

「四国協商」を念頭に松岡は41年3月にモスクワ、ベルリンに行き、モスクワでスターリンと会談した。スターリンは日ソ中立条約に乗り気であり、条約を結べば当分の間、西部戦線におけるドイツからのソ連攻撃がないと予想し、ナチスと日本政府との連携を過大評価していたと考えられる。4月13日に日ソ中立条約を調印したが、中心議題は中立義務のほかに中国問題であり、ソ連の中国に対する軍事援助を停止する対中国封じ込めを目的としていた。日ソ中立条約を締結する前の3月中旬に、三国同盟推進の旗頭であった大島浩駐独大使は、松岡に独ソ戦開戦の可能性を指摘し、条約締結を思いとどまるよう進言した。しかし松岡は独ソ間の緊張は双方の威嚇や虚勢によるものであり、ソ連がドイ

ツの威圧に屈して妥協が図られると判断して、この意見を受け入れなかった。

　モスクワに行く前に、松岡はベルリンでヒトラー、リッベントロップと会談したが、日ソ不可侵または中立条約の締結に極めて冷淡であることを知った。ヒトラーの三国同盟交渉のときに発したドイツが日ソ国交調整に乗り出すという約束は、日本を同盟に引き入れるための好餌で、当初から成算あるものではなかったと推察された。米国との戦いを全く望んでいなかった松岡は、米国との交渉において三国同盟と日ソ中立条約による「四国協商」を交渉力のテコになると考えており、この中立条約で米英に対する日本の地位は著しく強化する結果となるであろうと豪語した*116。

　松岡は日本人として珍しく独自の情報網と判断で緻密な外交方針を策定し、欧米と対等な外交を進めていた。しかし、ヒトラー、スターリンの独裁者は互いに独ソ協調には関心を持っておらず、四国協商は土台からそもそも成り立たなかった。松岡はドイツ、ソ連は独ソ戦が直近に控えていて、それが難しいことを知りながら、中立条約がソ連との戦争回避とそれに伴う蔣介石の屈服、そして南進に寄与すると考え、本人はその締結を自画自賛していた。独ソ開戦はソ連を米国側に引き入れることになり、前提条件が崩れていても自分の判断が間違っていなかったと松岡は確信していたようで、ソ連滞在中に米国大使のスタインハートに三国同盟と中立条約の主旨を話している。近衛は米ソの二正面作戦は絶対回避しなければならないと主張し、独ソ開戦の情報をその時点で入手していたら、日ソ中立条約の調印に疑義を唱えた可能性はあるが、松岡はその自負心から近衛に事前に相談するとは思えない。

　独ソ戦を控えヒトラーとリッベントロップは日ソ中立条約に接して反発し、日独は同床異夢であった。結局、松岡独特のシナリオに基づく外交は一部機能することはあっても、それは前提が変わったら崩れ落ちるような脆弱なものであり、大国指導者の大きな思惑と本心を理解できなかったことに限界があったと、私は考えている。2カ月後の6月22日にドイツはソ連侵攻作戦を開始し、米国のローズベルトは大喜びしたという。

　日米交渉に携わった岩畔豪雄陸軍大佐が戦後、「日米は国力差が1対20と認識する岩畔は、アメリカが日本を『歯牙にかけてない』とわきまえていた。そ

こへ三国同盟が成立する。三国同盟に入ったので力が出てきたから話が出来た」という。また海軍も同様の認識で三国同盟を是認したと井上寿一氏は記し、さらに「松岡の意図は、三国同盟と日ソ中立条約によって日本の外交ポジションを強化したうえで、アメリカとの直接交渉によって開戦を回避することにあった。同様に南部仏印進駐は対米関係を決定的に悪化させるゆえに、中止を求めた。松岡外交は対米開戦回避で一貫していた」*117 と松岡外交を相当評価している。

　しかし、日米戦争が始まった12月8日に「三国同盟の締結は僕一生の不覚だった。死んでも死にきれない」と松岡は号泣したという。三国同盟と日ソ中立条約を自賛していた松岡が、三国同盟を失敗と思った経緯は不明だが、松岡の号泣こそ松岡外交の破綻を如実に示している。最も問題にしていたドイツが英国と戦争しているなかで、そして米国が戦争を仕掛けられるような状況において、三国同盟の有無に関係なく、米国が日本との外交交渉を真剣に行うのは当然である。しかも、独ソ戦の開始で三国同盟が有名無実化するなかで、三国同盟の存続が最も交渉を阻害し破断する最大の要因であったことははっきりしている。三国同盟を一定評価する井上寿一氏のこの論旨に、私は納得できない。

　松岡は13歳のときに従兄に同行して米国に渡り、英語もろくろくしゃべれなかったが、皿洗い等をしながらオレゴン州立大学を席次二番で卒業した。松岡は卑屈は一番の禁物であり、断固とした態度が米国で生き抜くには絶対必要であることを終生変わらない信念として学んだ。しかし日米戦争の危機に直面し、欧州との貿易が途絶えている状況で、経済力、資源を米国に一方的に依存している脆弱な国の代表が、米国を恫喝するような態度は、交渉の土台である経済力と科学技術の圧倒的な差から、米国側の反発を一層高めるだけとなり、実利もとれず相手にされなかったのが実態である。松岡を選んだ近衛の大きな失敗である。

　松岡外交の挫折は、①ビジョンは雄大でスケールは大きく、対米交渉で米国の欧州戦争参加を防止することのみ主張して、外交の要諦をつく判断をしたこともある。内外情勢の事実認定が甘く、自意識過剰である。②外交折衝が秘密主義的で権謀術数、個人プレーに走りやすく策におぼれやすい*118。③独ソ戦

発生のような状況の大幅な変更について、柔軟な思考ができなかったことにある。この極めて重要な局面での松岡外交の失敗は、決定的な意味を持っていた。

● 日米交渉の進展と行き詰まり

　第二次近衛内閣誕生のころ、カトリックの神父で避戦論者だったウォルシュとドラウトは、元大蔵官僚の井川忠雄と日米交渉することを画策した。陸軍の武藤軍務局長、岩畔大佐が関与し、近衛首相、ローズベルト大統領も前向きだったことから、非公式ながら日米交渉が始まった。松岡外相が欧州に行っていたときに、両国に都合のよい玉虫色の「日米諒解案」が策定されていた。

　4月16日にハル国務長官は、①すべての国家の領土保全と主権尊重、②他国に対する内政不干渉、③通商を含めて機会均等、④平和的手段以外の太平洋の現状不変更、の四原則を提示したものの、④の「現状維持」については「満州国に影響しない」「あくまでも、原則採用の時点からのことを示唆している」と補足説明し、米国は日本にかなり譲歩する準備があったと考えられる。ハルは、四原則とともに三国同盟は防御的なものであること、米国は日中和平交渉を斡旋し、満州国も承認することに加え、ホノルルでローズベルトと近衛の頂上会談も明記した日米諒解案を提示したが、野村大使は基本政策である四原則を日本側が受けないと判断し、敢えてその内容を伝えなかった。

　陸軍は三国同盟の精神に反すると反対の意思を表示したが、近衛はこの諒解案と頂上会談に前向きになり、4月22日にモスクワから戻った松岡を立川飛行場にわざわざ自ら出迎えに行った。ところが、独ソ開戦の情報も流れる状況のなか、日本に都合のよかった日米諒解案を、松岡は帰国後、蟄居して20日あまり無視し続けた。自分が関知しないところで始まった交渉に、彼の「自尊心」が傷つけられたためと思われる。そして①米国に中国問題から手をひかせること、②三国同盟に抵触しないこと、③ドイツとの信義を破らぬこと、の三原則を主張、諒解案を大修正させ、5月11日に対案を出した。

　米国はこの対案に大きく失望し、20日あまり返答しなかった。独ソ戦が始まる1日前に交渉環境が大幅に好転したことから、6月21日に米国から修正案

の声明が出された。日中交渉の相手として蔣介石政権を示唆し、満州国の間接的否認、日本軍の駐兵を認めず、無差別待遇原則の適用、三国同盟の自動参戦義務を限定化するように求めて事実上の離脱を求めるものである。

さらに有力者の公的言明は無視できないと述べており、条件の吊り上げとハル四原則の存在を知らなかった日本側は日米のギャップの大きさに驚いた。また付属するオーラルステートメントには、断固として三国同盟に固執する松岡とは取引はできない旨が述べられており、日本の外相を変えろと言うに等しい内容が追加されていた。松岡は退任する前々日の7月14日に対米回答した。5月11日の日本案を撤回し、6月21日の米国案を認めるが、蔣介石が和平に応じなければ米国は対中援助を停止することまで妥協する内容である。しかし日米のギャップは大きく、松岡がもし留任したとしても米国の松岡不信は大きく、決裂はもっと早まったと私は考える。田中新一作戦部長は、米国の対日政策が「融和」から「強硬」へと転換したのは、独ソ戦があると判断したからだとするが、この見方は的を射ていたことになる。

6月22日に日本に対して正式な予告なしに独ソ戦が始まる。これは独ソ不可侵条約の締結という「第一回の裏切り行為」に続く「第二回の裏切り行為」である。四国協商が全く無意味となり、かつ三国同盟は日独の交通は遮断され、その意味の大半を失った。独ソ戦が始まったその日の夜に、松岡は天皇に拝謁し、日本は協力してソ連を討たなければならないと奏上し、唐突に北進論を主張した。南進が日ソ中立条約の一つの目的であったが、6月30日の連絡懇談会で松岡は「南に手をつければ大事に至ることを予言する」と述べ、南進の危険性を訴えた。

日米交渉が行き詰まった時に、このような世界情勢の大幅な変動があり、三国同盟の主旨が削がれる状況で、三国同盟が日米の戦いを回避するうえで最上の手段と信じていた思慮深くない松岡による再検討は困難だったかもしれない。しかし、外務省の他の高官が再検討を行った形跡はなく、なぜ三国同盟に固執したのか、理解に苦しむ。

一民間人である小泉信三も「ナチ・ドイツの対ソ開戦は、日本に対しても、了解に反した背信行為であったのだから、これは日本が独伊との同盟から自由

になるべき一の機会であったと思われる。当時の首相であった近衛として、そ
れに想ひおよぶことはなかったものかどうか。その夜の話に出なかったが、近
衛氏としては、そこに一の苦悩があったであろう」[*119]と記している。指導者
が情勢の変化に対応できず、勇気ある意思決定と行動ができないことに暗然と
せざるをえない。

　1941年半ばの日本の問題は、包括的、政治的、外交的な国策の指針がないまま、
次に記す石川信吾大佐をはじめとする幕僚参謀による戦争準備だけが国家を前
進させる唯一のエンジンとなってしまったことである。軍令部総長の永野修身
のように、上にたつ者は下の者を抑制することをせず、無批判に軍事行動の必
要性ばかりを主張する戦略を国策として吸い上げることが多かった。永野の「何
といっても課長級が一番勉強しているから、その意見を採用するのがいい」と
いう言葉に、神輿に単に乗っている指導者の無責任感覚が表れている。海軍の
なかでも三国同盟の推進派の頭目である石川は、三国同盟がなくても日本が支
那事変完遂の方針を捨てない限り、太平洋戦争はいずれ避けがたい情勢にあっ
たのである[*120]と、自身の著書で主張しているが、確かに石川の論理は問題の
本質をついている。

　支那問題についてどこまで譲歩するか、近衛は陸軍と充分に意見を交わした
のか不明なところが多い。米国が三国同盟で最も問題視したのは、ドイツが三
国同盟の主謀者であり、最も危険な国だと考えていたからである。既述した
ように、ハルは支那問題、三国同盟で、ある程度譲歩することを考えていた
ようなので、日米戦の回避に全力を注いだ近衛とそれを強く支持した昭和天皇
が、その交渉で障害であった松岡を速やかに退任させ交渉を主導して、支那か
らの形式的な一部撤退と三国同盟を実質的に空洞化させていれば、日米交渉は
進展することも充分考えられる。しかし独ソ戦が始まったことで最大の支援国
であった英国が窮地を脱したことにより、米国の対日本との交渉は強硬になり、
ドイツの独ソ戦での苦境が判明する1941年秋以降には、米国の交渉優位は絶
対的なものになった。

　この時期、永井荷風はこの事態をどのように見ていたのだろうか。『断腸亭
日乗』に次のように記されている。

6月15日「日支今回の戦争は日本軍の張作霖暗殺及び満州侵略に始まる。日本軍は暴支膺懲と称して支那の領土を侵略し始めしが、長期戦争に窮し果て俄に名目を変じて聖戦と称する無意味の語を用ひ出したり。欧洲戦乱以後英軍振はざるに乗じ、日本政府は独伊の旗下に随従し南洋進出を企図するに至れるなり。然れどもこれは無智の軍人ら及猛悪なる壮士らの企るところにして一般人民のよろこぶところに非らず。（中略）元来日本人には理想なく強きものに従ひその日その日を気楽に送ることを第一となすなり」

　6月20日「余はかくの如き傲慢無礼なる民族が武力を以て隣国に寇することを痛歎して措かざるなり。米国よ。速に起つてこの狂暴なる民族に改悛の機会を与へしめよ」*121。

　鬼畜米英と米国との戦いを扇動するような風潮が支配しはじめた時代で、しかも与えられる情報は限られていたなかで、日本人として珍しく日本の問題点を衝いており、永井は沈着冷静に多面的に時代を観ていたことがわかる。

● 南部仏印進駐の決定

　7月2日御前会議が開催され「情勢の推移に伴う帝国国策要綱」を決定した。その主旨は独ソ戦が日本に有利な進展をみせた場合は、ソ連への武力進出と対英米戦を辞さず南進政策を行うとの結論先送りの「両論併記」で、これに基づき「関東軍特殊演習」の兵力動員計画を策定し、7月14日には南部仏印進駐の要求と28日にはその実施がなされた。日本の暗号解読に成功していた米国は、7月24日にローズベルトが野村駐米大使に日本軍の仏印からの撤退を勧告し、25日には「在米日本資産の凍結」、8月1日には日本に対する石油の輸出の全面的禁止の措置をとった。

　米英と政治的・軍事的に対抗の度を強めながら、経済的には英米に依存しつづけるという日本帝国主義の二面性の矛盾は、遂にその限界を突き破った。日本帝国主義はその存立の不可欠の条件であった対英米依存の清算に直面し「自立」を迫られた。しかし、備蓄につとめた結果、8月1日現在の貯油量は940万キロリットルに達していた。だが、月平均45万キロリットルの消費量からい

えば、この「自立」は1年あまりの後の全面屈服に連なることを意味しており、日本帝国主義は決定的な岐路に立たされた。

このような厳しい対応がなされることを予期していなかった日本政府と軍部は大きな衝撃を受けた。この事態を迎え陸海軍の中堅を中心に対米開戦論が勃興し、それに押されて7月30日永野軍令部総長は天皇に参内して早期開戦論を上奏した。

南部仏印を強く求めた陸軍の理由の中で大きかったのは、シンガポール、そして最終的に蘭印を強襲するために南部仏印に航空基地が必要であるという英米可分論があったようだ。米国は英国の支援へのプライオリティが最も高く、英米不可分論を理解せず、かつフィリピンの攻撃基地になることも当然想定する。「対英米戦を辞せずとはいいながら、当時陸海軍共に本当に対英米戦の覚悟はなかった。政府諸公も同様であった」[122]ように慎重論に耳を傾けない安易な楽観論に終始していて、日本の南部仏印の進駐への複合的分析が全くなされていないことが露見する。

米国において対日宥和派と強硬派が存在し、「対日強硬派のとった抑止政策、特に経済制裁措置が、緊張の拡大再生産を招き、日本の南進運動をいっそう刺激し、ついに日米間の武力衝突という、両国にとって意図せざる結果を生む上に重大な契機となった」[123]と佐藤元英氏が記している通り、米国側も責任の一端があったと主張している。

一方、日本は以下の戦略的判断ミスをしていた。

①　中国の主体的な抗戦力を過小評価して、列強の中国援助を過大評価していた。7月22日杉山参謀総長は天皇への上奏で「重慶側は戦力戦意共に衰え軍は低下し、財政経済的にも困憊して居り恰も瀕死の状態と考えられ命たけを保って長期抗戦をして居るのであります。此の長期抗戦が出来るのは英米等敵性国家の注射又は栄養を与える為てあります。即ち英米が重慶の起死回生をやって居るのでありまして英米を抑えなけれは支那事変の解決は困難と考へます」[124]としている。

②　独ソ戦を予想できなかった。6月22日に独ソ戦が始まる。4月21日参謀本部に独及び米大使より独ソ開戦の可能性近きの長文電報が送られ、翌日に

松岡外相の帰朝報告会があるが、独ソ戦の話は一切なく、5月15日の独ソ開戦状況判断部長会議でも独ソは開戦しないと判断している。

③　南部仏印進駐で米国の強硬な対応を予想できず、石油の禁輸、在米日本資産の凍結という事態でも、米国が戦争を覚悟することはないと、陸軍も海軍も判断していた。

④　米国は個人主義、自由主義の国であり、短期的に国力を戦力化するには不向きな国と信じていた。刻々と変化する世界情勢のなか、緻密な情報分析を怠り、ドイツが英国を敗北させるという誤った判断をしていた。結局、問題点は自己中心的な判断により、情報収集と分析が単細胞的で楽観的、かつ杜撰であり、世界情勢の急激な変化に対して機動的で柔軟な対応ができないことに集約されよう。

第**4**節 ｜ 日米開戦の経済力比較分析

● 秋丸機関の創設とその分析

国力が20対1の大差があったことを踏まえ、日本は開戦を決意するために定量分析する機関を設けていた。その機関の活動と分析結果について簡単に検証しよう。

1940年1月に軍事課長の岩畔豪雄が、満州国経済建設に携わっていた秋丸次朗主計中佐を中心に多くの経済学者、官僚を集めて「秋丸機関」を創設した。1939年9月の資料によれば、日本の経済は約60%近くを英米から輸入している。この経済の脆弱性を陸軍は強く認識しており、その打開策の一環としてこのような機関を作ったのである。

牧野邦昭氏がその英米合作経済抗戦力調査を要約している。それによれば「まず英米経済抗戦力分析では英米と日本では経済戦力は20対1であるが、ポイントは米国の英国への補給能力であり、その能力の可否を決するには独伊の経済

抗戦力を調べる必要がある。ドイツの経済は限界近くになっていて、ソ連の生産力を利用する必要があるが、戦争が長期戦になると抗戦力は大幅に低下する。結局独伊がどれほど英米の船舶を沈没させるかが鍵である」*125 が、ドイツに米国に対抗する国力はなく、米国の軍事力に凌駕されている。日本も同様に高い確率で敗北を喫する、との分析である。

　一方、独ソ戦が短期で終われば、ソ連の資源を利用し、南アフリカに進出して自給力を高め、英国が屈服すれば米国も交戦意欲をなくし、低い確率で講和できるかもしれないと考えている。

　秋丸機関に陸軍少尉として招集された武村忠雄は、「独逸」という報告書で次のように指摘している。判決①独ソ開戦前の国際情勢を前提にする限り、独逸の経済抗戦力は本年（1941年）一杯を最高点とし、42年以降、次第に低下せざるを得ず。判決②独逸は今後対英米長期戦に耐え得るためにはソ連の生産力を利用することが絶対に必要である。

　従って、独軍部が予定する如く、対ソ戦が二カ月間位の短期戦で終了し、直ちにソ連の生産力利用が可能となるか、それとも長期戦となり、その利用が短期間になしえざるか否かによって今次大戦の命運も決定さる。判決③ソ連生産力の利用に成功するも、未だ自給体制が完成するものに非ず。南アフリカへの進出と東亜貿易の再開、維持を必要とす。と武村はドイツの経済力の限界を正確に指摘していたのである。

　さらに、武村は、「我国は独ソ開戦の結果、やがてソ連と英米の提携が強化されるにつれ、完全な包囲体制に陥る。この包囲体制の突破路を吾人はまず南に求む可きである」*126 と記しているが、その真意は長期戦になれば日本もドイツも勝利の機会はないことを明示していた。

　一方、林千勝氏はこの独逸経済抗戦力調査で「独逸がスエズ運河を確保し、又我が国がシンガポールを占領し、相互の協力により印度洋連絡を再開を要す」と明記していて、「帝国陸軍は、科学的な調査・研究に基づいて、大きなリスクを認識しつつも、少しでも可能性のある合理的な負けない戦争戦略案を昭和16年7月には持つに至っていたのです」*127 とその調査を評価している。しかし机上の空論を前提にして、その分析を評価しているので、私は納得がいかな

かった。

牧野邦昭氏は強いリーダーシップを発揮する指導者がなく、「『集団意思決定』の状態では、個人が意思決定を行うよりも結論が極端になることが多いことが社会心理学の研究で知られている」*128とするが、国家の方向性を国民に示さない指導者たちが、強硬な世論に押され、結局「ジリ貧」を避けて、不確定な要素もあるがリスクの高い対英米開戦を選んでしまったことになる。支那からの撤退は絶対 NO と言っている東条が、大衆に迎合して現状維持よりも開戦したほうがまだわずかながら可能性があるという判断に陥ってしまうのはわからないではない、と私は考える。

● 総力戦研究所の報告

秋丸機関とは別に、内閣総理大臣直属の組織として1940年9月に総力戦研究所が設立されたが、これは欧米の教育研究機関を真似て、官僚の訓練施設として作られたものである。

1941年8月27―28日に近衛首相、東条陸相を含む閣僚、陸海軍の首脳出席のもとで「机上演習」の報告会が行われた。結論は「12月中旬、奇襲作戦を敢行し成功しても、緒戦の勝利は見込まれるが、しかし物量において劣勢な日本の勝機はない。戦争は長期戦になり、終局ソ連参戦を迎え、日本は敗れる。従って、日米開戦はなんとしてでも避けねばならない」としている。その後、戦争の展開はこの結論通りになった。

しかし東条は「これはあくまでも机上の演習でありまして、実際の戦争というものは、君たちの考えているようなものではないのであります。日露戦争でわが大日本帝国は、勝てるとは思わなかった」*129と感想を述べた。戦争中に精神論で勝つことを信じれば勝てるというような言葉を、東条は呪文のように連発している。戦争の決断を行うこの時期に科学技術の分析を敢えて忌避して、自分の都合のよいような政治的な判断で意思決定したと言えよう。日本のトップの資質と意識決定方式が精神論をただ唱えていることに驚きを覚える。

1941年4月に総力戦研究所心得で海軍少将の岡新は研究生への講話で以下の

ように述べている。「愛国心が日本の『専売特許』ではないこと、日本の工業技術・軍事工業技術が英米に大きく立ち遅れている」ことを述べ、さらに「我国総力戦の特質、結局量に於ても質に於ても物の関する限りは不足の戦ひである。心的優勢及技術力の優秀にも限度がある。（中略）寡を以て衆に対する総力戦となることは逃れ難いのであります。従って、寡を以て衆を制する総力戦方策を樹立決定し一応此の方策に従って国家総力を動員訓練するのであります」*130と、勝てないことはわかっていながら理解不能な結語で締めている。この時点で世論は強硬策でまとまっていて、避戦論を明白に述べられない環境になっていたことがうかがえる。

牧野邦昭氏は『経済学者たちの日米開戦』で選択肢を次のようにまとめている。

1）開戦しない。2―3年後には確実に国力を失い、戦わずして屈服（ジリ貧）。陸軍省戦備課の昭和16年8月の物的国力判断での石油の問題における現状維持を想定。

2）開戦する。①非常に高い確率　致命的な敗北。企画院の応急物動計画試案。総力戦研究所の昭和16年8月の演練（中略）長期戦となった場合。②非常に低い確率　有利な講和。総力戦研究所の昭和16年1月の提言（中略）短期でドイツが勝利した場合。

人間は一人で考える場合は比較的冷静に判断できるが、グループで考える場合には必ずしもそうでない。（中略）社会心理学ではこうした現象を集団極化という。

政治権力の一元化を目指した1940年の新体制運動は挫折してしまう。太平洋戦争開戦直前の日本はリーダーのいない状態であり、スペインのフランコのような「冷静な独裁者」はいなかった。ただでさえリスク愛好的な判断をしやすい状態で、そうした人々が集団で意思決定すればリスクの大きい選択肢が選ばれてしまいやすい*131。

実際の国力を知る軍部など指導層は戦争の見通しが立たず、まだ慎重であったともいえるが、むしろマスコミや世論、議会の方が対米強硬論で盛りあがっていた。

東郷茂徳は対米「交渉が停頓したこと、近衛首相が首脳会談を提議したが米

は之に応ぜぬことなどの事実が伝えられ、交渉の前途に対する悲観説が盛んで、新聞雑誌の対英米態度は益々強硬となった。一般国民は軍部の宣伝によって自国の強大を妄信した点もあるが、新発展を望んで千載一遇の好機となし、米英戦争も敢えて辞さずという冒険的気分に浸されていた」[*132] と記し、世論の強い後押しを受けて、ジリ貧を避けて不確定な要素もある対英米開戦を選んだとしている。

いずれの定量分析でも国力の差はあまりにも大きく、想定されていた長期戦で日本は確実に負けるということは周知であったようで、政府及び軍の指導者はその事実を十分に理解していた。開戦必至の状況のなかで、二つの部局を設けてまでこのような経済分析を行ったのは、戦争する自信がなかったことの裏返しである。しかし、彼らの最大の関心は「国体」と自らの「組織」の擁護にあり、負けた場合の悲劇を含めた想像力を働かさず、国益のみならず「人権を含む国民の生命、財産」のことは全く視野の外にあったのである。

第5節 | 日米交渉と近衛首相辞職

● 長引く日米交渉

独ソ戦が始まり、米国の石油の全面的禁輸措置に伴って、日米交渉の余地は実質的にほとんどなくなった。が、日米戦だけは絶対避けたいと確信していた近衛は、日米交渉を続行することを決めた。「勝てる確率はほとんどない」と自覚していた陸海軍も同様な立場であった。

細谷千博氏は戦争回避する機会が2回あり、「その一つは『近衛・ローズベルト会談』実現に向けての動きです。もう一つは開戦直前、東條内閣時に日本側が対米交渉にいわゆる『乙案』を提示し、それに対してアメリカ側が『暫定協定案』を対案として作成したあたり」だと言っている [*133]。

6月21日の米国の修正案の撤回が前提だとする松岡と近衛の意見は一致せず、

松岡の存在は会談続行に支障をきたすため、7月16日に総辞職、第三次近衛内閣が発足し、外相には元海軍大将の豊田貞次郎を迎えた。彼は1940年秋、及川海相の次官として及川が尻込みしていた三国同盟締結を、海軍の予算や組織力増強の観点から、積極的に唱えた人物である。既述のように、総辞職する前日に松岡は6月21日の修正案を認めるが、蔣介石が和平交渉に応じなければ、米国は対中援助を停止することを条件にする対米回答を行っていた。7月25日資産凍結の日にローズベルトは野村と会談し「仏印中立化案」を提案した。グルーは27日朝、豊田外相に大統領の提案を説明したものの、豊田は資産凍結の結果、反米的になっていて、今更南部仏印進駐を止めるわけにはいかないとの返事であった。中立化案を連絡会議で綿密に議論した形跡はなく、近衛政権は静観という名のもとに外交危機をそのまま放置した。

　近衛は日米国交調整を妨げているのは陸海軍の中堅にあると考え、ローズベルトとの直接会談を望んだため、8月8日野村大使はハルに申し入れた。細谷千博氏は近衛は直接会談で二つの切り札を考えており、一つは三国同盟で自動参戦義務はなく、日独の公式文書まで見せることも考えていた。二つは中国からの撤兵についても思い切って譲歩する積りであり、陸軍の田中作戦部長も中国からの全面的撤兵計画案の至急作成を作戦課の瀬島龍三大尉に命じていると述べている[134]。

　一方ハルは6日に大統領直々の中立化案を拒否した直後に、頂上会談を提案することは外交信義に悖る行為であるととらえており、ハルの猜疑心を倍増させる結果になった。12日にチャーチルと共同で「大西洋憲章」を発表したローズベルトは、17日の野村との会見で二つの文書を読み上げた。第一の文書は、日本政府が隣接諸国に対する軍事的支配の政策を遂行するため、さらに武力行使すれば米国は直ちに必要と認められる一切の手段を講ずるとしている。第二の文書は、ローズベルトが近衛との会談に同意するとの回答であった。

　ローズベルトは1940年に大統領選に出馬したときに米国が参戦しないことを公約に掲げており、戦争を回避することを熱望していたが、国務省は親中派が強く、頂上会談に否定的であった。

　26日に近衛はメッセージを発信し、28日に野村はローズベルトに手交した

が、同席したハルは同日夜に野村に対し、①三国同盟、②中国問題、③通商上の無差別待遇、に対する日本の明確な意向を求め、頂上会談には消極的であった。これは国務省の総意であり、首脳会談はなかなか進まなかった。9月3日野村大使は首脳会談に対する米国の公式見解を受け取った。大統領は会談を否定しないものの、上記問題について予備的討議が必要とのネガティブな内容であった。

堀田江理氏はローズベルトと近衛の二人を比較し以下のように分析する。二人は共通点がかなり多い。超エリート階級に生まれ、聞き上手であるが、自らの真意を容易に明らかにしなかったものの、基本的な世界観は生涯通じて一貫していた。近衛は日本優越主義ならびに現存の世界秩序が日本に不当だとする修正主義、ローズベルトはリベラル国際協調主義である。ローズベルトは常に何が政治的に実現可能かを判断し、用心深く、しかし断固として目標遂行する強い意志を持っていた。一方、近衛にはローズベルトのような耐久力や、諸問題の優先順位を見抜く力が欠けていて、自分の判断ミスや失敗も周りに責任転嫁することが当たり前になっていたと [*135]、ローズベルトとの対比で近衛を酷評している。しかし、統帥権の独立で軍事情報を持たない近衛には決断を実行するためには大きなハンディキャップがあったことは斟酌する必要はあるだろう。

9月3日連絡会議が開かれ、後に述べる「帝国国策遂行要領」の合意の他に、中国からの原則的撤兵合意書に言及した「対米申し入れ書」が議題に上るはずであったが、近衛は触れなかった。9月6日にローズベルトに提出したのは、外務省が策定した「撤兵原則」で、無条件に撤兵するとした申入書とは異なるものであった。

9月5日の杉山参謀総長への「下問」でのやり取りが「杉山メモ」に書かれている。

天皇「予定通りできると思ふか。お前の大臣の時に蔣介石は直ぐ参ると云ふたか、未たやれぬてはないか」。これに対して杉山は日本の国力の漸減することを述べ、弾発力のあるうちに国運を興隆せしむる必要があると奏上した。

天皇「絶対に勝てるか（大声にて）」

杉山「絶対とは申し兼ねます。而し勝てる算のあることたけは申し上けられます必す勝つとは申上け兼ねます」

天皇の質問に真正面に答えられない情けない回答である。

物資の供給が逼迫するような状況下、9月6日の御前会議で「帝国国策遂行要領」が決定された。①自存自衛のために対英米に戦争を辞さざる決意のもとに10月下旬を目途に戦争準備を完整する。②米英に対して外交の手段を尽くして要求の貫徹をめざし、その約諾しえる限度は別途設定する。③10月上旬に要求の貫徹しえる目途なきは直ちに対米英蘭に開戦決意する、とするものである。なお、近衛は直前までこの「帝国国策遂行要領」を知らされていなかった。

ここで天皇の有名な言葉が発せられた。「私は毎日、明治天皇御製の、四方の海皆同胞と思ふ代になどあだ波の立騒ぐらむ、を拝誦している」とし、非戦の立場を述べたが、議案を訂正または取り下げることはなかった。また、「米英は支那事変処理に容喙し、または之を妨害せざること」*136を確認した。

もっとも懸案になった事項に譲歩する気持ちはさらさらなかった。外交を先に戦争は従、と注文をつけたが、外交が暗礁に乗り上げている状況で、外交に全力を尽くすならどこまで譲歩するか注文をつける必要があったのであり、両論併記先送りに過ぎないものだった。

御前会議の日の夜、近衛はグルー大使に会い首脳会談を一刻も早くしてほしい旨を伝えたが、「ローズベルトとハルは近衛の意図が曖昧であり、彼の決定権の範囲は少ないと感じ」、受け入れることはなかった。日米交渉の経過は日米両国の基本的立場の相違を調整するというよりも、むしろ解決できない問題点を露呈させたものであった。

日米交渉が進展しないなか、連日陸海軍と外相、首相会議が行われた。戦争を一刻も早く進めたい陸軍参謀本部、海軍軍令部とそれ以外との攻防であったが、近衛はこのような公式の会議で対英米開戦決意に異議ないしは反対の意思表示はしていない。10月4日に連絡会議が開かれ、杉山は外交を捨てる最終決断を遅らせてはならないと警告し、永野も早くやってもらいたいと述べた。しかし、2日前に及川との会談では英米との軍事対立は回避するのが望ましい旨同意したばかりであり、永野の二枚舌は常習的であったが、永野がこのような

矛盾したことを言うのに慣れすぎていた。連絡会議は茶番の場と化し、指導者の誰もが責任転嫁ゲームで自分だけが取り残されないように必死になっていた。内心、開戦に反対だったとする及川をはじめ権力中枢の海軍首脳の誰一人として、我が身を挺してその波に抗おうとはしなかった[*137]。

10月9日に伏見宮は天皇と対顔して「即時開戦」を上奏する。その2日前に沢本頼雄海軍次官が米内と岡田の重臣のもとを訪れたところ、二人は避戦論を主張した。この話を沢本は軍令部次長の伊藤整一に伝え、伊藤は二人の意見を伏見宮に話している。このことが伏見宮の行動のきっかけになったのではと、野村実氏（海軍大尉、防衛大学校教授）は推測している[*138]。

10月12日、5相会議が開かれ、及川は自らの組織だけに責任を押し付けられないように対米戦の見通しには明言を避け、和戦の決は首相に一任すると述べた。豊田は新たに中国から撤兵する譲歩案を提示したが、東条が一切の撤兵を拒否して会議は失敗した。10月15日近衛は参内し「到底此儘政治を担当し行くことは能はず、就ては東久邇宮殿下御出馬云々は如何」とした。翌日の10月16日、木戸は「難問題は未解決の儘にて、打開策を皇族に御願すると云ふは絶対に不可なり」「皇族内閣にて日米戦に突入するが如き場合（中略）万一、予期の結果を得られざるときは皇室は国民の怨府となるの虞あり」[*139]と近衛の推薦を拒絶した。

● 近衛辞職とその回想

10月16日、近衛は東条との交渉決裂、決定の回避を理由に総辞職した。近衛は頂上会談も実らず、軍部説得も叶わない無念を、色紙に「二千六百年、永い夢でした」[*140]と書いた。ここに近衛が辞職に際して天皇に提出した辞表を、長くなるが掲げる。あらゆる努力をしたが、東条の反対で対米交渉が進まず退任したい旨の辞表で、極めて真っ当なことを述べている。

「熟ら惟みるに、対米交渉は仮すに時日を以てすれば、尚その成立の望みなしとは断ずべからざると共に、最も難関なりと思考せらるる撤兵問題も、名を棄て実を取るの主旨に依り、形式は彼に譲るの態度を採らば、今尚妥結の望みあ

りと信ぜらるるを以て、（中略）支那事変勃発以来、重大なる責任を痛感しつつある臣文麿の、到底忍び難き所なり。因って此の際は、政府軍部協力一致その最善を尽して、あくまで対米交渉を成立せしめ、以て一応支那事変を解決せんとするは、国力培養の点より言うも、将又民心安定の上より見るも、現下喫緊の要事にして、国運の発展を望まば、寧ろ今日こそ大いに伸びんが為に善く屈し、国民をして臥薪嘗胆、益々君国のために邁進せしむるを以て、最も時宜を得たるものなりと信じ、臣は衷情を披瀝して、東條陸軍大臣を説得すべく努力したり。之に対し陸軍大臣は、総理大臣の苦心と衷情とは深く諒とする所なるも、撤兵は軍の士気維持の上より到底同意し難く、又一度米国に屈する時、彼は益々驕横の措置に出で、殆んど底止する処を知らざるべく、仮令一応支那事変の解決を見たりとするも、日支の関係は、両三年を出でずして、再び破綻するに至ることも亦予想せられ、且つ国内の弱点は彼我共に存するを以て、時期を失せず此の際、開戦に同意すべきことを主張して已まず、懇談四度に及びたるも、終に同意せしむるに至らず。是に於て臣は遂に、所信を貫徹して、輔弼の重責を完うすること能わざるに至れり。是れ偏えに臣が菲才の致す所にして、洵に恐懼の至りに堪えず。仰ぎ願くば聖慮を垂れ給い、臣が重職を解き給わんことを。臣文麿、誠惶誠恐謹みて奏す」[141]

　対米非戦では近衛と同じ意見であった天皇がこのような危機的な状況で東条に意見を変えることを進言しなかったのは不可解だが、後述のように天皇はすでに戦争を決意したことが事由かと思われる。江口圭一氏は、結局①駐兵に固執し日中戦争の成果をあくまでも護持しようとした。②撤退で陸軍はガタガタになることを恐れ、軍の機構を護持することを優先し、国家・国民を道連れにした。③昭和天皇・宮中グループは戦争回避を求めたものの2.26事件の時のように「朕自ら近衛師団を率い此れが鎮定に当たらん」といった決意と気概がなく、皇室が「国民の怨府」となることを恐れ、皇室の安泰を最優先させ、無責任とエゴイズムの産物であった[142]と指摘する。

　近衛の辞職の背景として付け加えたいのは、天皇自身が開戦論に強く傾斜したことである。近衛内閣の書記官長の富田健治は、近衛の総辞職の述懐として「自分が総理大臣として陛下に、今日開戦の不利なることを申し上げると、そ

れに賛成されていたのに、明日御前に出ると『昨日あんなにおまえは言っていたが、それ程心配することもないよ』と仰せられて、少し戦争の方へ寄って行かれる。つまり陸海の統帥部の人達の意見が入って、軍のことは総理大臣には解らない。自分の方が詳しいというお心持のように思われた。統帥について何ら権限のない総理大臣として唯一の頼みの綱の陛下がこれではとても頑張りようがない。こういう状態では自分は手の施しようがなかった」[143] と記している。

　近衛の立場にたてば、軍の情報を持てなければ開戦を判断することはできなかったことは理解できる。この言葉を裏付けるように10月13日の『木戸幸一日記』に天皇の言葉として「昨今の情況にては日米成立は漸次望み薄くなりたる様に思はるゝ処、万一開戦となるが如き場合には、今度は宣戦の詔勅を発することとなるべし」「対米英戦を決意する場合には、尚一層欧州の情勢殊に英独、独ソの和平等を中心とする見透し及び独の単独和平を封じ日米戦に協力せしむることにつき外交交渉の必要あり。又、戦争終結の場合の手段をはじめより充分考究し置くの要あるべく、それにはローマ法王庁との使臣の交換等親善関係につき方策を樹つるの要あるべし」[144] とあるように、外交を主、戦争を従と言う天皇が、戦争終結のことまで考えており、心は戦争に「まえのめり」になっていることがわかる。

　このように天皇が戦争を是認するようになったのは、軍令部及び参謀本部で即時開戦論を主張した参謀本部第二課を中心に書類作りが行われ、近衛が辞職する10月16日に完成した「対英米蘭戦争に於ける作戦的見透し」のためである。それによれば、作戦の主目的はシンガポールとマニラの英米根拠地のみであり、英米からの増援が来る前に「各個撃破」すれば「絶対的確率」があると主張し、各個撃破により成算が可能と書かれている。海軍も11月15日に真珠湾攻撃計画を含んだ全作戦計画を、御前兵棋演習で天皇に示し「桶狭間の戦にも比すべき」奇襲作戦を緒戦で行い、艦隊の主力決戦で充分なる勝算があると上奏した。さらに、11月15日の大本営政府連絡会議で「対英米蘭蔣戦争終末促進に関する腹案」を国策として決定したが、その内容は、日本が独ソ和平を斡旋し、ドイツの戦力を英国に集中させれば、英国を屈服させることができ、英国の屈服で米国の「継戦意欲」をなくせるとする希望的観測であった。

企画院総裁の鈴木貞一は「物的国力」でも民需用船舶300万トンが維持できれば戦争遂行が可能という極めて楽観的な数字を提出し、10月から11月にかけて天皇の不安を払拭することに全力を傾注したこともあり、天皇は開戦に同意した *145。

　さらに近衛は、戦時中及び敗戦直後に書かれた手記で、日米交渉が難航しているときに政府が外交交渉を一生懸命しているのに、軍は一方的に兵を動員、船を動かし交渉破裂の準備をしている。米国はその状況を把握して我が国の外交の誠意を疑ってしまう。日本の憲法は天皇親政で統帥権について政府は発言権はなく、それを抑えるのは天皇陛下しかいない。和戦いずれかというような国家生死の状況の時に、このような軍事と政治外交が協調して進まないことにはどうにもならない *146、と在職中の苦悩を赤裸々に記している。

● 木戸内大臣の東条推薦

　近衛が辞職した10月16日の『木戸幸一日記』は「近衛公より閣僚の辞表の取纏めたる旨電話あり。あまり突然なるに驚く」と記している。総辞職することを近衛から聞いていたのに驚いたのは、以下のような事情によると考えられる。東条は海軍が自信なくては9月6日の御前会議の決定を実行できないことを理解していて、方針転換には近衛内閣では困難で「皇族内閣」しかないとの考えを示していたことを、木戸は知っていた。しかし、木戸は「皇族内閣」成立には、陸海軍を含めて平和の方針が合意されていることが必要で、皇族内閣に方針転換そのものの決定を委ねることは同意できない旨を伝えていた。「東条は、『それでは日本は一体どうなるのか』と、困惑した様子だった。それをみて木戸は、もう少し近衛とも話し合い、さらに近衛が努力すれば、現内閣で事態を打開できるのではないか、と考えていた」*147。

　近衛の手記を読むと辞職を止めるのは困難であった。しかし革新派から英米協調派に転向した近衛から、開戦強硬派の中心人物の東条を任命したら、天皇がいくら避戦を望んでいても、東条任命に同意したことは結果的に開戦支持したことになる。木戸が近衛の後任として皇族内閣を否定し、9月6日の御前会

議の決定に参画している東条か及川に限定し、東条を推薦したのは、木戸と天皇は緊密な関係があり、天皇が東条を買っていて東条なら天皇の指示に100%従うことを木戸が知っていたことも大きいのではないか、と私は考える。昭和天皇も「『東条という人物は（中略）よく陸軍部内の人心を把握したので、この男ならば、組閣の際に、条件さえ付けて置けば、陸軍を抑えて、順調に事を運んで行くだろうと思った』。つまり、第三次近衛内閣倒壊の原因についてはふれることなく東条の部内統制力だけが、ここでは強調されている」*148。米国は当然ながら東条首相、陸相の登場は日本が開戦を決意したとみなしたから、外交交渉が行き詰まるのは自然であり、この木戸の東条推薦は決定的な意味を持っていた。

　木戸は40年6月に内大臣に就任しているが、日本の権益拡大のためには英国を駆逐すべきだと主張する革新派であり、西園寺が許容できる範囲をこえるまでに右傾化していた。欧米協調派の西園寺は、木戸の内大臣就任には当然ながら同意していない。木戸が就任すると従来元老が首相を推薦していたものを、内大臣が主催する重臣会議で銓衡する方式に変更した。天皇を除けば、内大臣が独占的に後継首班を選定できるようにしたのである。木戸がどのように評価されているのかについての研究は、彼の影響力の大きさに比して、意外に少ない。内大臣というポストの政治的な影響力は木戸が内大臣のときに高まり、昭和天皇と一心同体であったことから天皇の責任問題に触れることになることを懸念したこと、内大臣は戦後すぐ廃止され一般的には馴染みのない職務であったことも、大きいのではないかと私は考える。

　10月16日の近衛内閣の崩壊は、9月6日の御前会議決定の不備から生じたものであり、決定に参加した政府、統帥部の責任者は引責辞任すべきであった。東条が開戦を決意せよというのは、外交を優先せよという天皇の希望を逸脱するものであり、東条の行動は「御前会議の決定」自体がご破算となる結果を招いた。陸軍の関心は大陸にあって、米国のことを知らず、また東条にとって対米戦は海軍が主役であり、他所の仕事という認識である。海軍は、対米戦に自信がないと公言することは対米戦に備えて予算を獲得してきた経緯からできなかった。

既述の通り、陸海軍と自らの組織の存立と自分以外の組織の犠牲によって問題の解決を図ろうとした。天皇も含めた国家指導者の責任意識と自意識の欠如による資質の問題のほかに、国家衰亡の時に統帥権の独立による軍独裁の構造のうえに、統帥と政治の分断による国家的な立場から判断する体制が欠如していたのである。指導者はその欠陥を知悉していてその是正を小手先で行ったが、改正することが不可能に近かった明治憲法の欠陥が、この重大局面で露呈することになった。

第6節 | 東条内閣発足と国策再検討

● 東条内閣の成立

10月17日の重臣会議で、木戸が推薦した東条に大命が降下された。同日の『木戸幸一日記』には「国策の大本を決定せられますに就いては、9月6日の御前会議の決定にとらはるゝ処はなく、内外の情勢を更に広く深く検討し、慎重なる考究を加ふることを要すとの思召であります」[*149] と、天皇は開戦決断の白紙還元を求めている。

木戸は10月20日の日記に「今回の内閣の更迭は真に一歩を誤れば不用意に戦争に突入することとなる虞あり。熟慮の結果、之が唯一の打開策と信じたるが故に奏請したる旨を詳言上す。極めて宜しく御諒解あり。所謂虎穴に入らずんば虎子を得ずと云うことだねと仰せあり、感激す」[*150] と、自身が東条を推薦した天皇への奏上を自画自賛している。

前項で東条を指名した木戸の問題点を記したが、白紙還元を命じた天皇の指示にもかかわらず木戸は、後任を東条または及川に限定してしまった。東条は近衛内閣を総辞職させた張本人である。昭和天皇は戦後、アジア・太平洋戦争の原因として、まず軍の下剋上を挙げているほど、軍の統制力を懸念していたようである。昭和天皇の意思を全面的に理解していた木戸なので、東条を推薦

した背景は理解できるが、総力戦となることが想定されるなか、軍事力だけでなく国際情勢、経済力、国民生活の総合的な知見が求められていた。前項で記したように陸軍への統制力を事由に東条を選んだのは、10年にもわたる泥沼化した日中戦争で国の統治組織の土台が崩壊していたからだと考えられる。

一方、川田稔氏はその著『木戸幸一』で天皇の意向を尊重し、陸軍を統率するだけでなく、すでに東条が9月6日の御前会議決定の白紙還元に同調していたからであり、白紙還元による対米戦争回避を意図していたという。しかし、これは木戸にとっても危険な賭けであり、東条内閣下での白紙還元による戦争回避は海軍が対米戦への「自信がある決意」を示さないことを前提とした、と述べている[151]。木戸の東条推薦は綱渡りのような賭けのような心境で行われたようだ。戦後、木戸は戦争が避けられないと思っていたと吐露しており、最も無難な人物を選んで、自分への批難を最小限にする逃避的な判断であったと私は思う。

10月17日の重臣会議でも若槻礼次郎は東条を推す木戸に対して「東条陸相ということになれば、外に対する印象は悪いと思う。外国に与える影響もよほど悪いと思わねばならん」「木戸さんの考えは少し、"やけのやん八"気味ではないか」とまで極言し、宇垣を推した[152]。

林銑十郎は皇族内閣を主張したが、広田、阿部、原の3人は東条案に賛成し、木戸の案に決した。このような緊迫した状況で、検閲の基準を10月3日に改訂した。「戦争に訴えることを示唆する記事は検閲対象から外され、むしろ掲載可能事項として、宣伝誘導的に変わった」。新聞や雑誌は強硬論を扇動する記事が増え、『東京日日新聞』は「執拗な米国の対日敵性を衝く」、重臣会議開催の朝の「『朝日新聞』は『有題無題』欄で勇ましく咆哮した。『国民の覚悟は出来ている。ひじきの塩漬けで国難に処せんとする決意はすでに立っている。待つところは"進め"の大号令のみ』」(10月17日)[153]、と国民の対米決戦への声を代弁した。

原田熊雄は近衛に「これは必ず戦争になる……」と電話口でオイオイ泣き出した。東条を推薦した張本人である木戸は「あれは事務屋で政治家じゃない」と戦後話しているが、戦争の瀬戸際の時に事務屋を選んだのは、木戸もまた事

務屋であることを自ら露呈している。永井荷風は「九段の祭礼なれば例年の如く雨ふり出して歇まず。この日内閣変りて人心更に恟々たり。日米開戦の噂益々盛なり」[154]と日記に記す。

対米決戦の主役である海相に海軍は豊田副武を推したが、東条が難色を示し、まったく軍政経験のない嶋田繁太郎となった。ここにおいても問題の伏見宮は嶋田を推した。1941年4月に伏見宮が軍令部総長を引退したが、米国との関係改善を願う人々は米内を切望した。及川海相は伏見宮の意向を尊重して「居眠り大将」と呼ばれていた永野修身を選んだ。

東条は陸軍大将のまま陸相を兼任し、さらに治安維持の観点から内相も兼任し、独裁に近い体制を敷いた。彼は天皇への忠臣に徹し、天皇への内奏癖は徹底しており、天皇からの信任は厚かったが、それは天皇の意向を直接国政に反映させようと努力したからである。軍人が総理大臣を務める内閣を軍人首相内閣と定義すると、戦前の42の内閣のうち、19がこれに属し、陸軍系が12、海軍系が7である。

● 国策再検討と対米交渉案の策定

白紙還元の宿題を負った東条なので、国策再検討が早速10月23日から30日まで行われた。天皇からの見直し指示に具体的な内容はなく、政府・軍部も抜本的な政策転換を試みることはしなかった。検討項目は11にも上り、一番のポイントは、①欧州における戦局見通し、②海上輸送能力、③物資の需給予想である。

①　独ソ英戦は長期戦になるものの、ドイツ不敗という前提で議論している。米国の参戦については議論を停止していて、長期戦の見込みはたたずと言いながら、「有形無形の各種要素を含む国家総力の如何及び世界情勢の推移の如何」と思考停止の結論になっている。

②　300万トンが必要であり、そのためには17年40万トン、18年60万トン必要だが、嶋田はその半分の能力しかないと発言し、海上輸送能力については問題が残ったことがわかる。10月30日の会議で蔵相の賀屋と外相の東郷

が問題視したものの結論は出ず、翌日の会議に先送りとなった。ただし、16年度に実際に新造された船腹量はたかだか24万トンである。

③　南方作戦の3年間で新たに875万トンの石油の確保が見込め、現在の国内保有量840万トンを考慮して残量が17年255万トン、18年15万トン、19年70万トンを有し、辛うじて自給体制を保持できるとした。

以上のような白紙還元が原点とはいえない中途半端な議論を展開し、このような状況でも陸海軍各々で鉄、石油の獲得と分配が主眼となっている。この定量的分析の結果の部分を見ると、極めて悲観的な状況がわかるが、①の議論のようにドイツ頼みでもあった。国全体を俯瞰するような議論ができておらず、曖昧な内容で決している。

対米戦の主役である海軍の嶋田がこの時期、軍令部の親玉である伏見宮から早期開戦勧告を受け、10月30日の連絡会議のあと沢本次官、岡局長に開戦決意を伝えた。森山優氏は「海軍が周囲との軋轢を起こす戦争回避策を避け、組織的利害を優先し、11月1日に開催される連絡会議で重要物資の優先配分を獲得する条件闘争へと方針転換した」*155 と記している。

11月1日、東条が提示した①臥薪嘗胆案、②直ちに開戦を決意し準備する、③戦争決意の下に開戦準備をするが最小限度に外交交渉も続ける、の3案を基に17時間あまり協議した。①を支持したのは外相の東郷と蔵相の賀屋のみであり、②は参謀本部、軍令部が支持したが、結局最も無難な③案で進めることになり、「帝国国策遂行要領」を決議し、対米交渉には甲案、乙案を米国に提示、武力発動は12月1日まで待つことになった。

甲案については①蒋介石と和平条約が成立すれば2年以内に撤兵完了し、②駐兵範囲も限定し所要期間を25年目処とし、③無差別原則については太平洋全域まで拡大し、④三国同盟はみずから判断して決定するとし、⑤仏印については領土主権を尊重し、日中戦争が解決したら撤兵するとした。さらに協議している最後の局面で東郷は乙案を持ちだした。これは中国問題を棚上げし、南部仏印に展開している日本軍を北部に撤兵させるのと引き換えにしたガソリン確保であった。しかし参謀本部が撤兵に猛烈に反対した。この提案を拒否した場合、東郷自らが辞職を決意すると状況を察知した武藤軍務局長が仲介し、通

商関係の元への復帰と日中戦争解決を妨害しない（米国の蔣介石への援助停止）ことは追加されたが、陸軍が最後に南部仏印撤退を容認して、乙案の提示が承認された。

　この結果を11月2日東条、杉山、永野が天皇に上奏した。「東条首相の上奏は声涙共に下り、天皇はご納得の体であり、天皇の東条首相に対する深き御信任の様子が明らかに看取りされた」。『機密戦争日誌』には「御上の御機嫌麗し　総長既に御上は決意遊ばされあるものと拝察し安堵す」とある *156。9月6日決定の白紙還元については、対米交渉が進展しなかったことも大きかったが、議論は全く生煮えのままに終始し、開戦へと一気に走り出したのがこの1カ月の状況である。11月5日午前会議で天皇も開戦の決定に正式に同意し、実質的に開戦が決定され、「帝国国策遂行要領」と対米交渉要領を正式に決めた。

第7節 断末魔の日米交渉

● 東郷外相の日米交渉

　ローズベルト大統領は交渉の余地があると考えていたようだが、ハル国務長官は悲観的で、当初から時間稼ぎを交渉の基本スタンスとしていた。日本も内部調整の段階で陸軍が米国による蔣介石への支援を停止することを条件に入れており、最初からこの交渉が成立する見込みはほとんどなかった、と私は考えている。したがって、交渉の詳細をたどることに意味がないので、交渉経過は簡単に記すことにする。

　交渉の主役は東郷とハルだが、東郷には米国以外に陸軍という大敵がいる。ハルにも英、豪、蘭、中国との調整が必要だった。東郷は陸軍と闘うためにあらゆる芝居を打った。絶望的な状況で二つを相手に数多くのタクティクスを駆使してねばり強く交渉したことには頭がさがる。しかし、東郷の交渉の評価は高くない。これは交渉態度が硬直的で、かつ乙案のように3回も改変した不可

解な行動から言えることである。

　東郷の交渉について、森山優氏は「①外交に関するリーダーシップを掌握したうえで（陸軍を介入させない）、②日本側の譲歩を米国に最大限演出し、③妥協案を陸軍には秘密裡に用意して交渉の糸口を摑み、④米国が歩み寄ればそれを大きく印象づけ、⑤最終的には東条が約束したように日本案をさらに緩和させる方向へと道を開こうとした」と述べている *157。

　東郷は11月7日に甲案から交渉を開始したが、交渉が厳しいうえに日本の外交電報が解読され、誤訳もあり、交渉のベース自体が複雑怪奇な状況となっていた。結局、第5節で既述した撤兵、無差別待遇及び三国同盟についての日本の譲歩に対して、ハルはそれを無視したうえ、新たな要求を求めてきたために甲案での解決は見込めなくなり、乙案が最後の拠り所となった。乙案提案の時点で、東郷は外交のプロである来栖三郎大使を派遣し、11月17日から来栖を交えた協議が始まった。

　ポイントは仏印からの撤兵である。改変された最後の乙案が、東郷から20日に送られてきた。交渉の妥結のハードルが極めて高いと判断した野村と来栖は、独断で「日本が南仏印より撤退し、米国が凍結令（資産凍結）を解除することにより、凍結令前の事態に復帰して、ひとまず緊張緩和を図ってはどうか」*158という私案を提示するとともに、来栖は三国同盟の交渉に直接関与したこともあり、21日にハルに三国同盟で日本が参戦するかどうかは自主的に判断し、同盟条約には秘密協定がない旨の文書を提出した。

　日本のこの提案に対して、米国政府内部で沸騰した議論の結果、11月22日にハルは有効期限3カ月の「暫定協定」案を策定し、英豪蘭中に乙案と共に提案し了解を求めた。内容は乙案に対応するものであり、南仏印から兵を撤退すれば一部物資を提供することの他に、包括的な協定案（のちのハル・ノート）を提示した。これに対し、その案で最も悪影響を受けると考えた蔣介石は強硬に反対し、チャーチルも中国の立場を擁護した。この結果、11月25日「暫定協定」案の提出をハルは断念した。その一番の要因は、日本の輸送船団が大挙して南下しており、南部仏印に続いてタイに向かっているのではないかとの情報である。

● ハル・ノートの提示

11月26日夕刻、有名なハル・ノートが野村、来栖に伝達された。ただし、ハル・ノートは Tentative and Without Commitment が記されていて、最後通牒の形式ではなかった。ハル4原則（国家の領土保全と主権の不可侵、他国の内政不関与、通商の機会均等、紛争の防止と国際協力）と中国・インドシナからの撤収、蒋介石政権以外の中国政府の否認であり、甲案よりも内容は大幅に後退した、今までの協議を無視するものであった。

ハーバード・ビックスは、交渉が断末魔に向かっているこの時点で、昭和天皇は戦争よりも国内の軋轢が国体を毀損し、既存の天皇制を破壊することを最も恐れ、また皇統の存続を最優先とした天皇を含めて皆、国益よりも自分自身の保身・保全を優先した*159 と述べている。

11月29日重臣会議が開かれ、広田、林、阿部以外は現状維持論を主張した。特に米内は「現状維持はジリ貧だが積極開戦はドカ貧になる」と警告し、出席者の三分の二は消極論であったが、「東条にとっては重臣の諫言はなんらの意味もなく、予期の通りその意見は簡単に黙殺されてしまった。最後の必死の努力は当時海軍将校であった高松宮殿下によって試みられた。11月30日殿下は拝謁を請い、事実海軍には対米戦争の準備が出来ていないから、開戦は避けるべきであると言上した」*160。

同日（11月29日）の政府連絡会議は「外相　○日を知らせろ之を知らせなければ外交は出来ない」「永野　それでは言う○日だ。未だ余猶があるから戦いに勝つのに都合よい様に外交をやってくれ」（中略）「永野、嶋田、岡等海軍側は戦に勝つために外交を犠牲的にやれ」と強く主張せり、（中略）「東条　国民全部が此際は大石蔵之助をやるのだ」*161 とあるように、戦争が主、外交が従の議論となっていた。

12月1日の御前会議で米英蘭開戦の聖断が下り、最終的に決定した。「皇国悠久の繁栄は茲に発足せんとす　百年戦争何ぞ辞せん　一億国民鉄石の団結を以て勝利の栄光を見る迄邁進せんとす」「一年間の陣痛を経て国家の戦争意志始めて堅し　成るべき時に成るべき所に国家の方向は決せられたり　是れ天

佑を保有する皇国の真姿ならん哉」*162。4回の御前会議を経て遂に天皇は英米蘭との戦争の議案を承認した。翌日山本五十六は戦艦「長門」から「新高山登れ一二〇八」を発信した。

　戦後の東京裁判で、ハル・ノートに関連したキーナン首席検察官による東条への尋問に対し、東条が面白いことを言っている。

　問　「ハル・ノートに含まれていた三原則は1922年に発効した9カ国条約に含まれていて、その9カ国条約がその後において齟齬を来したのであるならば、妥当なる手続きは関係諸国を一堂に会せしめ、状況の再検討をさせて採られるべきところの手段変更を決定するのが妥当ではなかったか」

　答　「9カ国条約というのは日本としては10歳の子供時代に着せられたところの着物が18歳になってもまだ着ておったために綻びが切れるというような結果になった。綻びを縫おう縫おうと日本は考えましたが、身体が大きくなるのでどうもそうはゆかないんです」*163。

　1922年に成立した9カ国条約、その9年後というと満州事変が想定されるが、10歳の着物を着て18歳の日本軍が満州攻略したのかと考えられる。キーナンの言うとおり、事情の変更があったなら国際連盟の常任理事国であった日本が9カ国条約改定を主導すべきであり、体は成長したが、頭が追いついていないと言ったとも考えられるが、東条の答はキーナンにも理解できなかったと思われる。私としても意味不明である。

　ヒュー・バイアス『敵国日本』によれば「戦略的近視眼よりも心理的な視野の狭さが日本人の致命的な欠陥である。過去20年間、日本の軍人は徹底的に中国研究をしてきたが、結局のところ彼らは中国人を理解していない。（中略）彼らは中国を軍事という狭い視点からしか見ようとせず、その問題のすべての側面を誤解している。彼らは複雑に交錯した政治問題を単純な軍事問題に還元してしまった」*164と、総括している。

第 **8** 節 ｜ 日本の戦時経済

　1930年前後の日本経済は、軽工業、加工貿易が中心で Silk births navy ship と言われてきた。日中戦争直前の36年10月から準戦時体制に移行し、臨時軍事費予算・戦時統制立法が成立、支那事変以降の37年9月から戦時体制に移行した。戦時経済の特質としては、企画院が物動を核にした統制経済を進め、軍需生産の拡充を最優先にし、42年から一般工業生産は減少、44年には41年の半分近くになった。物動計画には民需に対する配慮がなく「民需とは濡れ手ぬぐいのように絞れば絞るほど余裕あるものだ」との観念に支配されていて、個人支出は早くも42年の時点で日中戦争開始時の水準の80%を割っている。

　ドイツの場合は、政府が生活必需物資の確保を重視、時には軍需をある程度は犠牲にしても国民生活の水準の維持に努めようとしていたが、日本は生活水準切り下げが激しく、植民地・占領地ではさらに厳しかった。特に繊維、食品は大幅に低下して45年に食品は40年の3分の1になり、飢餓状態に追い込まれていた。軍需生産は伸びたものの、日米の格差は深刻で航空機生産で3〜5倍、空母では6倍の差があった。軍事技術の発展は跛行的な性格を帯び、2000馬力の高出力エンジンの開発に英米に大幅な遅れをとった。戦争末期には2000馬力の「誉」が出現するが、エンジンの信頼性に問題があり、戦力を発揮できなかった。一方、米軍は2000馬力のエンジンを搭載したF4Uコルセア、F6Fヘルキャットを戦争中期から導入し、さらに2200馬力のエンジン4基搭載のB-29を実戦配備している。日本海軍を代表する一式陸攻は1500馬力のエンジン2基を搭載した双発機である。

　船舶の喪失も年80〜100万トンと予測していたが、42年1月の保有船舶は680万トンあったのが、45年7月には240万トンにまで減少、3年半で440万トンを失っている。「海上護衛戦力の整備が等閑視され」、「開戦後の海上護衛は聯合艦隊や横須賀鎮守府が海上を区分して担任し、輸送船団の出発から到着まで一組織の責任で一貫した護衛をする体制ではなかった」[*165]。

開戦前の御前会議で、海軍は船舶の損耗率10％だとの数値を使った。この損耗率の根拠として出したのは、第一次世界大戦におけるドイツ潜水艦による英国船舶撃沈のデータである。第二次世界大戦は始まっていて、1939年9月以降にドイツ潜水艦によって英国が失った船舶は、1年目で311万トン、2年目で791万トンに膨らみ、損耗率は37％に達していた。この情報は機密情報でもなく、『東洋経済新報』でも掲載されている。実際の損耗は上記の数値からすれば60％以上に達していることがわかるし、敗戦の時には船舶は払底し、損耗率は100％近くに達していた。

　戦後、米国戦略爆撃調査団の一員として日本の戦時経済を研究した米国のジェローム・B・コーヘン教授は「この戦争は、日本にとって乗るか反るかの大博打であったが、日本は博打を打つにあたって船舶事情に十分な注意を払わないまま飛び込んだ。日本の船舶に対する措置は、初期の過度の自信と無計画性、稚拙な行政、内部の利害対立という特色があった」[166] と分析している。陸海軍や政府も船舶の重要性は十分に知っていた。しかし、彼らはその脆弱性に真剣に向き合う誠意を持ち合わせなかった。圧倒的な船舶不足を証明する科学的データは排除され、脚色され、捻じ曲げられた。あらゆる疑問は保身のための沈黙の中で「ナントカナル」と封じられた。

4章

4章

日米開戦

● 統一した国家意思に基づく開戦決定

　満州事変は、関東軍の謀略によって政府の不拡大の方針を無視するかたちで始められ、支那事変は偶発的な衝突で一時停戦が現地で合意されたにもかかわらず、一撃論のもとに始められた。日米開戦は、法的な根拠のない御前会議が天皇臨席のもとに4回開かれ、天皇の充分念には念をいれてのご決定の基に決行した。聖断によるアジア・太平洋戦争の開戦は昭和天皇に重大な戦争責任を負わせることになった。

　堀田江理氏は「日本は歴史的状況の犠牲者であって侵略者ではない、と言い聞かせながら、指導者たちは、一見弱腰のようには見えるけれども、より現実的で勇敢な避戦という選択肢に、あえて目をつむったのだった」「東條首相の開戦時の演説にも明らかなのは、大いなる自己憐憫の念だ。日本は何も悪いことをしていないのに、外からの圧力によって戦いたくない戦争に追い込まれた」ととらえ、ここから自衛戦争と強弁することになるが、外交上の過ちを認めず「非現実的な戦争をも辞さないと仄めかし、己の選択肢の幅を着々と狭めていったのは、他でもない、日本の指導者たちだった」*167 と述べている。

● 戦争終末のシナリオの非現実性

　1941年11月15日の大本営政府連絡会議で決定された「対米英蘭蔣戦争終末促進に関する腹案」が、政府・陸海軍が承認した戦争終結に向けた唯一のシナリオである。そのポイントは、①アジアにおける米英の根拠地を占領して、重要資源地帯・交通路を確保し、長期戦に耐えられるだけの自給自足圏を建設する。②米海軍の主力艦隊を誘いだして、撃滅する。③日独伊3国の協力により、最初は英国を屈服させ、米国の戦意を喪失させる。④あらゆる手段を駆使して、

中国の蔣介石政権を屈服させる。以上の施策により、できるだけ有利な条件で講和に持ち込む、というものである。

　しかし、このシナリオはまったく非現実的であった。中国との戦いに勝利できなかった日本が、米英と新たに戦いながら中国を屈服させることができるのか。独伊との協力の実効性が果たしてあるのか。まず英国を屈服させるのであれば、東南アジアの英国植民地の奪取が必要であったが、ビルマ以西への侵略はできず、英国屈服は机上の空論であった。海軍は短期決戦、陸軍は長期持久戦と軍事戦略が分裂していて、海軍が優先した西太平洋のミッドウェー海戦、ガダルカナルの戦いに敗れ、以降は守戦を強いられた。

　結局勝つための明確な統一した戦略がなく、一大決意した米英との戦争は、国民をすべて巻き込んだものの、ギャンブル的な戦いに過ぎなかった。陸海軍、政府の指導者は誰も戦争をどう終わらせるか真剣に考えていなかった。ドイツ頼みで戦争を行った当時の指導者が冷静な判断を欠き、無謀な幕僚を抑えられない無責任さがあったことに驚きを禁じ得ない。

・開戦の推進力は中堅幕僚

　対英米開戦に追い込んだのは陸軍の中枢部局にあった幕僚たちであり、その中でも特に重要なポストにいる参謀本部作戦部作戦課、陸軍省軍務局軍事課の課長と課員が政策決定のイニシアチブを担っていた。半藤一利氏は太平洋戦争に導いたのは参謀本部作戦課長であった服部卓四郎とその部下で班長をしていた辻政信の二人が主犯だと言っている[168]。

・複雑な開戦経緯とその非合理性

　開戦に至る経緯は単線的ではなく、混乱に満ちたジグザグの過程であった。丸山真男氏は「日本帝国主義の辿った結末は、巨視的には一貫した歴史的必然性があった。しかし微視的な観察を下せば下すほど、それは非合理的決断の厖大な堆積として現われて来る」「非計画性と非組織性に拘らずそれはまぎれもなく戦争へと方向づけられていた」「ここに日本の『体制』の最も深い病理が存する」[169]と述べている。確かに圧倒的な経済力格差のある相手との戦いに自らを追い込んでいった判断は、非合理的でかつ非計画的であった。

・日米決戦必然論

日米決戦が、アジア・太平洋地域の覇権を賭けた地政学的に避けられない戦いであるという認識は、石原莞爾が世界最終戦争を唱えて以来、指導者の頭に入っていた。いずれは何らかの形で大衝突が起き、避けられない戦争ならば有利な時に戦争を行うべきという観念が、参謀本部・軍令部のトップにあった。東条も含めて勝算なき戦いであることをみな認識していた。しかし、避戦するような勇気をもって戦争回避を主張する者はいなかった。結局ドイツが英国に勝ち、米国世論の厭戦に期待して、米国が講和を求めてくるという根拠のない条件を前提にイチかバチかの無謀なギャンブル的な発想で戦争にのめりこんだ。そのギャンブルは皮肉にも、ギャンブル好きであったが開戦に反対していた山本五十六の存在なくしてあり得なかった。しかし真珠湾攻撃という開戦通知前の突然の攻撃は、厭戦が支配していた米国世論を一気に復讐戦争へと駆り立てる結果となった。

● 科学的知見より精神論

　無謀な戦争であったことは論をまたない。国力格差とともに総力戦を強いられるなかで、民需を切り捨て、軍需の拡大を優先させたことにより、国民の窮乏化という生活の基盤が脅かされているなか、精神論を盾に戦争を強行したのである。

　開戦経緯について、丸山真男氏が戦争に突き進んだ日本のトップの問題点を総括しているが、問題の重大性は異なるものの、今回コロナという未曾有の大混乱のなか、安倍、菅政権は科学的な検討を軽視し、国民に十分な説明もなしにオリンピックに遮二無二突き進んだ。これは80年前の意思決定と同じパターンを思い起こさせるものであった。更にオリンピックはその開催の経緯で金まみれであったことが後日判明して、何とも後味の悪いものとなってしまった。

● 他力本願

　4年間、蔣介石と戦いながら屈服させることができなかった中国との戦いが

続いているなかで、41年7～8月に対ソ戦準備のための関東軍特種演習を行ったうえで、対英米戦に突入するという三正面作戦が展開され、兵力の分散を強いられた。その上にドイツの対英戦、対ソ戦勝利という他力本願が前提となっていた。戦場がまったく異なったこともあるが、ドイツが日本の希望に沿って動く気配はなく、「ドイツに都合のいいことばかり」を応諾した大島大使に対して、宇垣纏連合艦隊参謀長は「内容全く平凡…待って甲斐なき阿呆鳥」と嘆息した[*170]という。

● 艦隊決戦構想に固執

　既述の通り、過小な船舶喪失の見積もりにより開戦を決断した。開戦時638万トン保有していたが、43年には494万トン（77%）、44年には256万トン（40%）、45年8月には153万トンと4分の1以下になった。艦隊決戦構想に固執していて、戦艦、航空母艦等が海軍軍備競争のハイライトとして照らし出された。南方に資源を求めて対英米戦になり、主力は資源の船舶輸送となることが必然だったが、「海軍において商船保護という観念は日陰に植えた芝草ほどにも育たなかった。そしてこの観念の発育不全が、結局、軍令部をして大きな誤算を、船舶被害見込みについて、犯させた」[*171]。

　また東条は、人造石油に期待し国家的なプロジェクトとして推進したが、技術力不足から完全に失敗した。

● 制御不能な臨時軍事費

　戦時に戦費が巨額となり、かつ単年度決算では処理できないため、臨時軍事費が設けられた。軍事機密を理由に議会のチェックも利かず、日中戦争以降には臨時軍事費を軍拡に転用した。この臨時軍事費の成立に大きな政治責任を有していたのが、近衛内閣である。日中戦争の拡大派に与することによって臨時軍事費膨張の道をひらき、コントロール不能な巨大な軍事力をつくりあげた。陸軍は対ソ軍備、海軍は対米軍備充実に使った。開戦時日本の戦力は米国を若

干凌駕していて、短期決戦に持ち込めば英米を屈服できるという幻想が生まれた。

第2節 開戦と東条の戦時運営

　12月8日ハワイへの奇襲作戦が始まり、以降3年8カ月あまりのアジア・太平洋戦争に入ることになる。真珠湾攻撃は無通告開戦で、先制攻撃による戦争開始は国際法違反であった。パリ不戦条約で「戦争禁止・先制攻撃禁止」が定められ、自衛戦争のみ合法な戦争となっていた。同日に開戦の詔書が出されるが、日清・日露の両戦役時とは異なり、国際法遵守の文言はない。第二次世界大戦での日米ソは奇妙な三角関係にあり、日ソはお互いに中立を必要としていた。しかし、スターリンは戦後ソ連の安全保障である太平洋の出口確保の観点から、日本を攻撃することを念頭に置いていた。

　初戦作戦に成功し天皇も含めて国民は熱狂したが、当時東京大学法学部教授の南原繁は「人間の常識を超え学識を超えておこれり日本世界と戦ふ」という短歌を詠んでいる。天皇機関説事件等で大学が受難にさらされ学問の自由を奪われた南原の、無謀な戦いを始めたことに対する苦悩の表現だったのではあるまいか。

　東条はヒトラーと同様にニュース映画、ラジオ放送、飛行機やオープンカーを利用し、ポピュリストとしての側面も持っていたうえに、行動し決断する戦時指導者というイメージを自ら作りだそうとしていた。謹厳実直・清廉潔白、悪く言えば冷酷無比・独断専行のイメージがあったが、国民服姿などで笑顔の「東条さん」の写真が新聞などに載り、「人情宰相」*172 と呼ばれ、国民的人気があった。戦争の主役である海軍を率いる嶋田繁太郎海相と同盟、協力関係を構築し、大本営政府連絡会議・御前会議を通じて戦争指導体制における東条の主導権確立が図られた。

　「内奏の東条」と言われるように天皇の従僕として動いた東条だが、天皇との

関係をどのように考えていたかを示す次のエピソードは面白い。43年5月7日の『朝日新聞』記事である。「東条首相・比島軍政を現地視察」のトップ記事の2面に「畏し令旨を賜う」の見出しで皇后が日本赤十字社総会に「臨御」した記事が掲載されている。この記事の取り扱いに東条は激怒した。当日の「陸軍省課長会報」で報道部長は「大臣より皇室に関する記事は必ず第一面のトップに載せる様厳命ありたり。先般日赤に皇后陛下行啓ありたるが、これが第三面に載り、第一面に大臣比島出張の記事が（中略）デカデカと出たので大変叱られた」としている。「大宰相」としての東条の役割が前面に出れば、天皇は後景に退き、東条内閣は「幕府」化したとの批判を招きかねない。内奏によって天皇の意思を常に確認しながら政局の運営にあたってきた東条にとって、「大宰相」プロパガンダには限界があったことをこのエピソードは示している*173。これについての丸山真男氏のコメントは、東条の性格を的確に評している。「それがまさに空前の権限を握った首相の言だけにきわめて暗示的といえる。そこには上に述べた究極的権威への親近性による得々たる優越意識と同時に、そうした権威の精神的重みをすぐ頭の上にひしひしと感じている一人の小心な臣下の心境が正直に吐露されているのである」*174。

　宣戦・講和は国務に関する天皇の最高諮問機関である枢密院の諮詢事項であるが、真珠湾攻撃3時間後に始まった枢密院会議は、わずか10分で全会一致で可決した。事実上の東条の独裁体制であった。

　開戦初期、連合軍の戦争準備が整わなかったこともあり、戦力の局地的優勢を背景に電撃的に南進し、半年で東南アジアの主要部を占領した。この地域の占領は石油、ゴム、ボーキサイト等の重要資源を獲得するために行われ、資源を日本に運び軍需物資として加工し自給自足の経済圏を建設することが戦争継続の絶対条件であった。

第**3**節 | 戦局の展開と兵隊・国民の様相

● 戦局展開の前提

戦局の変化を概観する前に、いくつかの基礎的事柄について述べる。

① 零式艦上戦闘機（通称ゼロ戦）について、その戦闘能力、長い航続距離によって初期には活躍したが、軽量化のため防御性能と強度が低い。20mm機関銃にも欠陥があり、初速が遅く重量が重いため命中精度が低く、携行弾数も少なかった。米国は初期においても機体損失は多いが戦死が意外に少ない。機体が頑丈でパイロット防護のための鋼板があり、撃墜されても落下傘で救出される例が多かった。

特攻隊の美化について。生き残りのために不時着を決行した隊員や、エンジントラブルを理由に帰還してしまう隊員が存在した。死への恐怖の中でもがき苦悩する特攻隊員がいたにもかかわらず、戦後、特攻を美化したのは特攻作戦を立案、指揮し、自らは生き残ったエリート将校たちである。一方で、出撃体験を持ち、辛くも生き残った人々は最近まで沈黙を守り続けてきた。硫黄島の戦闘で生き残った鈴木栄之助氏によると、戦死したのは30%、60%は自殺、10%は他殺（お前が捕虜になるなら殺すというもの）、一部は事故死と言っている *175。

② 戦没者数について。厚生省は軍人・軍属が230万名、外地の一般邦人約30万名、空襲などによる国内戦災死没者数が約50万名、以上計310万名であるとする。この数字の中には台湾、朝鮮人の軍人、軍属の5万人が含まれている。しかし、吉田裕氏も指摘している通り、約310万名という数字には疑問も少なくない。一つには外地の30万名のなかに算入されている沖縄県民の9.5万名は過少な見積ではないかという問題である。ある推計によれば総数は15〜16万人にものぼるという。空襲の50万名という数字も113都市の死亡者数を集計したものである。川崎市は空欄で、広島14万、長崎7.4万、

東京10.5万（45年3月10日の大空襲だけで10万人亡くなったと言われる）であり、これだけで31.9万人、日本人の戦没者数は310万人を超えるとみられる[176]。また問題なのは年次別の戦没者数が不明なことである。吉田裕氏は岩手県に残された記録から類推して、44年以降の戦争終盤に死者数が集中したと考え、44年以降が死者数の87.6%に達しているとしている。

● 戦局の概観

『戦局の展開と東条内閣』[177]を参考にまとめる。第一期は開戦から1942年5月までであるが、東南アジアの広大な地域を短期間のうちに支配下におさめた。しかし、順調であったこのときに持久戦への移行に失敗した。初期作戦成功の見通しがついた3月に、大本営政府連絡会議は「今後採るべき戦争指導の大綱」を決定し、「長期不敗の政戦態勢を整えつつ機を見て積極的の方策を講ず」という文章が示すように統一した国家戦略欠如を露呈する両論併記型文書を出している。陸軍は南方作戦で長期持久戦の態勢を固めようとしたのに対し、海軍は長期戦に自信を持てないため連続的な攻勢作戦を考えており、戦略の不統一が当初からあった。

　第二期は42年6月から43年2月までで、連合軍の反撃が始まった時期である。6月のミッドウェー海戦の敗北、8月ガダルカナル島への米軍の上陸と同島の争奪をめぐる激しい攻防戦は米軍の勝利に終わり、43年2月に日本軍は同島から撤退する。制空・制海権を米側に握られたため、補給ができず、3万6千人の将兵のうち6割近い2万1千人が戦病死・餓死した。多数の艦艇と輸送船の喪失とガダルカナル島での日本軍敗北は、戦局の決定的な転換点となった。

　第三期は43年3月から44年6〜7月頃までの時期である。米国と日本の国力の差が出て、米軍の戦略的攻勢、日本軍の戦略的守勢の時期として位置づけられる。太平洋の制空・制海権を握った米軍は各地で本格的攻勢を開始した。日本軍は戦線の縮小によって後方の防備を固めつつ、連合軍との本格的決戦に備えるため43年9月の御前会議で「絶対国防圏」を設定する。ところが44年6月に米軍は絶対国防圏の内側のサイパン諸島に上陸した。この時日本海軍はマリ

アナ沖海戦で決戦を挑んだが完敗し、サイパン島の日本守備隊も7月に全滅した。この時期に指摘しなければならないのは、豪州軍が果たした役割が大きかったことである。

第四期は44年8月から敗戦までの時期である。日本による絶望的抗戦期でマリアナ諸島の陥落後、B29による本土爆撃が本格的に開始された。潜水艦攻撃により多数の船舶が失われて海上輸送路は切断され、戦争経済が崩壊した。

全戦死者数の9割近くがこの時期のものであり、敗戦が明確になったにもかかわらず戦争は継続し、戦争指導は放棄された。兵器生産は44年にピークに達したが、海軍は44年には実質的に崩壊してしまった。陸軍は41年に210万の兵力、45年には550万に達したが、物資不足は深刻で、44年には鮫革の軍靴まで登場した。

● 戦場の諸相

戦争目的をめぐる混乱があった。12月8日11時40分公表の宣戦の詔書では「帝国の存立亦正に危殆に瀕せり。事既に此に至る。帝国は今や自存自衛の為、決然起つて一切の障礙を破砕するの外なきなり」と宣言したが、同日19時30分の奥村情報局次長のラジオ放送「宣戦の布告に当たり国民に訴う」ではアジア解放のための戦争としている。

自存自衛で戦争を開始したことについて言えば、開戦のきっかけとなった「ハル・ノート」の要求は中国とインドシナからの日本軍の撤退としている。これについて油井大三郎氏は「中国やインドシナに対しては侵略であったと認めるのであれば、その侵略の停止を要求した米国に対して開戦した行為を『自衛』として肯定するのは論理的に矛盾している」[*178]と述べている。

アジア解放というのも、その本音は南方の資源の獲得が目的であり、目的が混乱するのも当然で、自業自得の戦争であったのである。開戦の実質的決定は11月5日の御前会議であり、「ハル・ノート」ではない。

アジア解放戦争論で問題なのは被害と加害の重層性があり、「『天皇の軍隊』の非人間的内実と残虐行為との相関関係である。この点についてはハーバート・

ノーマンが戦時下の論文、『日本の兵士と農民』のなかで『この侵略行動におい
て、一般日本人は、自身徴兵軍隊に召集された不自由な主体でありながら、み
ずから意識せずして、他の諸国民に奴隷の足かせを打ち付ける代行人となった。
他人を奴隷化するために真に自由な人間を使用することは不可能である。反対
に、最も残忍で無恥な奴隷は、他人の自由の最も無慈悲かつ有力な強奪者となる』
(『ハーバート・ノーマン全集4』岩波書店、1978年）と的確に指摘していた」[*179]。
日本兵の残虐な振舞いは一般兵士であり、その圧迫された重圧から解放されん
とする強圧的な衝動に駆り立てられてしまい、非人道的な行為に陥ってしまう
問題点を吉田氏は指摘している。

　戦死の特異なありようを指摘しておきたい。広義の餓死者の合計は140万に
達し、餓死率は60％になる。米軍は重傷者には輸血が最優先の処置であるこ
とを早くから認識し、最前線まで大量の血液と血液製剤を輸送するシステムを
完成させたが、日本は傷口を消毒液で消毒し、出血箇所は圧迫包帯するという
対症療法的な処置しか行えなかった。

　次の特徴は、多数の海没者が発生したことである。36万人に達し、軍人・
軍属の16％を占めており、さらに6万人の船員の戦没者が出た。これは国力を
超えた戦線の拡大に伴い、船舶の被害が激増したことと、徴用されたのは貨物
船で極端に狭縮搭載な上に船倉にカイコ棚を設置したことから、沈没により多
数の犠牲者が出た[*180]。

　次に挙げなければならないのは、特攻死と多数の自殺者である。航空特攻の
場合、出撃機総数3300機の内、命中したのは11.6％、至近への突入に終わった
のも5.7％に過ぎない。これは米国海軍がレーダーピケット点を設定し、日本
軍機を発見すると迎撃戦闘機を発進させるとともに濃密な対空砲火を実施した
ことによる[*181]。

　最後は少年兵である。敗戦直前に志願年齢が引き下げられ、陸軍は15
歳、海軍は14歳で志願できた。特攻隊員の20歳以下の者については、陸軍は
23.5％、海軍は43％を占めている[*182]。

● 兵士の身体からみた戦場

工業化、都市化の進展で体力の低下が顕著となった。1938年に労働力動員を円滑にし、国民の体位向上を図るために厚生省が設置された。特に問題なのは結核死亡率が増大したことだ。過酷な軍務もあり、集団感染が増えた。加えて内務班での生活は古参兵によるいじめ、リンチ等の私的制裁による過労から結核に感染することが多かった。

軍の近代化の立ち遅れから、軍隊の移動の基本は徒歩行軍であった。完全軍装は30キロをこえることもあり、日中戦争では徴発した乳母車に個人装備をのせて行軍する兵士、中国人を拉致して装具を運ばせていることを米国の駐在武官が報告しているものもある*183。吉田裕氏は大学の講義で中国での徒歩行軍で2000キロも歩かされた兵士がいたと述べている。太平洋の孤島での攻防戦では、人力による土木作業とブルドーザやダンプトラックでの機械力作業とのスピードの勝負である。軍需品の陸揚げははしけと人の肩によった。米軍は上陸用舟艇で陸岸に達し、船首から口を開けてトラックに乗せた軍需品をそのまま陸揚げした。燃料は油槽船からパイプラインを飛行場まで敷設して大量に輸送した*184。

● 兵力の大量動員に伴う矛盾

40年に陸軍は150万、海軍は22.3万であったのが、兵員の急速な拡大により45年には陸軍550万、海軍169.3万に達したため、多くの問題が発生した。

軍隊幹部の能力・質の低下は幹部教育の期間短縮、品格に欠ける召集将校が多く、進級速度が速いため、修練が実を結ばない等の問題がある。召集兵の増大で現役兵が開戦前の60%から大幅に減り、終戦頃には20%を割っていた。当然ながら高齢化で気力、体力、士気でも劣る兵士が増大した。兵力確保のため徴兵検査時の身体検査の基準が下げられ、現役兵の徴集率が41年では51%であった。しかし45年には90%に達し、体位が劣るまたは病弱の兵士が増大すると共に多数の精神障害者や知的障害者も入隊した。陸軍の精神病専門病院

で収容された精神障害者のうちで知的障害者は年度毎に高くなり、38年度には0.9%だったものが、45年度には13.9%に達している。

　軍隊における給養が悪化し、陸軍医務局が45年9月にGHQに提出した報告書では、3400カロリーを標準としていたものを、44年9月には2900カロリーに減じられていた。給養の平均は2800カロリーで、地域によっては500カロリーの差異があった。実際の労作量で必要熱量は3200カロリーが必要とされ、平均体重が戦前では60キロだったものが戦争末期には54キロまで低下した[*185]。

　兵士の負担量が増大し、能率的限度は体重の35～40%、日中戦争時25.175キロだったが、42年のニューギニア戦線では最低40～50キロを負い子で背負い、インパール作戦でも40キロを超えた[*186]。ほかに、歯磨き、洗顔はせず、虫歯が痛むときには患部にクレオソート丸を潰して埋め込むか自然に抜けるのを待つという治療法のため、後年健康に大きな悪影響を残した[*187]。

● 国民生活の悪化と戦意低下

　戦局の悪化に伴い、国民の画一的組織化が徹底して行われた。国民生活の窮乏化が厭戦気運の拡大に直結しないように、42年8月に部落会・町内会長、隣組の解消が大政翼賛会を兼ねることにし、国民に対する支配を強化するとともに徹底した報道統制によって戦局の真相は国民の目から隠された。

　1943年9月28日の『断腸亭日乗』に「来十月中には米国飛行機必来襲すべしとの風説あり。上野両国の停車場は両三日この方避難の人たちにて俄に雑遝し初めたりといふ。余が友人中には田舎に行くがよしと勧告するもあり。著書及草稿だけにても田舎へ送りたまへと言ふもあり。生きてゐたりとて面白くなき国なれば焼死するもよし、とは言ひながら、また生きのびて武断政府の末路を目撃するも一興ならむと、さまざま思ひわづらひいまだ去留を決すること能はざるなり」[*188]と書かれている。国民の動揺が日に日に増していることが赤裸々に描かれている。

第**4**節 | 東条内閣の崩壊

● 戦局悪化への東条内閣の対応

　43年3月、東条は首相権限の一層強化を図り、戦時行政職権特例を制定した。重点産業の生産増強に対して、首相の各省大臣に対する「指示」権を認め、単独輔弼制のなか、生産増強については行政長官として各省大臣に指示権を持つことができた。軍需産業の一元的管理を行うために、11月に軍需省が設立され、東条自ら軍需相を兼任した。戦局が悪化するなかで東条独裁への不満と不信が増大する。

　日本の国力の劣弱と生産力の限界が露呈し、急速に不足を告げる生産力・原料・資材の配分をめぐって政府対軍部、陸軍対海軍の対立抗争が激化し、44年2月天皇が直接介入することで妥協が成立した。このような問題が起きた場合、機構改革より人を重んじるというのが東条の持論であり、同月21日に国務と統帥の矛盾をポスト独占によって解決すべく、東条陸相の参謀総長、嶋田海相の軍令部総長兼任という異例の措置がなされた。

● 反東条運動の台頭

　このような状況下で、近衛文麿を中心に反東条・早期和平の動きが顕著となる。海軍では岡田啓介、米内光政、陸軍は反主流派である真崎甚三郎等の皇道派系の将軍、外務省では吉田茂、議会では反主流派である鳩山一郎等である。参謀総長兼任が反東条派を勢いづかせたのである。

　近衛の戦争終結工作の特徴として指摘できるのは、軍部との政治的対決は極力回避し、最終段階における天皇の「聖断」によって軍部の強硬派を抑え込み、一気に終戦に持ち込むという戦争終結方式である。この方式は広範囲な政治勢力との連携を欠いていたため、「待機主義」をとらざるをえなかった。戦争責

任をすべて東条に押しつけるために、ぎりぎりまで東条に政権を担当させる必要があった。ところが近衛はこの構想を放棄し、最終的には東条内閣を総辞職に追い込んだうえで戦争の継続を標榜する「中間的内閣」を組織し、戦争終結内閣の出現を許すような客観的条件の成熟を待つという路線に切り替えた*189。マリアナ諸島陥落から、東条内閣打倒の動きがさらに高まり、まずは嶋田海相の更迭が求められた。東条は海相の更迭、重臣の入閣などにより、反東条グループを取り込もうとした。しかし、米内の入閣拒否、岸信介の国務大臣の辞任拒否から、44年7月18日東条内閣は総辞職した。木戸内大臣の不支持が決定的であった。しかし倒閣以外に具体的な戦争終結構想がなかったため、内閣の交代では戦争終結の議論は進まなかった。

● 東条内閣の評価

　吉田裕氏は一橋大学の2013年度夏の講座「政治と社会」では、東条内閣を次のように総括している。①首相の権限強化を図り一部実現したが、国務と統帥の分裂・国家諸機関の分立は克服できなかった。②最大の政治的資産は天皇及び木戸を中心とする宮中グループの支持、および出身の陸軍の統制派で、脆弱な基盤であったためにその支持を失えば失脚する他なかった。③ポピュリズム的政治の推進者であったことから国民の支持は相対的に高かった。一方で④その愚民感、保守的女性観で国民の積極性を喚起したものの、すべての国民動員には消極的であった。⑤強圧的で弾圧的な政治手法なうえに、明治憲法と国体を一体視し、明治憲法を絶対視してその改正に反対したことが限界であった。

　昭和天皇は、「元来東条といふ人物は、話せばよく判る、それが圧政家の様に評判がたつたのは、本人があまりにも多くの職を掛け持ち、忙しすぎる為に本人の気持ちが下に伝らなかつたことと又憲兵を余りに使ひ過ぎた。それに田中隆吉（兵務局長39年1月まで）とか富永（恭次次官・兼人事局長）とか、兎角評判のよくなく且部下の抑へのきかないものを使つた事も、評判を落とした原因であらうと思ふ」*190と、『昭和天皇独白録』に記している。

東条は、政治家ではなく事務屋だと木戸が喝破した通り、軍務官僚として統制が必要な軍のトップとして君臨することができ、昭和天皇に内奏を頻繁に行い、臣東条として昭和天皇の意向を指示徹底させる能力はあったかもしれない。しかし、国体が危機に瀕したときの国の指導者としての独自の知見はなく、「清水の舞台から眼をつぶって飛び降りることも必要」と軽々しく言うような人物であった。戦時の指導者としてローズベルト、チャーチル、ヒトラー、ムッソリーニと比べるまでもなく、人を見る目もなく凡庸な人物を周りに集めている。人物像から見ても、カリスマ性はまったくなく貧相・貧弱な形相の人物としか言いようがない。

● 開戦後の問題点

日中戦争期の戦争指導の混乱は、主に政府と陸軍、陸軍中央と現地部隊との対立から起きた。太平洋戦争では陸軍対海軍という根本的な対立があった。陸海軍が共同作戦を行うにも面倒な手続きが必要であり、臨機応変な対応ができなかった。対ソ戦を想定して育成維持されてきた陸軍には、対米戦に十分に対応する能力も意思もなかった。海軍も日露戦争で成功した艦隊決戦構想から脱却できず、海上輸送路の確保も艦隊決戦で撃破すれば対応できると考えていた。兵器の不備を補うための精神主義は悲劇を拡大し、多数の餓死者を出した。東条陸相の「戦陣訓」の「生きて虜囚の辱めを受けず」により投降を否定したことで、投降より突撃を選ばせるようになった。

海軍でもゼロ戦では戦闘性能の向上を優先して防御力が犠牲にされた。米軍はゼロ戦と対戦するときにゼロ戦1機に戦闘機2機で対応する戦法を考案してゼロ戦優位を奪回している。

面子にこだわる体質は無益な犠牲を出したが、その代表的な事例は、陸軍ではインパール作戦で牟田口司令官が標高3000メートルの高地での行軍を平地として算定して作戦を行ったことである。現地部隊の指揮官が補給の困難から反対したのに、更送してまで実行し投入された「約13万人余の将兵が投入されて90%の将兵が戦死ないし戦傷を受けた計算になる」[*191]、多数の餓死者を出

した。海軍でも戦艦大和の沖縄特攻作戦を決行し、世界最高の戦艦と自負していたが、2時間弱の戦闘で沈没した。

第5節 | ポツダム宣言の受諾

● 終戦工作の開始

　敗戦が必至として、近衛は1945年2月14日に近衛上奏文を天皇に提出した。「一日も速に戦争終結の方途を」と述べ、その事由として「共産革命」を憂慮する旨が書かれている。「左翼分子とそれに繰られた陸軍統制派、革新官僚などが満州事変を起こし、日中戦争を拡大し、ついには破局的な日米開戦に導いたという歴史解釈である」。近衛を背後で支えていたのは真崎であり、2.26事件で失脚したはずの真崎が、近衛を通じて暗躍していたのを、有馬学氏が皇道派史観の「真崎が近衛と結んで最も頑強な和平派となった。これは歴史の逆説」*192と述べているのが興味深い。しかし、近衛の上奏で本格的な終戦工作が進まなかったのは、①木戸がとりあげなかったこと、②天皇自身が近衛・真崎ラインに対する不信があったことからである。

　この時期の2月4日から11日にクリミア半島にあるヤルタでローズベルト、チャーチル、スターリンによるヤルタ会談が開催された。対日については南樺太と千島列島のソ連の帰属を代償として、ソ連の参戦をローズベルトが求め、スターリンもドイツ降伏後2〜3か月以内の参戦を密約した。チャーチルは4カ国が無条件降伏の最後通牒を発するだろうが、戦争が短縮するような状況が見込まれれば条件を緩和すべきであると述べている。

　1944年7月18日に東条英機内閣が総辞職し、陸軍と重臣グループの駆け引きの末、副首相米内海相との連立で、小磯国昭内閣が成立した。小磯の方策は最高戦争指導会議の設置、大本営会議への首相の参加による一元的戦争指導をめざすものである。8月19日の御前会議で、「敵を撃破し以て其の継戦企図を

破摧す」という決戦による局面の打開と、「徹底せる対外施策に依りて世界戦政局の好転を期す」という「一撃講和論」を打ち出している。小磯と外相に就いた重光とは、対中国との交渉についてスタンスが大きく異なり、小磯は対重慶との交渉を求めていたのに対し、重光は自分が関わっていた汪兆銘政権との交渉を欲しており、外交は一元化されていなかった。重光は対ソ交渉によって、独ソ和平斡旋を模索し、駐ソ大使の佐藤尚武にソ連を英米から引き離そうとするのは徒労に終わると反対されるなど、その施策には現実性がなかった。

レイテ沖海戦の敗北、B-29による本格的な本土空襲、硫黄島陥落と蒋介石との和平工作（繆斌工作）が閣内対立と天皇の不信を生むなか、1945年4月1日に米軍は沖縄に上陸し、ソ連のモロトフ外相が日ソ中立条約を延長しないことを通告した7日に小磯内閣は総辞職した。

● 鈴木終戦内閣の発足

同日に開かれた重臣会議で、東条は「国内には最後迄戦い抜いて国の将来を開くべしとする説と無条件降伏をも甘受して早急に和平を作り出すべしとの論あり、まず之を先決するの要あり」と述べ、終戦工作を進めていた岡田啓介は「和戦両様というが如き問題は、もう少し先に行かざれば判らぬ」として「非決定」の枠組みを設定した。平沼は「軍人であること。近衛公は行きがかりのない人と云われたるが、之も誠に御尤なり。此の際国民の信頼をつなぐ意味にて鈴木大将にお引き受け願度く希望す」と鈴木を推した。東条は本土決戦がある以上「陸軍を主体として考えざるべからず」と述べ畑元帥を推し、鈴木貫太郎に難色を示したが、木戸が鈴木を強く推し、3時間あまりの重臣会議は鈴木を後継首班に選定した。陸軍は大東亜戦争を完遂することを強く主張していて、鈴木としては和平を志向したとしても戦争を継続する選択肢しかなかったのが実情であった。

一撃講和論に固執していた昭和天皇だったが、5月3日木戸内大臣の説得により、昭和天皇が皇室存続だけを条件に、早期終戦の意志を初めて示した。それはドイツの首都ベルリンが陥落し、ドイツの降伏が時間の問題となっており、

太平洋戦争開戦時にドイツと結んだ単独不講和条約に配慮する必要がなくなったことが、理由と考えられる*193。ドイツは4日後の5月7日に降伏した。

5月11日から対ソ方針を議題とする最高戦争指導会議が開かれた。ソ連の参戦防止が日本外交、軍事政策の最高の目的となった。ただし、出席者はその目的では一致したものの同床異夢で、東郷はソ連との交渉を終戦交渉に転化することをめざし、阿南は本土決戦のためにソ連の中立を確保することが交渉の目的と考えていた。最も重要な件、すなわち日本の戦争継続能力、平和のための具体的な譲歩は討議されなかった。そしてこの決定により東郷の主導で行われた非公式の他の平和交渉がすべて途絶し、米国と日本をつないだ細い糸が断ち切られた。対米英決戦へ導いたドイツが5月7日に降伏し、大空襲が毎日のように日本本土に行われ、沖縄戦も敗北に近い状態であっても、軍巨頭は米内を除いてまだ戦う意志を貫いていた。

5月12日、米国の武器貸与議定書委員会の船積み小委員会は、大統領令に基づいて、ソ連行きのあらゆる運送を打ち切る命令を出した。これはドイツの敗北後ソ連に対する武器の貸与を大幅に縮減せよという国内の圧力に加えて、トルーマンもソ連に対して強硬な態度をとるべきと思っていたこともあり、それをグルーが陰で支えていた。ソ連は何の予告もなく停止されたことに激しく抗議し、駐ソ大使であったハリマンもソ連との関係が悪化することを恐れた。トルーマンは不用意に行った決定が、米ソ関係を悪化させたことに驚き、それを助言したグルーを二度と信用することはなかった*194。

ここで米国の対日政策について簡単に記したい。国務省の中に知日派がいて、対日宥和政策、天皇制擁護を主張していたが、その代表がグルーである。グルーは国務次官、駐日大使、戦争末期に再度国務次官を歴任して、天皇制の温存と利用を主張していた。

5月28日にトルーマンと会談したときの骨子は次の通りである。①日本国民の無条件降伏を妨げている最大の障害は、無条件降伏は必然的に天皇及び天皇制の廃止になると日本国民は思っている。②将来の政治体制を自ら決定することを認められるであろうという示唆を彼らに与えることができれば、彼らは面目を保つすべを与えられ、降伏する説得力になる。③日本国民から天皇および

天皇制を奪うという考えには説得力がない。われわれが撤退したとたんに彼らは天皇を復帰させ、天皇制を復活させる。長期的視点から見て、われわれが日本について期待しうる最善は、立憲君主制の発展である。④日本において民主主義はけっして機能しないであろう*195。

6月8日御前会議では「『七生尽忠』『飽く迄戦争を完遂』『皇土戦場態勢』といった決戦用語の裏で、誰がそのように和平を語るのかが潜在的な政治課題になる」*196。このような状況で、同日に木戸は「時局収拾対策試案」を起草した。「沖縄に於ける戦局の推移は遺憾ながら不幸なる結果に終るの不得止を思はしむ。而かも其結末は極めて近き将来に顕はるることは略確実なり。(中略) 本年下半期以降の全国に互る食糧、衣糧等の極端なる不足は寒冷の候に向ふ季節的関係もあり、容易ならざる人心の不安が惹起すべく、事実は真に収拾し能はざることとなるべし。以上の観点よりして、戦局の収拾につき此の際果断なる手を打つことは我国に於ける至上の要請なりと信ず。(中略) 天皇陛下の御勇断をお願ひ申上げ (中略) 戦局の収拾に邁進するの外なしと信ず」*197 という内容で、翌日から天皇、首相等と面談し了解を取り付けた。

終戦に向けて日本の政治エリートが結集しはじめ、南原繁ほか東大6教授が米国との直接交渉によって戦争を終結する提言を出した。木戸の試案は和平派に配られ、和平派が動き始めた。

● ポツダム宣言発表と原爆投下の決定

22日の最高戦争指導会議で天皇は「此の際従来の観念に囚わるることなく」研究することを求め、天皇の親書による特使をソ連へ派遣する構想が作られ、7月10日の最高戦争指導会議構成員会議において、特使をソ連に派遣することが決定され、7月13日に駐ソ佐藤大使からモロトフ外相に伝えられたが、その直後の17日からポツダム会談が開かれた。

7月18日佐藤大使はロゾフスキー代理よりソ連側の返答を示した書簡を受領したが、その内容は、天皇のメッセージは一般的形式で具体的提議をしておらず、近衛使節の目的も不明瞭であり、ソ連として確たる回答をすることは不可

能であるというものであった。

　ポツダム会談もあり、ソ連は交渉そのものを回避する遷延策をとっていた。東郷は佐藤駐ソ大使をはじめ、海外使臣からの情報を総合的に判断し、対ソ終戦工作を明確に指揮しなければならない立場にありながら、ひたすらソ連の回答を期待の中で待ち続け、ポツダム会議前に米英へ直接和平を伝える最後の時機をも失した。

　このポツダム会談でまず注記しなければならないことは、4月12日にローズベルト大統領が亡くなり、副大統領であったトルーマンが急遽大統領に就任し、この会談に臨んだことである。ローズベルトの死去に伴い、結果的に米国は戦争を終わらせる政治的決断を遅らせた。さらに、情報を知らされていない「トルーマンは太平洋戦争を早期に終わらせるだけの指導力もビジョンも持ち合わせていなかった」[198]と、仲晃氏は指摘している。

　その指導力欠如として仲晃氏は①天皇制の存続を保証することによって早期に降伏させることはスティムソン陸軍長官、グルー等から進言があったが、反日世論を気にしてポツダム宣言の草案から削除した。②日本が実質的に軍事的崩壊になっていたにもかかわらず、無条件降伏に固執した。③原爆の実験成功についてはポツダムで聞いていたが、外交、軍事の責任者たちを一堂に集めて原爆投下作戦の是非を徹底討議することも避けた。④この協議の不在によって、原爆の倫理的、社会的、文化的意義を十分把握せず、広島、長崎投下がキチンとした書類に書かれた大統領令なしに実行された[199]。

　原爆投下についてスティムソン陸軍長官はそのような恐ろしい兵器を初めて使用すべきでないと助言していたし、アイゼンハワー欧州連合軍最高司令官も、日本は実質的に敗北しているので投下すべきではないと反対していたが、既にトルーマンは原爆投下を自身で決断していた[200]。

　一方、日本ではソ連を仲介とする和平交渉は続けられており、7月18日佐藤尚武は無条件降伏の受諾を、国体の護持を含まないという条件を付けることを提案した。これに対して東郷は、21日にこれを了承済みといいながら、無条件降伏は受け入れることができないと回答した。米国のマジック暗号機器による翻訳は、東郷が佐藤の国体護持のみを条件とする無条件降伏を拒否したと伝

え、これはトルーマン、バーンズ等の米国政府強硬派が無条件降伏に固執することを正当化させ、結果的に東郷の大きな勇み足となった[*201]。

この電報傍受は原爆の使用にも大きな影響を与えることになった。バーンズは戦後のインタビューで「この電報は私をまったく憂鬱にさせた。これは原爆の使用を意味した。それはまたおそらくソ連の参戦をも意味した。新しい兵器二発でもたらされる大破壊のみが日本の軍閥を降伏させる手段であることに私は何ら疑いを抱かなかった」[*202]と言っている。

7月24日にポツダム宣言の最終文章ができると、トルーマンは蒋介石及びチャーチルに署名を求め、チャーチルは英国総選挙の日、ロンドンに出発する25日に承認し、26日夕刻に蒋介石の承認を受け取り、トルーマンは米英中3国の首脳の名前でポツダム宣言を発表した。トルーマンとバーンズはソ連を署名国から外すことに決め、発表するまでその宣言をソ連に渡さなかった。スターリンはこれを米国の裏切りであり、ソ連参戦の前に日本の降伏を勝ち取ろうとする米国の意図を見抜き、ソ連は一刻も早く参戦しなければならないと決めた。

その内容は日本軍の無条件降伏勧告とともに、軍国主義の除去、日本の軍事占領、領土を4島と周辺小島に限定、軍隊の武装解除、戦争犯罪人の処罰と民主主義の復活強化、基本的人権の確立、軍需産業の禁止を要求するものであった。

7月31日朝トルーマンはピンクのメッセージに鉛筆で「原爆投下を承認した。投下は準備が完了しても8月2日以降に」と記した。チャーチルの見るところ、トルーマンは毎日議論するより結果を求めることに奔走していたようであり、原爆の開発計画すら知らなかった身から突然大統領になったこともあり、早急な結果を求めたようである。スターリンはその後、私的会合でフルシチョフにトルーマンはWorthlessと言ったとのこと[*203]である。

● ポツダム会談への米英ソ首脳の対応

宣言に対する鈴木首相のコメントは記録としては残っておらず、下村情報局総裁の回想録に鈴木首相のコメントとして「私はあの共同声明はカイロ宣言の焼き直しであると考えている。政府としては何ら重大な価値ありとは考えて

いない。ただ黙殺する（Ignore）だけである。我々は戦争完遂にあくまでも邁進するのみである」*204 と記しているが、鈴木が黙殺という言葉を使ったのか、定かではないというのが通説となっている。

　宣言発表後の閣議で宣言への対策を協議し、外務省の松本次官は「ノーコメントで全文を発表するのがよい」と述べたが、梅津、豊田から宣言は不都合であるということから上記のような発表となった。鈴木及び外務省はソ連との交渉に期待していて、意思表示をしないほうがよいと考えたようだ。ビックスは「As Konoe rightly suspected it would, the emperor's attempt to end the war via Moscow turned out to be a complete waste of time, and amounted to an imperial decision to postpone facing reality.」*205 と意思表示の遅れには天皇の意向があったと見ている。

　これを裏づけるように、長谷川毅氏は「たしかに、日本政府が7月の末ただちにポツダム宣言を受諾することはありえなかったであろう。東郷は最高戦争指導会議においても、閣議においても、ポツダム宣言受諾を提案できなかった。もしこれを提案していたならば、継戦派の大反対にあって政府は自壊していたであろう。米内、鈴木の支持を取りつけることすらできなかったかもしれない。（中略）受諾するか否かの決定を一応棚上げにして、ソ連に斡旋を依頼することで政府の一応の統一を図ることであった」*206 と記している。

　この発表にAP、ロイター通信はReject として報道し、31日のトルーマンの広島への原爆投下承認、8日のソ連の宣戦布告翌日の満州への進撃、9日に長崎への原爆投下となった、というのが一般的な説明となっている。トルーマンは、宣言に日本の正式回答は未着認識したことから、予定された原爆投下の命令を止めず、かつソ連参戦がわかったことから投下を急いだと思われる。既述の通り、相当精神的にも追い詰められた状況にあり、かつ原爆の被害の重大性を強く認識していなかったことから、性急な判断をしたと思われる。

　このポツダム会談で特記することがある。一つはトルーマンがソ連の参戦と原爆実験の成功を期待しながらポツダムに向かったが、両者が互いに相容れない選択肢であることにうかつにも気づいていなかったことである。二つめは、この会談で参加したスターリンのソ連が宣言の参加国から発表の48時間前に

外されたことである。会談に参加していない中国がトルーマンの決断で宣言参加を決めたが、これは原爆実験の成功でソ連の参戦より原爆のプライオリティが増したことも一因として考えられる。三つめは、国務次官であったグルーは天皇制の存続を戦争の早期終結のために宣言に入れ、スティムソンも同意していたにもかかわらず、バーンズ国務長官がそれを外し、「日本国民の自由に表明した意思に従い」と抽象的な政治的自由の保障に切り替えたことである*207。四つめは、宣言署名国からソ連を外したことから、日本はソ連を通じた交渉に未練を残していて、鈴木の黙殺ということになった。五つめは、宣言から外されたことにより、スターリンは対日参戦を8月中旬としていたのを11日にし、さらに2日早めて9日にしたことである。

8月6日原爆を積んだ「エノラ・ゲイ」はテニアン島を午前2時45分に離陸し、当初の予定通り広島に8時15分に原爆を投下した。広島に原爆投下されたことで東郷は戦争終結を急がなければならないと確信したが、まだソ連の斡旋を期待していて、日本の指導者に政策の変更を促すだけの効果はなかった。8日午後5時にモロトフ外相が指定した時間に佐藤大使が訪れると宣戦布告の文書を受け取り、東京に発信したが到着せず（ソ連は日本の対応を遅らせるためにこの電報をブロックしていたことが最近判明）、9日にソ連軍の満州進撃が始まった。この報に接したとき、トルーマンは「ソ連が日本にたいして宣戦を布告した。以上」*208（That's all.）と記者会見した。ホワイトハウスの歴史上もっとも短い記者会見であった。

日本ではソ連の参戦によりソ連を仲介とした対米交渉が不可能となり、陸軍は対米戦には自信があっても、対ソ戦には自信がなく、軍事的勝算を主張できなくなった。さらに軍事的勝算がなくなったことで、陸軍の上層部の主張である、条件さえ満たされれば降伏してもよいという論は後退した*209。

天皇、木戸、東郷はポツダム宣言受諾による戦争の終結に意見を変え、鈴木は参内して天皇の意向を聞いてから初めて終戦に傾いた。同日午前11時2分に長崎に原爆が投下された。トルーマンは広島の原爆投下の時に「He jumped to his feet now and called to Byrnes, "It's time for us to get home!" He was not actually laughing,（中略）but there was a broad smile on his face.」と原爆の成

功を喜んだ。しかし、長崎への投下の後に「He had ordered no further use of atomic bombs without his express permission. (One more bonb was available at that time) The thought of wiping at another city was too horrible, he said. He hated the idea of killing "all those kids".」*210 と原爆の威力とその悲劇を実感し、その使用について大統領の意思を行使した。

● ポツダム宣言の受諾

9日11時に「最高戦争指導会議」が開かれ、鈴木はポツダム宣言受諾による戦争の収拾を図る以外にはない、と提案をしたが、阿南陸相、梅津参謀総長、豊田軍令部総長の3人が天皇制の存続、自発的な武装解除、連合軍の本土進駐回避、戦犯の自主的処罰の4条件に固執し決着がつかなかった *211。午後11時50分天皇が臨席した御前会議が開かれ、「条件中には日本天皇の国法上の地位の変更する要求を包含し居らざることの了解の下に日本政府は之を受託す」とする東郷外相の提案を鈴木が紹介した。しかし上記3名との対立が解けず、鈴木は天皇の「ご聖断」を得ることを決意し、天皇は外相の案に同意する旨の発言をし、10日午前2時30分に宣言の受諾を決定した。

12日午前1時にバーンズ国務長官による回答文を外務省は受信した。「降伏の時より、天皇及び日本国政府の国家統治の権限は、降伏条項の実施のためその必要と認むる措置を執る連合国軍最高司令官の制限の下に置かるるものとす（shall be subject to）最終的の日本国の政府の形態（The ultimate form of government of Japan）はポツダム宣言に遵ひ日本国国民の自由に表明する意志により決定せらるべきものとす」。

外務省幹部は、連合国と天皇との上下関係をぼかすために「従属する」ということばを敢えて使わなかった。12日に阿南陸相がこの回答を問題にし、平沼枢密院議長も国体の尊厳に抵触すると反対論を述べた。「鈴木首相が終戦和平の考えを翻すような語調で国体護持に関する先方回答が不十分であり、武装解除の問題もまったく先方の思うがままにされるのは軍人として忍びない、との理由から、『こう言う事では戦争を継続してやると言う事にする外はありま

せん』と再照会論を言いだし、次いで『もし聞かざれば戦争を継続することもやむを得ない』と述べた」(『GHQ 歴史課陳述録』)[212]。

13日に最高戦争指導会議が開かれ鈴木、東郷、米内が受諾を主張するが、阿南、梅津、豊田が反対して持ち越された。14日午前10時50分御前会議が開かれ、決着がつかないため、二回目の聖断で戦争の終結が決まった。鈴木は昭和天皇の意思を具体化するための忠実な部下として機能し、リーダーではなく昭和天皇の「フォロワー」としては適任な人物であった[213]。その後詔勅が起草され、詔勅の発表は午後11時となった。直ちに外務省は「ポツダム宣言の条項受諾の件」の電報を発した。トルーマンに告げられたのは現地時間14日午後2時5分で、その後、トルーマンは無条件降伏を謳うポツダム宣言の受諾と、連合国軍総司令官にマッカーサーを指名すると述べ、日本の正式降伏を発表した。

1944年後半から日本の各地は空襲で大被害を受けていて、戦力も払底して敗戦必至にもかかわらず、二度の原爆とソ連の参戦まで意思決定できなかったことは、政治制度の欠陥ではなく、天皇を含めた指導者の責任意識と指導力欠如によると結論づけるしかない。これは陸軍が最後まで反対していたことが最大の原因である。しかし、内閣を倒すクーデター計画が着々と進んでいる陸軍のなかで、陸軍大臣の阿南惟幾が辞職しなかったことと、最後に彼が聖断を受け入れたことにより、ポツダム宣言の受諾ができた事実を知っておく必要がある。

一方で昭和天皇の聖断の背景として保阪正康氏は「天皇は平和主義者ではないし、戦争主義者でもありません。彼にとって一番大事なのは『皇統(皇室を中心とした日本の歴史)を守る』ことです。そのために戦争が必要であれば、一生懸命に戦争をする。戦争をして『このままでは皇統は守れない』と思えば、懸命に終戦の道を探る。それが実像です」[214]と指摘している。大宅壮一氏も同様のことを述べている。天皇主権の戦前の体制であった時代に、天皇としては当然の発想かもしれないが、国民目線からすれば天皇と国民の意識のその大きなギャップを何とも虚しく感じてしまう。

統帥権を含めた統治機構にそもそも問題はあったが、昭和天皇は侍従長になってくれることを希望した鈴木貫太郎のことを知悉していて、さらに昭和天

皇に請われて総理大臣になった彼の性格について十分に理解していたはずである。結局、調整型の鈴木に対して、自ら指導力を発揮する必要があることを認め、最終的には自ら意思決定はしたが、一撃講和論をなかなか捨てることができず、問題の先送りをさせた。昭和天皇の責任は重いと私は考えている。

5章

敗戦と占領

第1節 | 占領政策と戦後構想

　8月15日正午、天皇は「ポツダム宣言の受諾と降伏」詔書の内容を国民に告げる玉音放送を行い、同日に鈴木貫太郎内閣は総辞職し、17日に東久邇宮稔彦が首相に任命された。戦闘行動は直ちに停止されたわけではなく、徹底抗戦派への配慮から段階的に大陸令、大海令が発せられ、8月22日をもって一切停止した。

　9月5日に施政方針演説を東久邇宮が行ったが、そのなかで軍官民を含む国民全体が徹底的に反省し、懺悔しなければならないという「一億総懺悔論」を展開した。「原罪」を直視せずに、戦争責任について曖昧にしたこの発言は、私が補論の題にしている戦争責任問題の「尾を引かせる」ことになる。

　連合軍の占領は8月28日に始まり、マッカーサーは30日に厚木飛行場に着いた。9月2日に政府を代表して重光、大本営を代表して梅津が全権としてミズーリ号に到着、詔書をマッカーサーに手交し、降伏文書に署名して降伏の手続きは終了した。しかし、ソ連軍は戦いを終えておらず、9月1日に国後、色丹を占領、9月3日に歯舞に上陸。5日に占領された日本軍が降伏し、1931年9月18日から始まったアジア・太平洋戦争はほぼ14年要してようやく終了した。

　ここまで大東亜共栄圏についてほとんど触れてこなかったので、若干述べておく。経済面での英米依存から脱却するために、アジアの解放をスローガンに戦争に踏み切ったが、大東亜共栄圏の指導は日本が行い、日本が盟主であることが前提である。独立付与をちらつかせ、経済広域圏の形成に協力させようとする独断的な構想であった。安達宏昭氏は「大東亜共栄圏の崩壊と日本の敗戦は、英米に経済依存しながら資本主義国家として成長する一方で、アジアで勢力圏を拡大し自立しようとしてきた日本が抱えた矛盾が、限界に達し破綻したと理解すべきだろう。後れた資本主義の日本が歩んだ帰結だった」[215]と述べている。

　日本人の戦没者数は厚生省の発表では310万人となっている。が、1945年8

月15日以降でも20万人近くの戦没者がでており、日中戦争では約47万人だが、ほとんどは軍人・軍属とされ、実数は310万人を超える。第二次世界大戦で戦死者数の多い国は、ソ連2132万人、中国1132.4万人、ドイツ619.3万人、次いで日本310万人。だが、忘れてはならないのはユダヤ人が600万人、フィリピン人が111万人に達していることである。

　敗戦が濃厚となった1945年4月頃から終戦を前提に、日本側でも戦後構想を検討している人々がおり、官僚、政治の主流はまず1920年代の政党内閣と協調外交時代への復帰を考えていた。明治憲法の改正は想定せず、統帥権の独立と参謀本部と軍令部の廃止を目論んでいた。近衛文麿を中心とした勢力は明治憲法の改正を中心とした政治制度改革を自覚し、天皇制と天皇個人とは区別して昭和天皇は戦争責任をとって退位することも考慮していた。

　戦前に日本共産党に入党していた野坂参三は、天皇について次のように述べている。「第一はわが国の封建的専制独裁政治機構（または天皇制）は、天皇を首長とし、中心として構成され、天皇の手中に、制度上、絶大な政治的独裁権が握られていることである。第二は『現人神』（あらひとがみ）として、半宗教的役割を人民の間に演じていることである。この二つの作用は、相互に結びついているが、しかし、分離することもできる。（中略）天皇存廃の問題は、戦後、一般人民投票によって決定されるべきことを、私は一個の提案として提出するものである」[216]と述べ、共産党の天皇制打倒とは別に存続を一応認める発言をしている。

　米国の対日占領政策はグルーを中心とする知日派が退場し、グルーの後任の国務次官となったアチソンらの対日強硬派が担うことになった。初期の対日方針は、米国の脅威とならないように非軍事化と民主化を進めることが目的だった。また、スムーズな復員ができたこともあり、占領コスト削減をも考慮して、天皇の存続を前提に間接統治とした。連合国軍最高司令官の諮問機関として対日理事会が設置されたが、マッカーサーは同会の意向を基本的に無視する姿勢をとり続けた。日本占領は欧州での旧枢軸国に対する占領の場合と決定的に異なって、占領管理体制を根拠づける連合国間の国際的な協定や取り決めがないままに事実上「マッカーサーの占領」が進行し、欧州の占領政策とは大きく異

なることになった。

　このような占領政策に対して、国体護持をめぐる対立があり、近衛文麿を中心とするグループは敗戦にともなって、「国体」の危機が極めて切迫したと受け止めている。これを乗り切るためには天皇制の大胆な改革が不可避と判断し、「国体護持」のための裕仁天皇の退位と憲法改正を主張した。これに対して幣原喜重郎、吉田茂らの主流グループは冷戦の国際状況のもとで、占領権力は天皇制を存置するという楽観的展望をもっていたこともあり、天皇の居すわり──現行憲法維持のもとでこの危機を乗り切れると判断していた*217。

第2節 │ 象徴天皇制への改編

● 昭和天皇の処遇をめぐる対抗と協調

　対日占領政策の最大問題は、昭和天皇の処遇であり、その方向性を決定づけたのは天皇とマッカーサーの会談である。会談は11回行われたが、第一回の会談を除いて公開されていない。第一回は1945年9月27日に行われ、その時の写真が公開されて大きな波紋を呼んだ。この会談で特記すべきことは、マッカーサーが天皇の地位の保障を事実上行っていることと、天皇がマッカーサーの占領政策に全面的な協力を約束していることである。

　マッカーサーは日本の降伏前から対日占領政策を円滑に進めるために、天皇を利用する方針をとっていた。マッカーサーの天皇観に影響を与えたとされる軍事秘書のボナ・フェラーズも、天皇は国家元首として戦争責任を免れないが、日本をコントロールするために天皇を利用するべきであると、戦争終結前から主張していた。しかし、昭和天皇を免責することは大きな矛盾をはらんでいた。米国内の世論もその他の連合国の世論も、依然としてこの段階では天皇の戦争責任を厳しく追及しており、安易な天皇への宥和政策はGHQにとっても命取りになりかねなかった。そうした国際世論の厳しい監視のなかで天皇制と天皇

の温存をはかるために、GHQ側としては天皇制が完全に民主化され、再び軍国主義勢力の温床になる可能性がないことを強く国際世論にアピールしなければならなかった。

このような状況のもとで、46年1月1日に天皇の詔書、いわゆる「人間宣言」が発せられている。政治的には「人間宣言」と免責がワンセットとなったのである。ただし、この免責は十分な調査なしに、マッカーサーが主導して決められたと考えられる。46年1月25日のマッカーサーから陸軍参謀総長アイゼンハワー宛の極秘電報では、天皇が日本帝国政治上の諸決定に関与したことを示す明白確実な証拠は何も発見されていない、また終戦時までの天皇の国事へのかかわり方は大部分が受動的なものであり輔弼者の進言に機械的に応じるだけのものであった、と記されている。

戦争責任問題については後述するが、マッカーサーによる天皇免責は、戦争責任について日本では自分自身の問題として議論することにならず、また東アジア諸国との抜本的な摩擦を解消することにならず、現在まで大きな禍根を残すことになった。人間宣言の草案は、GHQ民間情報教育局が作成、日本側が文体を整えて日米合作となったが、天皇や側近は「天皇が神の裔なることを架空」とする見解に反発し、「天皇を現人神とすることを架空」とするように修正を求め、天皇もこの意見に賛成した。天皇の「人間宣言」はGHQと天皇の妥協の産物としてなされたものであり、天皇や側近は天皇が「神の裔」であることにこだわったのである*218。

● 日本国憲法の制定

敗戦に伴い、大日本帝国憲法の改正が政治課題となる。日本政府は天皇の主権にふれない小幅な改正ですむと考えていたが、GHQは国際世論に配慮して抜本的な変革を考えていた。マッカーサーから憲法改正を示唆され、45年10月から松本烝治委員長による憲法調査委員会で試案が作成されたが、46年2月1日に『毎日新聞』がその試案をスクープした。

その内容を問題視したマッカーサーは、2月3日に天皇制の存続、戦争と軍

備の放棄、封建制の廃止と英国型予算制度の三原則に基づき、これを組み込んだ憲法草案の起草を民政局長ホイットニーに命じた。

　ホイットニーとそのスタッフは、翌日の2月4日から憲法案作成作業をはじめて1週間あまりでとりまとめ、9日後の2月13日にGHQ案が幣原首相に手交された。その内容に驚いた幣原、吉田茂外相および白洲次郎は、2月18日に松本試案をGHQに提出した。しかし、その保守的内容にGHQは大憤慨し、幣原らは48時間以内にGHQ案を受け入れるかどうか回答するように迫られた。幣原内閣は翌日の閣議でGHQ案を受け入れるかどうか協議したが、閣議は大紛糾となって結論は出ず、2月21日に幣原・マッカーサーの第二回会談が開催された。マッカーサーの強硬な主張に幣原はGHQ案を拒否することはできず、「象徴天皇制」と「戦争放棄」を主旨とするGHQ案を受け入れた。22日の閣議で正式に承認され、昭和天皇の同意を得た。

　2月26日の閣議はGHQ案に基づいて、日本政府案を起草することを決定し、3月6日マッカーサーの同意の上で正式に発表された。象徴天皇制と憲法9条の戦争放棄・戦力不保持はバーターとなっており、9条は幣原が発案したと幣原本人とマッカーサーがそれぞれその著作等で記しているが、実はマッカーサーが発議し、幣原自ら発案したとすることをマッカーサーの説得で幣原が受け入れることを承知したことは、ほぼ通説になっている。

　また法律用語に馴染まない「象徴」という概念を誰が持ち込んだのかは、明確ではない。松本委員会とは別に森戸辰男が委員となっていた憲法研究会があり、森戸は「天皇を道義的象徴以上のものにしてはならない」と述べている。同じ研究会の委員であった高野岩三郎も「天皇は国家的儀礼のみに従事する方が大権を保持するより皇室の安泰にとってむしろ好都合でないか」と幣原に迫ったとのことでもあり、日本側の発案の可能性もある[*219]。

　改正案は明治憲法との連続性を形式上で確保するために、帝国憲法第73条の改正手続きにそって帝国議会に提出され、11月3日に公布、翌年1947年5月3日に施行された。統治の総攬者であった旧天皇と異なり、「日本国の象徴であり日本国民統合の象徴」と憲法1条に記されたが、国民を「統合する」象徴ではなく、「国民が統合していること」を象徴するのであり、法的には象徴的で

受け身の存在としてとらえられている[220]。

「国政に関する権能」を認めていない実権なき天皇だが、アジア、オセアニア等の日本軍による過酷な軍事支配を経験した諸国は、天皇制を残すと軍国主義が復活すると危惧した。そのため、国際世論の不安を取り除くために、日本が再び世界の安全と平和の脅威とならないような保障が必要だとして考案されたのが、憲法第9条の戦争放棄の規定である。第1条と9条はいわばバーターの関係にあった。

● 皇室典範の改正

憲法公布とその施行と同時に新皇室典範も公布・施行されたが、旧典範を受け継いだものもあり、皇位継承者を男系男子に限っている。新皇室典範は旧典範の内容のうち、明らかに現在の憲法と矛盾するものを引き算する形でできあがっている。大嘗祭は政教分離原則からして公的に許されないことから削除された。削除されたはずのものが後に復活されてもいる。削除された元号制が、1979年の元号法によって復活したのはその一例である。皇室典範の運用の実態は過去の皇室典範の内容に似てきつつあり、「引き算的思考」の結果、従来の慣行は大幅に肯定的に残存することになっている[221]。

2021年の秋篠宮の長女の結婚に伴うマスコミの異常な報道に接すると、皇室への日本人の感覚は、畏敬の念は解消されたものの、皇室が庶民とは異なる特別な家系であるという意識は、戦前とあまり変わっていないように思われる。最近の右傾化の流れのなか、政治が皇室を利用することも垣間見えるし、皇室制度の温存は結果的に日本の改革がなかなか進まない大きな理由であると思える。

皇室典範の変更のなかで、11宮家の皇籍離脱が図られ、皇位継承者の範囲が大幅に狭まり、華族は解体され、皇太子妃候補者が枯渇する事態になった。厖大な資産を保有していた皇室財産も国有化され、財産授受にも議会の承認が必要となった。

皇室の改革と同時にGHQが行った改革として財閥解体と農地改革がある。

財産にも課税される財産税が制定され、皇室並びに華族にも財産税が課され、経済的特権が剝奪され、零落する華族もあった。

● 象徴天皇制をめぐる諸問題

　国民の象徴としての天皇となったが、昭和天皇は従来通り自分が統治権の総攬者であるという意識を持ち続けた。沖縄にかぎらず、どんな問題についても昭和天皇はご質問の形で心情や関心を示すのが通例になっていた。国政に関する権能を有しない立場から、政治判断じみた発言は控えなければならないため、質問スタイルはこの制約のもとで編み出された方法であり、質問の舞台になったのは主として首相や閣僚による内奏である[*222]。

　1947年から48年にかけて片山、芦田の中間内閣が成立した。47年10月刑法改正で不敬罪が廃止となり、宮内省から宮内府、さらに宮内庁と宮中改革が進められ、人員も6211名から1452名と大幅に縮小、守旧派幹部が更迭された。

　GHQが憲法制定を急いだ背景には、最高政策意思決定機関である極東委員会からの干渉をきらったことに加え、天皇の戦争犯罪問題があったこと、マッカーサー自身の地位が不安定であったことが判明している。象徴天皇制についてもGHQと政府の解釈が異なっていた。

　前者は儀礼的・装飾的な象徴天皇制であり、後者は国体の変更を伴わない、精神的権威としての象徴天皇制であった。政府のパンフレットにも天皇の地位は変わったが国体は不変であるとし、「天皇を中心として私たち国民が一つに結び合っているという昔からの国柄は少しもかわらないのであるから国体はかわらないといえるのである」[*223]と解説を付している。

　1955年から始まる日本経済の高度成長から大衆社会が成立しつつあるなか、皇太子明仁は旧皇族、華族の反対を排して、自ら伴侶を民間から選んだ。松下圭一氏は「新憲法では、天皇は世襲であるにもかかわらず、その正統性を国民からひきださなければならない。（中略）絶対天皇制から大衆天皇制への移行によって、政治心理的には、天皇制はより安定したとすらみることができる。それゆえ、皇太子妃ブームはけっしてかつての天皇制の復活ではない。むしろ

天皇制の機能の変化、ついでまた構造の変化をそこにみなければならない。ここで留意すべきは、現在の天皇個人は、昭和ファシズムならびに太平洋戦争の記憶と結びついていることである。天皇の名において170万人（引用者注：実際は230万人）が戦死し、70万人が戦災死した。それのみではない。天皇の名において、特権官僚、特高、憲兵による弾圧がはげしくおこなわれた」[*224] と述べていて、天皇制は常に「大衆の」支持をとりつけなければ維持できないことと、天皇制に負の側面があったことを決して忘れてはならないと戒めている。

第3節 | 昭和天皇の戦争責任問題

● 占領期における昭和天皇の戦争責任問題

　本書の補論「戦争責任」を論じるうえで、昭和天皇の戦争責任問題は欠かせない問題である。ここでは昭和天皇の戦争責任問題の経緯及びその議論の中身と退位の可否について検討する。

　東京裁判において、天皇の不起訴への反対はオーストラリアを中心に存在していたが、その声はマッカーサー主導で抑え込み、天皇を免責し責任を東条に押し付けるというのが日米一致した方針であった。そのなかで有名な東条の発言がある。47年12月31日の法廷で木戸幸一の弁護士に対して、東条は「天皇の平和に対する御希望に反して、木戸が何か行動をとったか。あるいは何か進言をしたという事例を、一つでもおぼえておられますか」という質問に次のように答えてしまったのである。

「そういう事例は、もちろんありません。（中略）のみならず、日本国の臣民が、陛下の御意思に反してかれこれするということはあり得ぬことであります。いわんや、日本の高官においておや」[*225]。この時はキーナン首席検察官が検察側証人の田中隆吉を通じて松平康昌に働きかけ、松平、木戸、東条のルートで説得工作がなされ、48年1月6日の法廷で、東条は前言を事実上撤回した。こ

のような日米間の緊密な連携プレーによって、昭和天皇の戦争責任問題は、東京裁判の場では封印された。しかし、大日本帝国憲法の下で天皇は主権者であり、最高指導者であった。大日本帝国憲法では無答責とされたが、国際法の法理論的には、天皇が訴追されないことはありえず、東京裁判は政治的な裁判であったと言えよう。

　日本政府は東京裁判で昭和天皇を訴追しなかったことから、国際法上の戦争責任はなく、国内法上でも戦争責任について法的責任はないと1989年2月14日の参議院内閣委員会で味村内閣法制局長官が答弁したが、退位論は東京裁判後もくすぶり続けた。

　木戸幸一は講和条約直後退位を勧めていて、日記に「陛下に御責任あることなれば、ポツダム宣言を完全に御履行になるとき、換言すれば講和条約の成立したるとき、皇祖皇宗に対し、また国民に対し、責任をおとり遊ばされ、御退位あそばさるるが至当なりと思う。（中略）これにより戦没、戦傷者の遺家族、未帰還者、戦犯者の家族は何か報いられ、慰めを感じ皇室を中心としての国家的団結に資する。もしかくのごとくせざれば、皇室だけが遂に責任をおとりにならぬことになり、何か割り切れぬ空気を残し、永久の禍根となるにあらざるやをおそれる」と記している *226。木戸の重要な局面での判断については何か割り切れない感じを私は持っているが、この退位論は核心をついていると思う。

　昭和天皇が最も信頼している木戸がこのように述べており、天皇も実際に退位したいと側近に述べていたと言われているが、退位は実現しなかった。しかし、退位論は続いており、昭和が実際よりも早く終わる可能性、すなわち生前譲位の機会は少なくとも4回あった。

　1回目は第二次世界大戦敗戦直後、2回目は東京裁判判決前後、3回目は講和条約発効前後、4回目は明仁皇太子のご成婚のときである。昭和天皇の退位問題は戦争責任に端を発しており、大日本帝国憲法の規定により、天皇に政治的な意味での戦争責任はなかったという見解が日本政府の公式見解（君主無答責）ではあったが、それでも道義的責任があることは、昭和天皇本人も含め多くの人が認めていた。

　東京裁判で昭和天皇が免責になった結果、天皇の軍隊と呼ばれ、日本人310

万人を含めて2200万人以上が亡くなったアジア・太平洋戦争の大きな原因となった天皇・天皇制の問題についての議論が封印され、戦後の日本の政治社会の在り方に大きく影響している。国外においても、天皇の継続的在位は「『過去の軍事侵略について日本人が罪の意識を感じているように見えない理由の一つ』であり、戦争責任の問題が長期にわたって議論されながら、誰が真の責任者かについて合意を妨げた要因と映るのである」[*227]と波多野澄雄氏は述べている。

東京裁判の判決が出た1948年11月12日に、昭和天皇はマッカーサーに書簡を送っている。「閣下が過日、吉田首相を通じて私に寄せられたご懇篤かつご厚情あふれるメッセージに厚く感謝します。わが国民の福祉と安寧を図り、世界平和のために尽くすことは、私の終生の願いとするところであります。いまや私は一層の決意を持って、万難を排し、日本の国家再建を速やかならしめるために、国民と力を合わせ、最善を尽くす所存であります」[*228]と退位の意志のないことを明言したのである。

● 国際社会復帰後の戦争責任問題

戦争責任問題について吉田裕氏は、ダブルスタンダードが存在し、「対外的には講和条約第11条から東京裁判の判決を受諾するという形で、必要最小限度の責任を認めることによってアメリカの同盟者としての地位を獲得する。しかし、国内においては戦争責任の問題を事実上否定する、あるいは不問に付す、というように対外的な姿勢と国内的な取り扱いを意識的にせよ、無意識的にせよ、使いわけるような問題の処理の仕方がそれである」[*229]、と述べている。

このような弥縫策で日本では戦争責任の問題は表面的には沈静化した。しかし1971年の訪欧旅行で直接の被害がなかったデンマーク、ベルギーを含む各国で抗議の声があがり、再び戦争責任問題が浮上した。1975年の訪米の際の発言は「most unfortunate war which I deeply deplore」と英訳され、曖昧ながら謝罪の意思もあるような言葉を述べた。

2015年に宮内庁編纂の『昭和天皇実録』が発刊された。2022年4月8日の朝日

カルチャーセンターで山田朗氏の「昭和天皇実録」を受講したが、山田氏は昭和天皇が関与した都合の良くない事項が実録から結構抹消されていて、学術的には問題がある旨、指摘された。

また2021年から、初代宮内庁長官であった田島道治による『拝謁記』が刊行され、関係者の間で大きな話題となっている。田島は1911年に愛知銀行に入行し、昭和銀行、日本銀行参与となり主に不良債権の処理にあたってきた。宮内庁のリストラ、債権処理を含めた宮中改革と天皇言動を抑制するため、当時首相の芦田が一高・東大の後輩の田島を推薦し1948年6月宮内府長官に就任した。日記は18冊もあり昭和天皇とのやりとりが詳細に書かれていて、昭和天皇の実相が一層明確になりつつある。

● 昭和天皇の戦争責任に関する議論

昭和天皇の戦争責任の不問については明治憲法で無答責となっていること、また自ら退位しなかったこともあり、在位中に責任を問うことは微妙な問題であった。平成時代に入ってから昭和天皇の責任を問う書物は現れたが、国民的な議論とはなっておらず、皇室を特別視する風潮が続いていると私は考えている。

丸山真男氏は、あれほど強大な権力も持った天皇の責任を問わないのは、日本の知性の脆さの現れで、政治倫理上許されないと、強く糾弾している。

高橋哲哉氏は、敗戦直後に南原繁が昭和天皇の道義的責任に触れて退位を求めたことなどをあげて、戦争責任を問うことと曖昧にしたいとする両面の議論があったが、1990年には昭和天皇に戦争責任があると発言した本島等長崎市長が右翼に銃撃される事件が起きたりして、自由に議論ができる環境がなくなったと述べている[230]。高橋氏は丸山氏と同様、昭和天皇に戦争責任はあったと主張する。

同じ朝日の紙面で橋爪大三郎氏は、先の戦争について当時の憲法が天皇を無答責と定めていて、事後法の適用が困難なこと、しかもその地位に就いたのは自分の意思でないことを踏まえ、昭和天皇には法的責任も政治的責任もないと

述べている。さらに、憲法が求めている合理的な君主として行動し、賢明な判断があり、戦争責任はないと明言している。ただし、昭和天皇の道義的責任には触れていない。

　戦前の日本の政治の根幹であった天皇制の責任とその究明を、勝者の米国が行わなかった以上、日本人自身で行うのは天皇に対する思い入れが戦前とあまり変わっていないために困難だということは一般的には理解できる。しかし、太平洋戦争の開始は昭和天皇が同意の意向を示したことが決定的であった。日中戦争での積極的な交戦の支持、太平洋戦争については当初回避を希望したが、開戦に同意して以降積極的に関与、鼓舞していることが明らかになっている以上、最高指導者として国際法違反の道義的責任は免れない。天皇没後30年以上がすぎ、歴史的人物となったこともあり、昭和天皇の戦争責任問題が論議されることを期待したい。

● 昭和天皇の退位問題

　マッカーサーだけでなく時の首相吉田茂も容認していなかったため退位に至らなかったと判断されるが、最側近であった木戸でさえ退任すべきと考えていた通り、最高指導者で元首である昭和天皇の戦争責任をどうするかは大きな問題であった。

　戦後、インテリを中心に退位すべきであると思っていた人々は多く、『拝謁記』を読むと昭和天皇自身も関心が高かったことがわかる。退位するタイミングとも言える敗戦と東京裁判判決直後に、天皇が退位についてどのように考えていたかは不明だが、サンフランシスコ平和条約締結前の1949年12月（調印は1951年9月8日）から条約発効の1952年4月28日の頃まで、昭和天皇は田島と退位問題について多くの時間を費やしていたことがわかる。

　昭和天皇は退位について当初気持ちは揺れていたようである。1951年の8月28日に吉田首相と田島との会談で、吉田は退位に反対すると記載されているが、その前後の時期、天皇は退位する方が安易で簡単だが、国の再建を果たすためには在位して責任を果たすほうがよいという発言がある。また、譲位候補であっ

た兄弟のうち、健康を害している秩父宮以外の高松宮、三笠宮の言動に注視していたことがわかる。

1951年12月13日に国民の安定のためには退位しないほうがよいという決意を固めたようである*231。その前後から講和発効直後に退位の可否と戦争責任をどのように国民に表明するかが最大の関心事になっている。昭和天皇は道義上責任があることを強く自覚し、それを国民に説明する責任があると話しており、田島も同意しているが、元首としての意識が離れることはなく、責任意識によって退位する意思は、当初からなかったのではないかと私は思っている。

象徴天皇の「退位問題」は政治的な発言になるということもあり、吉田首相の反対もあることから、天皇が国民にこの問題で発言することはなかった。元首として国民およびアジア諸国に大きな被害を与えながら、その職位に留まるというのは無責任・無自覚であったと判断するほかなく、天皇は慰留を排してでも自らの意思で退位すべきだったと私は考えている。退位する時期は講和条約が締結され、国民生活が少し落ち着いた1950年代前半だったろう。退位すれば、責任についての自覚が国民意識のなかで共有され、アジア諸国への贖罪意識も芽生え、歴史を学ぶことの尊さが理解され、さらに国民の間で緊張感のある政治を志向するようになったのではなかろうか。

第4節 | 東京裁判とサンフランシスコ平和条約

最も重要な検討課題は、アジア・太平洋戦争で15年戦争の始まりとなった「満州事変」と戦争犯罪と戦争責任を追及した「東京裁判」であり、その経緯と問題点を追求してみた。問われるのは、東京裁判は不当であると唱える人々の存在である。それが最も典型的に現れるのは1978年10月、靖国神社宮司の松平永芳がA級戦犯をひそかに合祀したことである。松平は東京裁判を否定するためにはA級戦犯を合祀し「『「すべて日本が悪い」という東京裁判史観を否定しない限り、日本の精神復興はできない』と確信していた」*232。

本書の冒頭でも記した通り、Ａ級戦犯の合祀は靖国神社への首相参拝も含めて、今でも外交上の争点となっている。東京裁判史観を否定する政治家も多く、満州事変は日本が満州に持っていた正当な権益を守るためであり、太平洋戦争も米国の経済制裁に伴う自衛戦争であり、アジアを解放するためであった、として戦争を肯定する人々は、東京裁判を勝者による一方的な裁きであると批判している。

　東京裁判への関心は一般的には低くなりつつあるが、研究者を中心に関心は高く、東京裁判に関する著作は近年でも発行されている。東京裁判を支持あるいは批判する人々は多く、議論は平行線をたどりかみ合わないまま、今後も論議を呼ぶ問題となっている。

● 共同謀議

　東京裁判を論じるうえで検討しなければならない項目は多々あるが、英米法の概念である「共同謀議」と、裁判で適用された「平和に対する罪」が事後法であったという問題からまず考えてみよう。

　判事は戦勝国の11カ国から選出されていたため、法制度が大きく異なる英米法系と大陸法系の両制度を取り入れた、とオランダ出身のレーリンクは述べている。英米法系は検察側と被告側の二者の対立を基準として、双方が自らの論点を証明する証拠を提出し、判事は知り得た事実に基づいて判決を下す方法を採る。裁判の目的は事件の真実解明のためにあるが、大陸法系では普遍の真実を明らかにすることを目的としていて、訴訟手続きは尋問的になる。英米法系は告発的性格のため[*233]、判事間で当初から角逐があり、裁判が長引いた理由の一つと言われている。

　英米法独特の法理論である「共同謀議」conspiracy は「違法な行為、あるいはそれ自体は適法な行為を違法なやり方で行おうという二人以上の者の合意」と定義され、二人以上の違法な合意だけで犯罪が成立する。共同謀議は一面識もなくても合意形成への参加事実があれば成立する。状況証拠で立証が可能なため、証拠要件が緩く、立証が認定されれば計画に一部関与していた者も一網打

尽にできる。東京裁判は証拠を大量に滅却したために事実認定が難しく、被告を割り出すのが苦慮されるなか、「共同謀議」論は極めて有効な法理論ではあった。

しかし内海愛子氏は「日本の戦争指導は政治の最高輔弼者である内閣総理大臣と統帥の最高輔翼者である参謀総長と軍令部総長が鼎立して行われていた。誰が戦争指導の責任者なのかが判然としていない体制であった。陸海軍の対立がはげしく、一部の例外を除いて、それぞれが別個に戦争を遂行していたのである」[234]とし、宇田川幸大氏も「共同謀議」とは程遠いような統治形態となっており「この法概念は、日本の複雑な戦争指導の過程を説明するには、相当な無理があった」[235]としている。しかし、満州事変に始まる中国への侵略から大東亜共栄圏確立へと進む一連の戦争の連鎖を起訴するには、便利な法理論であったと考えられている。

1945年6月米英仏ソ4カ国代表によるロンドン会議で「共同謀議」論が採択された。この共同謀議論を適用しなければ、戦争という巨大で複雑な出来事の総体的責任を個人に求めることは不可能であったろう。起訴状で「犯罪的軍閥」に支配されたと記されているが、「『犯罪的軍閥』という謀議の集団を設定したことは明らかに実態とズレがある。この歴史解釈の欠陥は後に東京裁判史観として批判され、裁判に対する否定的なイメージを残すことになる」[236]。「勝者の裁き」と批判されたが、共同謀議という概念を使わなければ裁くことは困難であったことを考慮すると、この理論を導入したことを否定することはできないだろう。

● 「平和に対する罪」の事後法適用

東京裁判史観を糾弾する大きな理由の一つでもあり、1945年8月の国際軍事裁判所憲章（ニュルンベルク憲章）で初めて提示された「平和に対する罪」について事後法の適用の背景と問題にかかわる論争を考えてみたい。

「平和に対する罪」は1928年のパリ不戦条約で、国際法として「戦争違法」という概念が成立しており、それに加えて第一次世界大戦後にドイツ皇帝ヴィル

ヘルム2世の責任を追及する「指導者責任観」の概念が導入された。しかし法としての効力は45年8月までは認められていなかった。「罪刑法定主義という近代法の原則に立てば、どのような行為が犯罪に当たるのかは、あらかじめ法で明らかにしておかなければならない。（中略）『平和に対する罪』で被告人を裁いたという点では事後法による処罰であり、近代法の基本原則に反するという批判は免れない」[237]。しかし一方、事後法適用について、レーリンクは自由と正義の原理の二つの側面を持っていると述べている。自由の原則から事後法の適用は違反するものの、正義の立場から立法者の不作為で全く不正義の行為の禁止を怠ったという観点からは事後法の禁止は無視されうると彼は主張している。

　まだ熟していない概念だが、消極的責任という概念からレーリンクは次のように説明している。「1907年のハーグ条約や1929年の戦場における傷病兵の待遇改善に関するジュネーブ条約の条項を読めば、当局は部下による法律の遵守に対して責任を負うことがわかるでしょう。そのような義務を負うことは、犯罪が行なわれていることを知り、それを阻止できる時には、やめさせる手段をとらなければならないことを必然的に意味し、それを怠った場合は刑事責任を問われることになります」[238]と述べ、消極的犯罪は事後法ではなく、正義に反する不作為の責任は広く認められていて、事後法の適用についても容認している。また「国際法は、過去に侵略政治を行い、今後また、未成熟の平和に危険をもたらしかねない人物に対して、安全保障措置を講ずることを許している。政治的に危険な人物の選択は行政的にも司法的にも行われる。刑事上の訴追という政治的行為が重要になって」[239]いるとレーリンクは主張している。

　イタリアの法学者カッセーゼも「レーリンクは、侵略戦争の煽動者を処罰するという、さしあたりの政治的必要性と法の尊重とを合致させることに成功した。さらに彼は平和に対する罪のみについて有罪となったドイツ人被告と日本人被告に死刑を課さない理由について、これを論理的に正当化する重要な提案を行なった」[240]と記す。「平和に対する罪」の適用の意義を納得させる論理を展開するとともに、「平和に対する罪」だけで死刑の判決を認めなかったことについての彼の主張が、どこまで東京裁判の審議で反映されたのかは不明だが、

大きな貢献をしたことは間違いないだろう。

東京裁判では「平和に対する罪」に対して高い比重が置かれた。全訴因55の
うち「平和に対する罪」は36、「通例の戦争犯罪及び人道に対する罪」はわずか
3で、「人道に対する罪」は東京裁判では独立した訴因にはならなかった。また「判
事団では、『通例の戦争犯罪』以外の『事後法』によって極刑者を出すと『後世の
批判をまぬかれない』ので、『死刑にするには何とか残虐行為に結びつけなけ
ればならないとの一般方針』をもって、裁判に臨むことになったのである」*241。

● 被告の選定

首席検事であった米国出身のキーナンはマッカーサーの意向を尊重して天皇
訴追に反対したが、オーストラリア出身のウエッブ裁判長は、天皇を個人的に
は起訴すべきだと考えていた。誰を起訴するか各国で食い違いがあり、米国は
真珠湾攻撃を理由として東条内閣閣僚の起訴を求めたが、その他の国は残虐行
為の責任者を起訴することを考えていた。結局28名の被告が決まり、陸軍出
身は15名、海軍は3名であった。

実質的に戦争を主導したのは中堅軍務官僚であり、私は米中への戦争を強硬
に唱えた陸軍の田中新一、服部卓四郎、辻正信と海軍の石川信吾は入れるべき
だと考えている。他には軍の指導者であった真崎甚三郎、及川古志郎、伏見宮
博恭も加えるべきだろう。

田中新一は盧溝橋事件で増派の決定を担い、40年の参謀本部第一部長とし
て対米戦強硬派の中心となり、1944年にはビルマ方面軍参謀長として悲劇の
インパール作戦を主導するなど、罪は極めて大きい。

服部と辻は太平洋戦争の直前に参謀本部作戦課長、班長として開戦の決断を
させたが、1939年5月から始まったノモンハン事件で関東軍作戦参謀であった
二人のコンビは、「直情径行、攻撃一点ばりの辻にたいして、卓越した識見と
豊かな人間味、機にのぞみ変に応じて発揮される正しい判断力をもって、陸軍
の大道を直進する服部」*242だとされるが、結局死者8000人以上、死傷率33%
という無謀な計画を主導した責任者であった。左遷された二人は40〜41年に

は陸軍中央に復帰し、対英米戦の南方作戦計画を立案した。辻はシンガポールでの華僑の大量虐殺、ビルマ戦線での人肉食用を行い、戦後は参議院議員に当選している。一方の服部は、中枢である作戦課長を最後まで務め、その責任をまったく負わず、戦後 GHQ に重用され、日本軍隊の再創設をマッカーサーに提案した*243。

石川信吾は1940年に海相、軍務局長であった及川古志郎、岡敬純の下で第二課長として最高幹部の対英米戦消極論をはねかえし、1941年7月南部仏印進駐という日米交渉妥結への最後の綱を切り落とすことになる戦略を実行した。海軍で対英米戦の強硬策を主導した中堅幕僚で、南部仏印への進駐を強く主張することになった軍令部総長の永野修身の判断に大きな影響を及ぼした。

真崎甚三郎は、満州事変の後に参謀次長として政府の不拡大方針に同調した。しかし、2.26事件では皇道派の首脳として反乱幇助の容疑で収監された。軍事裁判では証拠不十分として無罪となったが、判決文は意味不明であり、近衛の圧力で無罪となったと言われている*244。東京裁判の尋問調書で、真崎は追従的なほど親米主義を強調したが、2.26事件で関与した青年将校を裏切り、自己弁護と責任転嫁が激しく陰湿な印象が強い。「昭和史上きっての悪人、奸雄のイメージが定着したかに思える。（中略）日本の国運を託すべき大物将軍とも思わないが、天下を狙う大泥棒となるには度胸不足で、その本質は強きを助け、弱きを虐げる小心翼々とした官僚型野心家ではなかったか」*245 と秦郁彦氏は推測している。一方、鈴木荘一氏は「天皇は正しい情報に基づいて御判断されれば、満州事変不拡大、一国国防主義を唱え、支那と静謐を指向する真崎甚三郎・小畑敏四郎らの皇道派を支持し、対支一撃論を唱え『ドイツと提携して支那・ソ連・米英等との全面戦争に突入する危険性』をはらむ親ドイツ派の永田鉄山らを排除すべきであったろう」*246 と記していて、真崎を擁護している。真崎は人間的には問題ある人物だが、彼の判断は正しかったように思われる。東京裁判でも嫌疑不十分として放免されたが、昭和陸軍の妖怪と言われている。敗戦直後、直ちに米国に迎合するその無定見で無責任な対応など、戦前の指導者のなかで最も野卑な人物と私は見ているし、天皇も真崎を嫌っていたようで、正論でも通らなかったのではと思っている。

及川古志郎及び伏見宮博恭の責任を挙げる著作はほとんどないが、日独伊三国同盟にかかわるところで記したように、従来の海軍の三国同盟反対から容認へ方針転換したのは、及川と伏見宮のコンビである。これに伴って三国同盟が締結されたのだから、及川と伏見宮の責任は被告となった海軍の3名と同様に重いと私は考える。及川は海相となると三国同盟反対から賛成にまわり、日米開戦の可否を近衛首相に尋ねられると「総理一任」と逃げ、海相としての判断を留保した。及川は読書家だったとのことだが、最後の海軍大将で三国同盟に強く反対を主張していた井上成美は、明晰な判断力がないと及川を酷評している。

　伏見宮はロンドン軍縮会議に反対した艦隊派の重鎮である。1932年に軍令部長（翌年軍令部総長）となり、41年までその職で海軍の最高権力者として君臨していた。吉田海相の後に及川を強力に推進したのは伏見宮であり、開戦時に避戦派であった嶋田繁太郎を開戦派に転向させたのも伏見宮である。軍令部総長のポストにさらに1年とどまっていれば、開戦責任を問われて戦犯となり、さらに皇室への責任から宮家の存続まで問われかねない恐れがあった[*247]ほど、その責任は極めて重い。伏見宮については皇族ということから追及されず曖昧にされていると私は考える。昭和天皇の責任問題もあるが、皇室が関係すると思考停止になってしまうことが多い。民主主義と自由主義の本質を根づかせるうえで、このような暗黙のタブーが自由奔放な議論に障害を与えている。

　石原莞爾及び米内光政については、アジア・太平洋戦争で二人とも極めて大きな役割と影響を与えている。その責任の有無を考えてみよう。

　石原は満州事変謀略の主導者であり、満州事変がアジア・太平洋戦争に連なる15年戦争の第一段階の責任者であったことから責任は免れないが、決定的な証拠を検察側が握っていなかったことが戦犯から逃れた事由と言われている。

　石原は日本人には珍しく独創的な戦争理論を発表し、「最終戦争論」で日米の最終決戦を予告し、「全人類の永遠の平和を実現するための、やむを得ない大犠牲であります」と1940年に日米最終決戦を予言した。満州事変をどのように判断するかが石原を評価するうえで決定的である。その後の15年戦争の原因として極めて重いと批判する人々と、満州事変を起こしたことに問題はあっ

たものの、中国の対応にも相応の問題があったとする人々に分かれる。33年5月に塘沽停戦協定が結ばれ日中対立が一段落したことから、満州事変をその後の日中戦争と切り離すべきだと主張する研究者もおり、その評価を判断するのは容易ではない。日中戦争の拡大には反対した石原の理論については、当時の日本の状況から納得できる部分もあるが、独断専行の満州事変がその後に与えた影響の大きさは重く、最終的に戦犯に加えるべきと私は思う。

米内光政については、緒方竹虎『一軍人の生涯　回想の米内光政』、阿川弘之『米内光政』等の著作で、和平派の代表として描かれ、戦犯からほど遠い存在のように言われている。海相の時、山本五十六次官、井上成美軍務局長のトリオとして三国同盟に強く反対し、英米との戦争についてはその国力の違いから勝てないことを見こし反対した。一方、日中戦争で本格的な戦争となった第二次上海事変を強硬に主張・実行したのは米内であり、トラウトマン工作にも反対した。海軍は日中戦争に当初関与せず、消極的立場であったが、米内はその方針を大きく転換した最大の主導者であった。米内を評価する人が圧倒的に多く、昭和天皇も彼を大変評価していたようだ。それは彼の人柄が寄与していると思われるが、一方で彼の政治能力を疑問視する人もいる。日中戦争が日米戦争の引き金となったことを考慮すると、日中戦争拡大へと海軍の方針を大きく転換させた米内の責任は重い。しかし最後に太平洋戦争の終結に尽力したこともあり、判断は留保する。戦後GHQは米内に接近して、東京裁判では陸軍統制派を処断し、海軍善玉論に導いた。

● 法廷での攻防

弁護団においても陸軍、海軍、外務省の戦争観は異なる。陸軍は自衛戦争、大東亜戦争肯定論であったが、海軍は太平洋戦争については自衛戦争を唱えるものの、中国への侵略については陸軍の行動を問題視していた。一方、外務省は戦争回避に努力したと主張しているが、白鳥敏夫と中堅閣僚を中心に革新派が大きな勢力を占めていて南進論を主張し、それを大きく援護しており、回避に努力したというのは事実に反する。このように相互不信から内部対立があり、

方向性についても国家弁護を主張する陸軍と個人弁護を主張する海軍、外務省で大きな対立があり、統一した方針がたてられなかったのではないかと私は考える。

　国際検察局の追及について簡単に記すと、海軍については真珠湾攻撃、南洋委任統治領の軍事化、さらに1943年インド洋方面において日本海軍の潜水艦部隊が連合国の撃沈商船生存者を虐待・殺害した「潜水艦事件」であった。陸軍については満州事変から対米開戦に至る政策決定と中国から始まる一連の侵略戦争の開始、遂行、張鼓峰事件、ノモンハン事件、南京・広東・漢口における大量虐殺等の責任が追及された。

　検察側の立証で海軍側被告人にとって有利な状況もあった。①支那事変段階において海軍関係の立証は陸軍に比して手薄で、証拠は重慶爆撃に関するもの、パナイ号事件に関するもの、及び海軍省軍事普及部「支那事変における帝国海軍の行動」の3つに過ぎない。②検察側が一枚岩ではなく、三国同盟についても海軍はこの同盟に全面的に賛成ではなく日米関係の悪化を懸念していた海軍の証拠も提出された。③海軍中央と通例の戦争犯罪を結びつける決定的な証拠が提出されなかった。

　一方、陸軍側の「国家弁護」での自衛戦争論に対しては判事側の強い反感があり、近隣諸国に対する犯罪的攻撃に責任を負っていて、自衛の措置であったとの主張を全く根拠がないと断じている。また陸軍省被告人が「通例の戦争犯罪」に関与もしくは関知していたことを示す決定的な証拠が提出されている。

　外務省に関しては、①日本は捕虜問題のジュネーブ条約を批准していないが、外務省のできる限り準用との回答から捕虜虐待の責任を指摘された。②三国同盟の締結では松岡と大島が追及された。③真珠湾攻撃では野村と来栖が事前に知っていたとして、通告遅延も追及された。広田については「陸軍支配を容認した集団の代表格」として追及され、広田が南京事件を知っていながら閣議に持ち出さなかった「不作為」が問題にされた。

　大蔵省関係では賀屋興宣と星野直樹が被告人とされた。前者は開戦時の蔵相であったこと、後者は満州国の政治・財政の中枢を担い、東条内閣の書記官長であり、東条と親密な関係にあったことが理由である。経済・財政の専門家で

ある大蔵省・大蔵官僚が果たした主体的な役割は充分に問われず、その責任は
もっぱら「東条や軍といかに協力・共同していたのか」が争点となった[*248]。

　1946年4月29日に起訴状が提出され、その訴追対象期間は1928年の張作霖
爆殺事件の年から45年の敗戦までと認定し、5月3日に開廷した。キーナン首
席検察官は冒頭「文明に対し宣戦を布告」と述べ、日本を文明への挑戦者と位
置づけた。検察側の具体的な立証は日本の軍事教育、言論弾圧による戦争体制
の構築、さらに満州事変、日中戦争に次いで大きな焦点となったのが南京虐殺
及び中国各地の虐殺である。南京虐殺について日本ではその事実がまだ報じら
れていなかったため、日本国民に大きな衝撃を与えた。日本軍の残虐行為につ
いて検察側は民間人の被害を中心に立証しようと試み、中国だけではなくフィ
リピン及び東南アジア全般にわたって、特に欧米人捕虜の虐待が強調された。

　弁護側の反証は1947年2月24日に、清瀬一郎弁護人による冒頭陳述から始
まったが、その論理は全面的な大東亜戦争肯定の自衛戦争論であった。清瀬に
ついて保阪正康氏は「清瀬は基本的に法曹界の人であって、歴史的な思想とか
哲学をそれほど持ち合わせておらず、20世紀に日本が置かれた状況を歴史的
に説明できる機会があったが、それが出来なかった」とする。半藤一利氏も「日
本の現代史というものを正々堂々と論じ、東洋の島国が苦しい立場におかれた
ことを話すべきであった。検察側は日本の現代史を裁こうとしているから、そ
れに対してしっかりした歴史を開陳すべきであり、欧米列強に圧迫され屈辱を
受けてきたアジアの国々の歴史も語るべきだった」[*249]と論評しており、弁護
団には清瀬に批判的な意見もあった。

　弁護側の立証で満州事変と三国同盟にかかわる論点を取り上げよう。満州事
変については反日運動の激化による在満邦人への迫害が原因であるという論調
が近年盛んになっているが、弁護側はまず満州事変が偶発的に起こったところ
から議論を展開しはじめ、民心が張学良から離れ無秩序状態となり、自衛のた
めの戦いとなったという論理を展開した。半藤氏と保阪氏は、反日の起源は対
華21カ条の要求に原因があり、米英に向かっていたナショナリズムが日本に
向かっていたと述べており[*250]、私も21カ条が日中関係の悪化の最大の要因で
あると考えるので、自衛戦争という論理にはとうてい納得できない。

三国同盟については「平和維持のための自衛的同盟」で対米戦を避けるために、松岡の主導で結んだとして、松岡にその全責任を押しつけた。外務省は開戦回避を主張していたが、三国同盟については、枢軸派・革新派は新たな世界秩序の構築を目指し、白鳥敏夫、大島浩は枢軸国との提携を強く主張しており、三国同盟の締結への外務省の責任は免れない。

　ここで注記しなければならないのは、ニュルンベルク裁判で大きな争点となったのは、ヒトラーやヒムラーの命令に基づいて行動したことが抗弁として申し立てられたことである。そこでは上級者の命令に基づいて行動した下級者に責任はなく、その責任は上級者が負うべきだとする上官責任主義の当否が裁判の大きな争点となった。違法な国家命令への不服従を義務づけたのである。しかし東京裁判では上官の命令を抗弁として主張した被告は1名にすぎなかった。これを強く主張すると最終的な責任は大元帥の天皇に及ぶことになり、それを回避するために抗弁を控えたと考えられる。

　その結果、上官責任主義という新たな原理が、充分自覚されないままに裁判が終結を迎えた。天皇の訴追の回避という至上命令が、裁判そのものの積極的意義を削ぐ役割を果たした。結局、違法な国家命令への不服従の思想は、戦後日本に根づかなかった*251。

● 裁判における天皇・天皇制論議

　天皇を戦争犯罪人として告発しない方針は決まっていたが、「天皇・天皇制の危機の全面的解消」とはならなかった。「天皇側近主要輔弼者」と目された木戸幸一に対する尋問の論点を明らかにしよう。宇田川幸大氏は木戸への尋問に次の5つの特徴があったと記している。①天皇が各事件の不拡大を希望し、戦争の回避を望んでいたとの応答が繰り返された。②天皇は「立憲君主」であり、政府や軍の決定に異を唱えることはできなかった。③天皇が事態の重大さにある程度気づきつつも、最終的には軍部の主張に流されたケースがあった。④天皇は単なるロボットではなく、自ら積極的・主体的に政局に関与したケースが存在した。⑤天皇の「不作為」の追及が試みられた*252。

結果的に天皇免責の方針とは矛盾する証拠・証言が提出され、これは特に木戸と東条の個人弁論で顕著に表れた。例えば47年10月23日キーナン首席検察官は、三国同盟に強く反対していた天皇を木戸と近衛が説得した結果、天皇が同意を与えるに至った、と追及した。「天皇の権限について、政府に対して政策の大綱を、陛下が指示することはできると、あなたは考えておりましたか」の問に、木戸は「それはできます」と回答している。

　既述したが、47年12月31日ローガン弁護人による東条への尋問で「天皇の平和に対する御希望に反して、木戸侯が何か行動をとったか。あるいは何か進言をしたという事例を、一つでもおぼえておられますか」の問に、東条は日本国の臣民が、陛下のご意思に反して行うことはありえないと答え、日本が国策として行った戦争はことごとく「天皇の意思に従ったもの」と位置づけている。

　この証言を受け、キーナンは田中隆吉と松平康昌と相談し、東条への偽証工作を行った。48年1月6日の審理で、東条は前述の証言について「私の国民としての感情を申し上げておったのです。責任問題とは別です。天皇の御責任とは別の問題」と述べ、自身の発言の修正を行った。東条の証言は、明治憲法体制の在り方や、天皇の持った実質的な権限とはいかなるものであったのかという疑念を一層深めさせるものであった[*253]。

　天皇免責の方針のもとで判決書は、①満州事変において天皇が不拡大方針を支持していた、②三国同盟に対して天皇が反対の立場を取っていたとし、更に③東条内閣成立の経緯など日米開戦に至る政治過程に関する認定で、天皇の動向をほとんど叙述しなかった。これによって検察側・弁護側の方針である輔弼・輔翼の存在を強調し天皇の免責を主張するという方針は成功したものの、かえって「天皇の不在」への批判を呼び起こし、天皇の「潜在的有罪性」の一端を示す役割を果たすことになった[*254]。

　天皇が常に「立憲君主」として振舞っていたとの証言は真実とはほど遠いことが明らかになったものの、政治的な天皇の免責の方針が優先された。東京裁判の偽善性ははっきりしたものの何かを不問にしたという居心地の悪さが残り、それが今日でも続いている。東京裁判史観に与しないし、戦争直後で証拠も限られたなかで真実を追求するのは困難であったことを理解するとしても、「戦

勝国による裁き」、政治的な思惑を優先させたこと、真実追求より政治的判断を優先させた東京裁判の審議には大いに疑問を感じる。

● 判決

判決公判は1948年11月4日に開かれた。11人の裁判官のなかで意見が分かれ、英国のパトリック判事が主導して7名の多数派が判決書を起草した。冒頭で裁判が長引いたことを釈明したが、文書が焼失、破棄されたことが要因として挙げられた。文書の不在は被告に不利となり、主に『木戸幸一日記』『原田日記』が有力な証拠とされた。

55項目の訴因が10項目に絞り込まれ、訴因1の1928年から45年における侵略戦争の共同謀議、中米英仏蘭ソ蒙への侵略戦争遂行、戦争法規違反、遵守義務の無視を訴因とした。各訴因で被告25名の有罪・無罪の判定がなされた。絞首刑と判定された7名は事後法として法廷でも批判された「平和に対する罪」ではなく、「通常の戦争犯罪」で極刑とされた。戦争を最も推進したと認定された陸軍出身者への判定が厳しく、7名の内6名が陸軍出身で海軍が一人もいなかったのもバランスを欠いた判決であった。海軍の「陸軍強硬—海軍穏健」という主張が法廷で受け入れられたことと、海軍が行った残虐行為を証明する証拠が提出されなかったことが要因とみられる。

絞首刑の判定を受けた被告全員が残虐行為防止の不作為の罪を認定され、陸軍の土肥原賢二は満州、板垣征四郎はジャワ、マレーシア、シンガポール、木村兵太郎はビルマ、松井石根は南京事件、武藤章はフィリピンでの虐殺と捕虜への残虐行為が問題となった。一方、海軍の3名で最も責任が重い永野修身は裁判中に病死し、嶋田繁太郎と岡敬純は「通常の戦争犯罪」では無罪とされ、終身禁固刑となった。

一番問題にしなければならないのは、広田弘毅の死刑判決である。広田弘毅については城山三郎の『落日燃ゆ』で自己弁護しない清廉な人物として描かれている。広田は英米協調路線または日中提携を選択したか、陸軍に対する政治的自立性及び日中戦争外交の3つの観点から検討が必要だと井上寿一氏は述べ

る。広田外交を主導したのが重光次官であることは既述の通りであり、重光は列国強調の幣原外交では中国ナショナリズムに対応できず限界に直面し、蔣介石など親日派に接近して関係修復を図ろうとしたのが広田外交の基本的な考え方であった[255]。井上氏は広田が基本的に英米協調派であり平和主義者であったと擁護している。平和的に解決を試み、結果的に時勢の勢いを止めることができず、彼に責任はないと主張している。しかし、広田は1933年から斎藤・岡田内閣の時の外相として天羽声明、華北分離工作、広田三原則、1936年の首相の時に国策の基準、日独防共協定、1937年の近衛内閣の外相として日中戦争の勃発や、南京事件への対応、「帝国政府は爾後国民政府を対手とせず」声明と、太平洋戦争への道に大きく舵を切っていくときに最も鍵のポストに就いていた。

　広田が平和主義者であったなら、ならば命を賭してでも止められなかったのかという疑念は残る。裁判で一切の弁明をしなかったことに加え、死刑相当と目された近衛・松岡は木戸と同様に文官出身だからと免れ、広田が唯一身代わり的に死刑になったのは気の毒だという他はない。結果的に陸軍の言いなりになったことの事実の重さと不作為から、大きな責任はあったが、極刑にすることはないと私は考える。なおレーリンクは広田の無罪を主張している。

　通常の戦争犯罪が核となって死刑と終身禁固刑とに分かれたが、レーリンクは岡敬純、佐藤賢了、嶋田繁太郎は死刑にすべきだと判断している。通常の戦争犯罪に関与していなかったので死刑判決でなかったことは理解できる。三国同盟を強力に推進し、ヒトラーに心酔しドイツの手先となった大島浩（1票差で死刑を免れた）、太平洋戦争で戦争を誘導するような偽造資料を敢えて提出した鈴木貞一、東条を首相に推薦すべてその責任を他人に転嫁するような言動を行った木戸幸一は、それに準ずる責任があったと考える。

● パル判事を含む少数派判事の意見書

　少数派4人の判事は意見書を個別に提出した。特にインド出身のパル判事の「被告全員は無罪」との意見は東京裁判史観に異議を唱える人々から大きな共

感と賛意を得ている。パルは侵略戦争、自衛戦争の定義は定まっておらず、米英などから受けた経済封鎖に対して自衛権は認められていて、「平和に対する罪」「人道に対する罪」の事後法の適用を問題にしている。しかし日本がポツダム宣言を受諾し、重要犯罪人の処罰を受け入れている事実から、パルの無罪論はその根本で無理があるだろう。

重光が、この裁判を戦争の外から観察し、最も公正な中立の立場で判決したと記していることに同感の意を示す牛村圭氏は、パルの意見に意義を見出している。一方、保阪正康氏、井上亮氏と半藤一利氏はパルの客観的な事実判定には満州事変は日本の謀略とは限らないとする誤った判断があり、日本での言論弾圧を容認し、彼の反西欧意識も作用していて、公正な判断をしたとの見解には異議を唱えている *256。

日暮吉延氏は「パルの事実認定では、満洲事変、日中戦争、太平洋戦争に責任を負うべき日本の指導者が誰もいなくなってしまう」「無用な事実認定で全面的免責をしたことはパル判決について惜しまれる（中略）パル判決には二面性があった。すなわち①法実証主義の立場から『勝者の裁き』を批判する精緻な法理論、②反西洋帝国主義にもとづく過剰に政治的な事実認定」であり、「判事が東京裁判の規範と政策を否定することは本来、許されないことであった」*257 とパルの意見書に否定的である。

大沼保昭氏も「法廷でのやりとりも十分聞かずに、ホテルに籠もってひたすら反対意見を書いていた。これは、裁判官としてとうてい許されないことで、いわば裁判官の名を借りて、個人的な見解を判決の反対意見として発表したと批判されても仕方がありません。内容的にも、被告人の個人刑事責任の追及を不可とするだけでなく、日本の戦争が違法な侵略戦争といえないという趣旨のことまで主張しているのは明らかにまちがっている。（中略）質的にはかなり問題があり、そうした見解を神格化するのは非常に問題だろうと思います」*258 と言っている。

パルの意見書についていろいろな議論を比較検討したが、国際法違反についての議論に蓋をしており、法理論は論理的だとしても、事実認定に政治的な議論と恣意的な面があることから、私は同意できない。

裁判長のウエッブが少数派の意見を一部受け入れているのは驚きである。「天皇の権限は、かれが戦争を終わらせたときに疑問の余地がないまで証明された。戦争を終わらせたときと同様、戦争を始めるにあたって、かれが演じた顕著な役割は、検察側によって導き出された否定できない証拠の対象であった。しかし、検察側はまた天皇を起訴しないということを明確にした。天皇のこの免責は、太平洋戦争の開始にあたって、かれが演じた役割に対照させてみると、判決を下す際に、本裁判所が考慮に入れなければならない事柄と考える」と結んでいる。「最高の責任者」が免責されているのだから被告は極刑にすべきではない[259]との主張である。死刑判決への反対と天皇を訴追することができなかったことへの無念さを同時に述べたものと、私は考えている。

● 東京裁判の歴史的意義と限界

　東京裁判は46年5月3日に開廷、紆余曲折を経て2年半余を要し（ニュルンベルク裁判は11カ月弱で結審）、48年11月12日に結審した。この裁判の意義と限界について吉田裕氏の講義「東京裁判その意義と問題点」を援用して考えてみたい[260]。

　①　歴史的意義として国際法の発展に寄与

　事後法の適用で問題となった「人道に対する罪」「平和に対する罪」が定着して、集団殺害を平時・戦時を問わず国際法上の犯罪とする「ジェノサイド条約」が1951年1月に発効した（ニュルンベルク裁判では戦争と関連した集団虐殺だけが処罰の対象となった）。1974年12月の国連総会で「侵略の定義に関する決議」を採択して7項目にわたる武力の行使による侵略の定義を明確にした。さらに、1998年7月に国際刑事裁判所に関するローマ規程を採択して、国際刑事裁判所（ICC）が設置された。「平和に対する罪」の明確化・条約化が関係各国の利害が絡み、米・露・中は加盟していないが、日本は2007年に加盟した。

　②　侵略に対する反対派に正統性を付与

　侵略戦争が国際法上の犯罪であることを明らかにして、侵略戦争に対する反対派に大きな正統性を付与した。さらに、極東国際軍事裁判所条例の6条に「何

時たるとを問はず被告人が保有せる公務上の地位、若は被告人が自己の政府又は上司の命令に従ひ行動せる事実は、何れも夫れ自体当該被告人をして其の間擬せられたる犯罪に対する責任を免れしむるに足らざるものとす」と規定し、大沼保昭氏のいう「違法な国家命令への不服従」の思想の確立となった。

③ 限界として米国主導の政治裁判

一方で、天皇を免責にしてその責任を陸軍に押しつけた。天皇の側近である松平康昌は「終戦直後からGHQと国際検察局に協力して判決文を作成するに当って、その法律面及び事実面について点検をして貰いたいと頼まれてそれをやった」(『朝日新聞』2009年2月28日)と述べていて、東京裁判全体の性格は日米合作の政治裁判であった。

④ アジアへの軽視

裁判では戦争被害が序列化され「白人」捕虜の被害が重視され、アジアの人々の被害が軽視され、朝鮮・台湾の植民地支配もまったく無視された。この裁きは日本人の戦争観を変化させるきっかけにはなりえていない。吉見義明氏は「旧来の天皇観・国家観とともに、アジアに対する優越感・『帝国』意識は、崩壊をまぬかれ、敗戦後も頑強に生き続けていた」と指摘している[261]。アジア人への差別意識は払拭されず、アジアへの被害の意識が低く、判決ではアジア・太平洋戦争が重視され中国との戦争が軽視された。

⑤ 冷戦への移行によって戦争責任追及が後退

冷戦への移行に伴って米国は戦争責任の追及に熱意を失い、非軍事化・民主化から同盟国日本の経済復興・親米保守政権育成に軸足を移した。国家安全保障会議(NSC)は1948年10月に公職追放を打ち切り、A級戦犯裁判の終結を決める。冷戦と裁判が長引いたことにより、岸信介等の戦犯容疑者が48年12月に釈放されて、岸はその後1957年に首相となった。戦犯の岸は冷戦の最大の受益者となったのである。

⑥ 日本国民の裁判への非関与

後述する戦争責任について、戦争責任問題の処理を連合国の手にゆだねることを危惧する声が少なくなった。国民と指導者を分離し、占領軍と国民との対決を回避し、「指導者『個人』の責任を問題としたが、『国家』の責任を追及した

わけではなかったため、日本政府と日本国民は、ある意味で傍観者となることが可能であった」*262。③でGHQが検閲したことに触れたが、GHQは裁判への日本国民の関与を一切認めなかったことから、国民は戦争責任について当事者意識を持たないまま、問題の処理をGHQに「肩代わり」「代行」してもらう形になった。

● サンフランシスコ平和条約の調印

　サンフランシスコ平和条約は1951年9月8日に調印されたが、対日講和問題の決着は遅れた。その最大の理由は第二次世界大戦後の国際政治の世界に、超大国として登場したアメリカとソ連の間で戦争中の協調関係が崩れ、対立・抗争関係が支配的となっていたためである。冷戦下での対日宥和政策という現実の政治の論理が優越することによって戦後責任の側面は曖昧にされ、日本にとって「寛大」な講和が実現することになったのである。事実、この講和条約には第11条で日本政府が東京裁判の判決を受諾することが明記されているだけで、日本の戦争責任についての言及はまったくない。

　占領当初、米国は日本の重化学工業施設を撤去して賠償にあてることを考えていた。しかし冷戦の進展で対日占領政策に大きな変化がみられ、日本の経済的自立を図ることを優先させ、賠償政策の転換が始まった。特に占領政策の転換を最もはっきりさせたのは、NSCが東京裁判終了1カ月前の48年10月に提出した文書で、民主化を重視した従来の対日政策を大きく転換させ、東側陣営との対決のために日本の経済的復興を最優先の課題としたことであった。

　米国は、これに伴い労働争議の抑制、財政の均衡、公職追放政策の打ち切り、警察予備隊の創設、A級戦犯裁判とBC級戦犯裁判の早期終結を求めていて、48年12月に岸信介ら19人のA級戦犯容疑者が釈放され、逆コースと呼ばれた。同時に講和条約の早期締結を図り、講和は簡潔で非懲罰的に、占領政策の主要目的は経済復興とし、戦犯裁判も早急に結論を出し速やかに結了すべきだとした。

　1950年11月に米国の対日講和7原則が公表され、占領を脱して国際社会へ

復帰するための平和条約草案の作成と日本への賠償請求権放棄が盛り込まれた。賠償することは求められたが、存立可能な経済を維持することを考慮する旨の但書きが付いた。捕虜の補償については、日本の在外資産を清算した資金で捕虜に分配することになり「寛大」という基本的方針が堅持された。

平和条約締結については、全面講和か単独講和かの議論が沸騰した。全面講和を掲げる南原繁東京大学総長に対し、首相吉田茂は「曲学阿世の徒」と非難、大論争となったが、早急に締結を求める吉田の要求で単独講和となった。1951年9月8日に日本は48カ国とサンフランシスコ平和条約、そして同日に日米安保条約を調印し、両条約とも1952年4月28日に発効した。

賠償請求権の放棄はアジア諸国にとって不満が残るもので、ビルマとインドとユーゴスラビアは会議を欠席、フィリピンも不満を表明して批准を先送りし、インドネシアも同様の措置をとった。ソ連、ポーランド、チェコスロヴァキアの共産圏3カ国は出席したが、署名しなかった。中国も二つの国が存在することになったとして会議に招請されなかった。韓国と北朝鮮も同様であったが、これは日本が「韓国が署名国になれば、在日朝鮮人の補償問題が生ずる」、英国は「韓国の署名を容認すれば日本の植民地統治の合法性が否定され、欧米の植民地統治の否定につながる」という理由でである。東京裁判について最後に記したように、アジアに対する優越・帝国意識の温存を継承するものであった。

平和条約11条には、Japan accepts the judgements of the International Military Tribunal for the Far East and of the other Allied War Crimes Courts both within and outside Japan, と記し判決を受け入れたことのみ示され、日本の戦争責任については一言も記載されていない。冷戦と朝鮮戦争という対外的に不安定な環境のなかで、日本は国際復帰を果たした。米国主導の平和条約で戦争責任は問われず、一方で平和条約と同日に日米安全保障条約が結ばれ、以後70年以上も日本の外交政策を著しく制約しているため、外交の自主性は限定的な状態が続いている。

また、外務省は「判決を受諾」したのではなく「裁判を受諾」という意訳を使っている。日暮吉延氏は「『判決』だけを受諾したとすると、パルやレーリンクの反対意見や弁護側反証は排除され、日本に不利になるということだ。つまり外

務省 —— 西村熊雄の条約局 —— が国内向けに『意訳』したのは『裁判批判を含意する』ためであった」[263]と推測している。日本政府は東京裁判を内外に受諾したことは事実であるが、責任をなるべく認めないような、極めて姑息な姿勢に終始した。これが日本における戦争責任の問題を曖昧にさせただけでなく、戦後、国家指導者の責任を強く求めないような政治環境を醸成させてしまう事態を招いた。

第5節 象徴天皇制の定着

● 昭和天皇の残した課題

1990年5月、国賓として来日した韓国大統領の宮中晩餐会において、明仁天皇は「我が国によってもたらされたこの不幸な時期に、貴国の人々が味わわれた苦しみを思い、私は痛惜の念を禁じえません」と日本の責任を明確に述べ、中国に対しても同様な「お言葉」を述べた。これは明仁天皇の意思であるとともに、天皇をアジアに謝罪の特使として行かせ、曖昧な謝罪のお言葉のみを述べさせ、過去の日本との断絶を強調することによって、現在の日本資本の進出や国連を介した国際貢献が戦前の大日本帝国の侵略戦争とは異なるということをアピールするための外務省の新天皇政策の狙いであった[264]。

1994年に硫黄島を含む小笠原諸島を手始めとして内外に「慰霊の旅」を行い、全国戦没者追悼式で1995年（村山首相談話の年）から「ここに歴史を顧み、戦争の惨禍が再び繰り返されぬことを切に願い」の一節が「お言葉」の中に必ず入るようになる。歴史に対する反省というニュアンスの滲み出た文言である。「戦後70年」にあたる2015年には「平和の存続を切望する国民の意識に支えられ、我が国は今日の平和と繁栄を築いてきました。戦後という、この長い期間における国民の尊い歩みに思いを致すとき」「ここに過去を顧み、さきの大戦に対する深い反省と共に、今後、戦争の惨禍が再び繰り返されぬことを切に願い」

という形で新たな文言が加えられた。国民の主体的な営為によって、「今日の平和と繁栄」がもたらされたという趣旨が、従来以上に明確にされていること、「さきの大戦に対する深い反省」という言葉が初めて登場したことが重要である。他方、安倍首相の式辞では、2013年以降、アジアに対する加害行為の言及が姿を消してしまった。

● 「平成流」天皇制の展開と矛盾

昭和天皇の外国訪問は2回であったが、明仁天皇の訪問は51カ国に達し、皇室外交を積極的に展開した。国事行為は憲法に規定されているが、憲法の根拠がない公的及び私的行為、また天皇・皇后が出かける行幸・啓幸が大幅に増大した。天皇・皇后がめざしたものは日本国憲法に適合的な象徴天皇制の確立であり、NHK「日本人の意識調査」では皇室に対して1988年では「特に何とも感じていない」が47％、「尊敬の念を持っている」が28％だったものが、2018年には前者が22％と大幅に低下し、後者は41％に増加しており、明仁天皇への国民の強い支持が顕著となっている。

公的行為の無限定な拡大については憲法との矛盾が拡大している。戦後60年にあたる2005年に玉砕の島サイパンに続き、戦後70年にはパラオに足跡を印した。戦争体験の風化が進むなか、戦場にある「戦場の現実」にあらためて光を当てるかのように、象徴天皇の慰霊は国境を越えた。外国訪問は「政府が決める」との建前を踏み越えた形である。憲法上、政治的権能を否定される象徴天皇に求められる行動規範としては中立性、公平性、非政治性、非宗教性、非作用性などが挙げられる。それを思えば、歴史認識が内外で紛議の種となっている現在、海外の戦場への慰霊はかなり際どい、思い切った決断だったろうという意見[265]もあり、象徴という概念が揺らいでいる。

82歳になった明仁天皇は2016年8月8日に「象徴としてのお務めについての天皇陛下のおことば」として全身全霊で象徴としての務めを果たすことが難しくなり、生前退位する意向をにじませて、皇室典範改正が必要な政治的発言を行った。17年6月9日に「天皇の退位等に関する皇室典範特例法」が成立したが、

衆・参両院で「安定的な皇位継承を確保するための諸課題、女性宮家の創設等について」検討を開始し、その結果を両院に報告することを求める付帯決議が採択されている。この決議に基づき、安定的な皇位継承の在り方に関する有識者会議が設置された。報道（2021年12月7日）では、①女性皇族が結婚後も皇室にとどまる、②旧宮家の男系男子が養子として皇族復帰する、との2案で報告書を取りまとめるというものだが、女系天皇にはふれず、結論を先送りしそうな状況にある。

　戦後、明仁天皇と美智子妃の努力により国民に親しまれる皇室として生まれかわったものの、その実態は旧態依然としており、現状維持を強く求める意見もあるようである。ここで議論するつもりはないが、欧州の王室は時代と共に変化している。戦前の軍事国家を推進するうえで、天皇を軍事的シンボルとして利用してきた経緯を考慮すると、皇室を特別視し、変更を一切認めない守旧派が生殺与奪権を握っている日本の現状は理解できない。天皇主権から象徴へと大きく変わり、人権、自由という大きな変革があったにもかかわらず、皇祖皇宗を求める変わらないその心情に私は恐怖を覚える。表面的には民主主義を与えられた日本だが、政治的に皇室を利用し、自己変革ができない日本の将来が見えるようだ。

終章

アジア・太平洋戦争は
回避できたか

第**1**節 ┃ 戦争回避の可能性

　アジア・太平洋戦争の経緯を書き連ねてきたが、それを総括するうえで、果たしてこの戦争を回避することができたのかどうかを敢えて考えてみたい。私は最低3回、回避する機会があったと考える。

　第1回は1935年5月の広田外相の時代である。広田と蔣介石の日中交渉は、お互いの三原則の文面で平行線をたどっていたが、有吉明大使の助言に従って広田が華北分離工作を停止していたら、蔣介石は満州国を承認して日中の関係改善が図られ停戦が果たされる可能性があった。

　第2回は1937年10月頃のトラウトマン工作の時期である。近衛は結局1938年1月16日に「国民政府を対手とせず」の声明で自ら日中交渉の道を閉ざしてしまうが、これは近衛が中国に弱腰の対応は見せられないという単なる議会対策であった。

　日中戦争は、参謀本部の戦争停止の声に耳をかさず、大義名分のない戦争だったが「支那膺懲」の掛け声とともに国民大衆に好戦を煽り、戦線を拡大して南京事件を起こすことになった。蔣介石との交渉が軌道にのり、日中戦争が終結していたら、再度の世界大戦は起きなかったのではないか。1938年にヒトラーはチェコのズデーテン地方のドイツ併合を行い、この時点で日独軍事同盟の必要性を考え始めていた。しかし、日中問題が解決していたら、日本はこの戦争に参戦しなかった可能性はある。

　第3回は日米交渉が行われ、1941年6月22日の独ソ開戦によって三国同盟が有名無実になった前後の時である。米国は独ソ開戦前、一定期間の日本の中国駐兵を容認していたようだが、松岡は自分抜きの日米会談に反対した。独ソ開戦により米国は日本との交渉のハードルを上げたが、日本も三国同盟の前提要件を失っていた。近衛はそれを理解していたが、実際に動いた気配はない。米国との戦いは勝ち目がないことを全員が認識していたことを考慮すると、三国同盟の空洞化、東条の中国撤兵反対論を猶予期間を設定することで、抑えるこ

とができたら日米交渉は続いた可能性はあった。日米交渉がまだ続いているなか、1941年11月に破竹の勢いでモスクワに進撃したドイツ軍は、マイナス30度の大寒波に襲われ進撃は頓挫した。独ソ戦でドイツの苦戦が明確になった1941年末から42年初頭の時点で、日本は日米決戦を引き延ばした可能性がないとは言えない。

　勝手な想定をすれば、その後の歴史の展開は次のようになる。日中戦争はまだ続くが、中国内の国共内戦次第でどちらが勝利を収めるかが鍵となり、士気と農民の支持から共産党が勝利した可能性が高い。米国参戦によって45年5月よりも大幅に早いドイツの敗北があれば、ソ連の中国支援で満州国は解体されたのでは、とも予想する。

　日米戦は起きなかったが、英米はドイツに勝利し、日本は中国からの撤退を余儀なくされ、戦後の植民地解放の流れから朝鮮半島の統一独立が果たされる。日本は軍事力を保持するものの、英米の自由主義、民主主義の高揚で、天皇主権は時代遅れとなって国民主権に変更され、今の英国のような立憲君主制が確立するような状況になったのでは、と勝手に想像してしまう。

　戦後復興を評価する声は多いが、戦争にならなかったら原爆の投下もなく、戦死者も最小限に抑えられ、経済だけでなく軍事力も相応に保持し、相当な強国として国際連盟理事国として存在することができたかもしれない。日中戦争は続いたが、太平洋戦争は避けることができ、310万人の死者は大幅に軽減しえたのでは、と日本の戦前の行動を反省することで総括としたい。

第2節 戦後外交と民主主義の脆弱性

　今日、1933年2月に国際連盟の議場を松岡が堂々と退場して日本のマスコミが英雄と評した場面を見たりすると、世界の強国の一つとして世界と対等に渡りあう日本の存在感は極めて大きく、善悪を抜きにして日本の外交への世界各国の関心は極めて高かったと思われる。戦後、米国に一方的に追随している日

本の外交の存在感は極めて低く、世界各国からの関心を呼んでいない。

　昭和天皇が退位せず、自ら戦争責任を追及しなかったうえに、民主主義を米国から与えられた。基本的に米国に一方的に依存することになった外交力の低落が、国民の国内外の政治についての関心を失わせている。日常生活を毀損するような大きな問題がなかったこともあるが、結果的に政権の交代がほとんどない無気力な風潮が醸成されてきた。

　問題のある政治行動についても野党が弱いこともあり、人々の沈黙を許してしまっている。戦前と比してマスコミは第四極としてそれなりに健闘しているが、政治への関心を低くし、国民の愚民化は進んでいる。民主主義のチェック機能が効いていない由々しき事態に陥っている、と私は考える。

　さらに、日本の司法の弱さに懸念を感じる。戦争責任の項目でドイツと比較したが、ドイツの憲法裁判官は議会の特別多数で任命され、司法積極主義から違憲審査権を行使し、チェック機能を果たしている。一方日本は、最高裁判所裁判官の選考は内閣が単独で行い、議会が関与する余地はない。しかし実態は最高裁の意向を内閣が尊重する人事慣行が続き、民主的な手続きは機能していない。結果的に最高裁は違憲判決を出さない司法消極主義に徹し、非政治的裁判所として振る舞ってきた[*266]。内閣の関与を回避することから司法の独立を守るため、司法消極主義に徹するということは、内閣に忖度することを自ら許し、司法が制度的に脆弱な立場に置かれて、チェック機能が働きにくいことを意味する。

　米国は三権分立が憲法で制度的に確立していて、大統領選挙に次いで最高裁判事の任命は国民の最大の関心事である。今日、中絶の是非をめぐって世論は二分されているが、私が米国で生活していた1990年ころには、日本との大きな違いに驚いたことをよく覚えている。

第**3**節 ｜ ロシアのウクライナ侵略と戦争否認への疑問

　本書を書いている2022年2月にロシアによる一方的なウクライナ侵略が起きた。戦後、朝鮮半島、ベトナム等の開発途上国での地域紛争があり、米ソによる東西冷戦はあったものの、大国ロシアのプーチン大統領が隣国ウクライナに突然の侵略を白昼堂々と行うという、まったく想像できないことが起きた。戦後77年を過ぎ、文化交流、情報化の加速、経済のグローバル化が進展して国境・国籍の意識がなくなり、人権への意識が高まりつつある状況のなかで、長年続いている紛争地域は別にして、武器を使って堂々と他国を物理的に侵略するような戦争と虐殺は21世紀には起こらないと私は思っていた。

　ロシアによる他国への一方的侵略が行われた事実に驚くとともに、一般庶民までも虐殺され戦争が身近に存在する事態に陥り、文化・文明が発達しても人間の愚かさは変わっていないことにショックを覚えている。またロシアのウクライナ侵略に国際連合が機能していないことも衝撃であった。日本による満州事変など国際動乱の危機での国際連盟の無力の反省から、戦後に国際連合は発足した。しかし現在、国連は意見が大きく分岐・分裂し全く機能していない。

　こうした世界的状況の中で、平和ボケしている日本でも、これに呼応して核の共有を唱えはじめる政治家も現れ、反撃能力保有、防衛費GDP2%などと政治は混乱し、憲法の改正で自衛隊の存在を明記するような意見も噴出している。

　石川健治氏は、平和主義へのコミットメントが戦後一貫して、憲法を支える国民的地盤であったことを軽視すべきでないと言う。「9条に代わる制度を支える『意志』がこの社会になければ、改正論議は空理空論に過ぎず、せっかく作った新しい条文も、絵に描いた餅に終わってしまいます」と述べ、制度の変更で何が損なわれ、新しい制度が確実に機能するのかその責任を自覚する必要があるとして、理念なき安易な改正議論に警鐘を鳴らしている。しかし、一方で憲法の改正もせず、近衛文麿は大政翼賛会を結成して、国民総動員体制を確立した。その実体は立憲主義を捨て、国防目的の国家に切り替えた憲法革命であり、

ナチスもワイマール憲法の条文を改正せず立憲主義を否定したと、石川氏は憲法を改正せずに制度の変更が行えるとも言っている*267。ロシアでは80％あまりがこの戦争を支持しているという調査もある。検閲の強化で国民は真実を語れないことが背景にあると言われているが、これだけ情報化、IT化が進んでも、偏ったフェイクの情報を信じこませることによって為政者は制度の縛りはあっても、その勝手で強固な意思で何でも行える怖さももっていることを、併せて知ることになった。

　戦争の悲劇をずっと調べていた身として、戦争だけは絶対回避しなければと思っていたが、プーチンのこのあまりにも理不尽な行為は絶対許すことはできず、侵略当初、自分も義勇兵として参加してもよいような気持ちになったこともあった。1941年6月22日の152個師団360万人の部隊を使ったヒトラーのソ連攻撃は、電撃戦を想定して冬前に敵を粉砕すると見込んでいた*268。プーチンも同様に電撃作戦でウクライナの首都キーウを1週間で占領できると踏んでいたようだが、戦争を開始して1年以上経過した現在、戦線は膠着状態から、いま戦車戦に突入しようとしている。

　プーチンの侵略意図が少しずつ明らかになり、ソ連崩壊に伴うロシアの再興とウクライナのロシア陣営への引き留め、米国バイデンの思惑、世界各国のそれぞれの利害に伴う分裂が判明してきた。これに伴い世界的な原材料の高騰と食糧物資の不足が起こり、今日、世界は未曾有の混乱状態になっている。ウクライナ・ゼレンスキー大統領の「断固として戦う」との表明で、20％台だった支持率は80％を超えたという。米国を筆頭にした西欧の武器の支援もあり、戦争を始めたロシアと受けて立つウクライナも戦争の落としどころで一致せず、この戦争は容易に終わらない。この戦争で一番の被害者は戦争当事国同士の弱者である。この戦争が続けば続くほど、弱者と貧しい国の経済的困窮が日に日に増大していく。米国ではこの戦争への関心が5％以下に低下したとの報道があるが、戦争がマンネリ化して世界中の関心が薄れることを、私は強く危惧する。

　戦争が起きて1年が経ち、様々な議論が出てきた。豊永郁子氏は憲法9条の平和主義とは「冷戦時代、平和主義者たちは、ソ連が攻めてきたら白旗を掲げるのか、と問われたが、まさにこれこそ彼らの平和主義の核心にあった立場な

のだろう」*269 と戦わないことの重要さを説き、プラハとパリは無血開城することによって破壊を免れたと、降伏する意義を強調している。

満州事変の時、張学良も若干の戦いは行ったものの、無用な戦いを回避した結果、傀儡国家である満州国の設立を許した。この立場にたつならゼレンスキーも即時降伏し、プーチンの軍門に降ることを意味するが、ウクライナ国民の大半は戦うことを望んでおり、あらゆる状況の下でも平和主義が通じるのかとの問いに、すぐに YES と答えることはできないと感じる。

私は、戦争に絶対 NO! と言い続けて非暴力を無条件に信奉していたが、この戦争（ただし当初プーチンは特別軍事作戦と言い、満州事変、日華事変と事変と称して戦争を否定した日本と全く同じ）勃発に困惑している。国が鼓舞する愛国心とかナショナリズムを嫌悪しているのは単なる反抗心だけではないのか。理不尽な戦争を一方的に仕掛けられたら戦争 NO と言い続けて逃げるだけでいいのか？人間がかくも愚かなことをしてしまうということに傍観者として忌避するだけでいいのか？という疑問が起きる。平和を常に優先させることは当然だが、一方的に攻撃されて正義を貫くうえで他の手段がなくなった場合は、武力は許されるのでは？と思いはじめている。戦争の原因を調べれば調べるほど、戦争は理屈で起きるのではなく、人間の愚かな意志と勝手な利己心で起きることがわかり、これはウクライナ侵略も全く同列である。戦争は絶対に起こしてはならないと金科玉条的に考えていたが、世の中はそれほど単純ではないことが今は理解できる。

満州事変及び太平洋戦争は自衛戦争だったとの意見が強まる中、ロシアによるウクライナ侵略は、戦前の日本が戦争に訴えた軍国主義を冷静に検証し、明らかに誤っていたということを再検証する好機だと思う。戦前も引きずられるように戦争に訴えることが起きていた。強い自我の確立、過去の歴史を教訓にした柔軟な思考、不合理になった制度や行動を改める勇気、機敏な対応が必要だということを知っただけでもプラスだったと思う。

補論

戦争責任について考える

● はじめに

　戦前の軍国主義時代においては貧困家庭の数が絶対的に多く、国家と軍事優先で、個人の自由がほとんどなかったことを思うと、戦争直後に生まれた団塊の世代である私は徴兵にとられず、国のために命を落とすこともなく、飢餓から解放され、平和にどっぷり浸かり、幸せを享受してきたことに感謝しなければならないと思う。これは敗戦で国土・国民が徹底的に叩かれ、米国が関与した戦争放棄を謳う新憲法の制定、米国の経済援助、米国の傘に守られていることが大きいと思われる。しかし、アフリカの多くの国々とアジア、中近東及び欧州の一部では平穏な生活とは隔絶した日々を送っている人々がまだ多数いることを同時に認識していなければならない。

　世界全体で文明、技術の格段の進歩、戦争道具の飛躍的な進歩による抑止力の高まりから、平穏な生活を送っている人々が圧倒的に増えたことは事実であり、日本だけがその恩恵にあずかっているわけではない。世界的に間違いなく生活の向上は図られたが、経済の低成長化に伴う経済格差拡大による貧富の格差と分断、人類の多消費・多生産活動に伴う二酸化炭素発出に起因した温暖化による気温上昇という弊害が大きくなっている。これまでプラスとマイナスを比較すれば明らかにプラス要素が大きかったが、しかし今後、マイナス要素がどこまで日常生活を脅かすか、楽観できる状況にはない。

　これを書いている2022年2月24日に、ロシアによるウクライナ侵略という戦後最も大きな戦争が起き、これがどのように終結し、その場合の世界情勢がどのようになるのか皆目見当がつかず、楽観的な立場で常にいられないことになった。日本の日々の生活を考えると、まだ相対的に安穏なことが今後も当分見込まれる。しかし、民主国家とロシア、中国を代表とする強権国家との分裂が大きくなっている。日本の安定は米国の核の傘に守られた一方的な依存という環境によるから、近年特に近隣諸国との不安定な関係が危惧される。米国が絶対的な大国で、日本はその傘に頼っている図式は今後とも続くとは限らない。貿易でしか生きていけない日本の宿命として、海外諸国との平穏な関係を維持するためには、まず近隣諸国との絶対的に安定的な関係を構築する必要がある。

政治家は未来志向という言葉を安易に使うが、その際、過去を直視して戦争責任を含めた歴史認識の共有は極めて重要である。これを直視しない日本の政治家が多くなっていること、さらに最近の右傾化の流れは危険な兆候だ、と私は見ている。

第1章 | ドイツの戦争責任への対応

第1節 | ドイツと日本の比較

　ドイツと比較するのは、地政学的、文化的、歴史の違いなどの大きさからして意味がないという意見もあると思われる。しかし、同じ敗戦国として戦後どのような対応をしていたかの比較は、同時進行的に世界が動いている現在の状況を考えると極めて意義深いだろう。ドイツと比較することについて西尾幹二氏と熊谷徹氏の著作を比較参照してみる。

　西尾幹二氏はドイツ文学者であると同時に、保守右翼の論客として有名である。「第一次世界大戦で世界が初めて味わった全体戦争の恐怖と空虚、それがそれとは正反対の戦間期における中産階級の繁栄と消費と平和のムード——この両方を東の涯にいた日本は経験していなかった。そして『世界』というものが分からない、恐れ知らずの田舎者意識で、国際的協議の舞台に五大国の一つとして登場し、主張し、挫折した。ドイツは全体戦争の恐怖を知り、繁栄社会の平和ムードのほうを知らない。それでいて日本と同じく30年代の平和の攪乱者となった」[*270]と記し、全く異なった道筋を経験したドイツと日本の問題は分けて考えるべきと主張している。確かに第一次世界大戦でドイツは、1915年ルシタニア号事件で乗船客の半分以上の1198名を死亡させるなど数多くの戦争犯罪を起こし、戦後ヴィルヘルム2世が訴追される事態があり、国際法によって断罪された経験がある。

　ヒトラー政権成立以後には「ドイツ国防軍兵士の十戒」を制定して独軍行動

原則で国際法の原則を守るような規則を作り、第一次世界大戦以降全く異なった環境になったことは事実である。さらに、西尾幹二氏の考えの根本には、ナチスの大量殺戮は、通常の戦争犯罪ではないが、日本は通常の戦争犯罪を行ったに過ぎない、という認識がある。

またワシントン会議は、中国での権益を拡大しようとした日本を阻止しようとした米国が日本を「列強の審判廷に引き出される被告」（後藤新平）とし、日本の脅威を抑えるための会議であったとこき下ろしている。中国についても米国より日本のほうがずっと深く多角的な目で中国に起こり得る危険な可能性を考えていたとし、米国が中国問題に関してより寛大であったら、毛沢東の中国支配は起こらなかったと述べ、米国は自国本位に行動プランを作り、日本を戦争に追い込んだ[*271]と西尾幹二氏は主張している。対華21カ条要求から始まる日本の中国への権益拡大と侵略に触れてはいるものの、その因果関係について言及せず、米国の勝手な日本の権益拡大阻止によって日本は戦争に追い込まれたという、自衛戦争論に近い論理を展開している。

ドイツの計画的な大量虐殺でユダヤ人だけで600万人が死亡した。戦争の期間は日本の方がはるかに長いが、日本も中国の1000万人を含めて全体で2000万人近い兵士と市民を殺害している。虐殺は、兵站を無視して現地調達を基本に戦線を進めていく飢餓と対になっている戦闘方式に起因していて、中国だけでなく、アジア、南洋諸島でも行っている事実は重く、通常の戦争犯罪として日本の戦争行為を正当化する考えには理解に苦しむ。

さらに敗戦40周年の1985年に連邦議会で行った有名なヴァイツゼッカー大統領（父親はヒトラー政権の時に外務次官だった）の「過去に目を閉ざすものは結局のところ現在にも盲目となります」という演説について、西尾幹二氏は集団の罪を認めず、個人に罪を転嫁して言外にナチにその責任をなすりつけ、自分に関係ないという主張を言外に秘めていると強調する[*272]。「ドイツ民族がユダヤ民族に対して行った絶滅政策を真に反省し、清算するなら —— 道徳上の論理を突き詰めるなら —— ドイツ民族の絶滅を容認せざるを得ないであろう。その恐怖が『集団の罪』は存在しない、という必死の自己防衛の言葉になって表れているのである」としている。ヴァイツゼッカー演説を欺瞞と書いてい

るのでその内容に注目したが、「罪は個人的で、集団的ではない」[273]を主張するだけで、意味不明の内容となっている。

　一方、日本は「一億総懺悔」で集団の罪を認めたが、別の面では「集団の無罪」を主張しているとして、ドイツの犯罪とは根本的に異なり謝罪は必要ないと暗に主張しているようである。結局、「『旧日本軍は自衛とアジア諸国のために戦ったのだ』という考えを、日本では公の席で、もっと公然と語って少しも不思議はないだろう」[274]というのが彼の本音である。

　後者の熊谷徹氏はドイツ在住のジャーナリストであり、2008年3月18日にメルケル首相がイスラエル議会で「I most firmly believe that only if Germany accepts its enduring responsibility for the moral disaster in its history will be able to build a humane future. Or, to put it another way, respect for our common humanity is rooted in our responsibility for the past.」（ドイツ連邦政府ウェブサイトから引用）という過去に対しての責任を強調するメルケルの発言から、その著述を始めている[275]。ドイツとイスラエルの間には犠牲者数について意見の不一致はないが、これは「ドイツとイスラエルは数字だけにとらわれず、ドイツ人が多数のユダヤ人を組織的に殺害したという本質を重視して、ドイツが責任を全面的に認めて和解し、両国の間に良好な関係を築くする大同に就いた」と見ている。

　1952年にアデナウアー首相とイスラエルのシャレット外相との間で補償に関する「ルクセンブルク合意書」に基づいて、ドイツは2011年までに708億ユーロ（約10兆円）を支払い、被害者遺族が生きている限り補償を続けている。戦犯についても、日本の司法は残虐行為に加担した人物の刑事訴追を自ら行わなかったが、ドイツはユダヤ人虐殺などに関わった人物の刑事訴追を続けている。ドイツは、上官の命令であっても自然法に違反する疑いがある非人道的な命令については拒否するべきだというのが司法界の原則である。「集団の罪」という考え方を否定するドイツ人たちは、ナチスの時代に市民1人1人がどう行動したかを基準にして「個人の罪」を追及する。一方、日本では上官の命令と義務を重視する傾向が強く、「個人の罪」や「非人道的な命令にそむく義務」という考え方はなじみが薄い[276]と熊谷徹氏は述べている。

ベルンハルト・シュリンクの著書で世界的にベストセラーとなり、映画化もされた『朗読者』（新潮社、2000年）という本がある。15歳の主人公が36歳の年上の女性と恋仲になるが、彼女はある日突然行方をくらましてしまう。大学生となった主人公がようやく彼女と会うことができるが、それはナチスの戦争裁判所の法廷でである。彼女は強制収容所の看守をしており、その罪を全面的に認めたことから裁判で有罪となり、被告のなかでも最も厳しい無期懲役刑となる。刑務所に入った後、模範囚ということで18年目に出所することになり、その前に再会するが、その直後に彼女が自殺するというストーリーである。1995年に出版された本だが、まだ戦争犯罪の追及がドイツで続けられていたことがわかる。戦争犯罪について日本では死語となっているが、戦後50年すぎてもドイツでは戦争犯罪が問われている事実は重い。ドイツの大企業のシーメンス、BMW、フォルクスワーゲン等は強制労働に伴う賠償と「過去の過ちから目をそむけない」という姿勢で、その事実を公表している。

　熊谷徹氏は、ドイツは歴史教科書の内容について周辺諸国と相互に吟味する作業を続けてきた。放送をめぐる問題でもドイツでは政治家の公共放送への介入を禁じる判決を出し、放送局の独立が重視されている。さらに歴史認識についても周辺諸国と深刻なトラブルを抱えず国益を考慮して歴史リスクの軽減に努めてきた[277]、と述べている。しかし戦前、戦中を断ち切ったドイツに反して、日本は戦前と継続性がある。ユダヤ人の被害者数については600万人でドイツとイスラエル人との間で合意しているが、南京事件で殺害された人数は中国側は30万人、日本の保守派は犠牲者を数千人から数万人と主張していて、大きな意見の相違がある。戦後の努力については日独に大きな違いがあるが、私は歴史を直視し、常に贖罪意識を持つドイツに軍配をあげたい。

┃ 第2節 ┃ 戦後ドイツの贖罪の歩み

　大沼保昭氏は「2000年にはナチス・ドイツによって強制労働に従事させられた東欧の人々への道義的・政治的責任を果たすため、100億マルクの『記憶・責任・未来』基金を作りました。基金は、ひとりあたり約30万〜80万円、全部で約

170万人の被害者に総額7000億円の補償金を支払った」[*278]と強制労働に関連して記している。高橋哲哉氏もまた「ベルリンではとくにそうだが、ドイツを歩くと至るところで、ナチズムの犯罪の跡地を『記憶の場所』として保存しようとする企てにぶつかる。歴史の頁をめくろうとする動きが強まっていることも事実だが、過去の誤りを認め、できる限り償いをしようとする姿勢がある程度は公的に確立されており、強制労働被害者への補償交渉もそんな中で進められている」[*279]と記している。

　一方の日本は、世界遺産の登録で長崎の「軍艦島」や佐渡の「金山」で実際にあった強制労働についての事実を曖昧にした。小池百合子東京都知事が関東大震災での朝鮮人虐殺追悼式典に追悼文を送るのを5年連続で行わなかったとの報道もあったが、過去を直視しない日本の為政者の一連の対応は理解しがたい。小池知事の震災のすべての犠牲者に哀悼の意を表すとの説明に対して、武井彩佳氏は「人種や民族を理由に理不尽に殺害された人々と自然災害によって命を落とした人々を同じカテゴリーの中に入れてよいのでしょうか」[*280]と歴史修正主義のレトリックだと非難している。

　この大きな相違についてはドイツと日本が置かれた地政学的な違いもあり、ドイツは周りの諸国との良好な関係を維持することに国の存亡がかかっていた。日本は中国の共産化、朝鮮半島の分裂もあり、一方的に米国の庇護のなか、自国優位の意識がいまだに続いていて、しかも周辺諸国との関係を重視しなくても外交上大きな問題にならなかったことも起因していると思われる。

　しかし、それ以上に大きいのはその残虐行為の大きな違いである。ドイツは組織的、計画的しかも冷酷にユダヤ人を虐殺した。一方、日本軍は稚拙で兵站を軽視したずさんな侵略計画から現地調達を基本としたため、幹部は民間人への一方的略奪、虐殺を容認したが計画的な虐殺はなかった、と強弁している。過去を直視することを忌避するだけではなく、政府の難民問題の閉鎖的な対応を見ていると、日本人は全般的に人道及び人権感覚が低く、極度に閉鎖的な国民とみなされているのでは、と心苦しくなる。

　山口定氏は「ドイツ人については『人道に対する罪』が、占領終了後も自国民の手によって『ナチ裁判』として追及され続けたのに、日本については本書の

粟屋論文が指摘するように、東京裁判の中でもこの『人道に対する罪』が独立した訴因としてとりあげられなかったことは、ナチズムと日本軍国主義には決定的な相違があり、日本にはナチスが行ったような残虐行為はなかったとする判断が戦後日本に広がることに大きく寄与したと考えられる」[281]とした。確かにこのような視点から、西尾氏を筆頭に保守派はドイツと日本とはその虐殺の方法に大きな違いがあり、日本の一連の虐殺行為を通常の戦争犯罪であると自己弁護し、これに賛同する意見が大きな影響力を保持している。

戦後70年の2015年8月15日に、安倍元首相は「私たちの子や孫、そしてその先の世代の子供たちに、謝罪を続ける宿命を負わせてはなりません」と述べ、過去の歴史問題を決着させようとした。この談話は「負の遺産を解放した」と一部マスコミ及び右翼を中心に高く評価されたが、ヴァイツゼッカー、メルケル演説との違いの大きさに愕然とした記憶がある。ナチスの犯罪と比較するのは無理があるが、日本軍が多くの民間人を虐殺したことは事実であり、その罪は許されるわけではなく、責任をもって謝罪する気持ちを常に持つことは当然であろう。

ドイツ首脳には終わりなき責任の観念は定着していて、ワルシャワで開かれた第二次世界大戦開戦80周年の2019年9月1日に、シュタインマイヤー大統領は「No, the past is not over. On the contrary, the further back this was lies, the more important remembrance becomes. A war ends when arms fall silent. But its impact is a legacy that lasts generations. This legacy is a painful one. We Germans accept it and pass it on.」と述べ、スピーチの最後に「I look gratefully to the Polish people's fight for freedom. I bow in grief before the victims'pain. I ask for forgiveness for Germany's historical guilt. I recognize our enduring responsibility.」(ドイツ連邦大統領府ウェブサイトから引用)[282]と戦争(歴史)責任に対して常に真摯に向き合っている。その崇高な姿勢に真実を見出せられる。

第2章 歴史認識問題と近隣諸国との関係

第1節 日韓関係

日韓両国の深い溝

最初に考慮しなければならないのは日韓関係であるが、極めて複雑かつ多くの問題があるので、ここでは問題点を要約して記すことにしたい。

日本の韓国の植民地統治についての見解は、日韓で大きく分かれている。強制労働、慰安婦についても、戦争中のこのような行為は日本だけの問題ではない、とその行為を正当化する保守派を中心とした政治家や右派系ジャーナリストの影響力は大きい。文化的・経済的交流がこれほど緊密になっているにもかかわらず、日韓関係がなぜこうもうまくいかないのか理解に苦しむが、一番問題なのはお互いに冷静な議論ができない環境にあることだと私は考える。

竹島問題、朝鮮半島分断の日本の間接的関与への不満、朝鮮戦争による日本の戦争特需に伴う一方的な経済復興への恨み、植民地時代の統治への不満、特に皇民化政策による日本文化・生活方式の一方的な強要、創氏改名などは、朝鮮の人々にとって自己のアイデンティティそのものを否定するものであった。さらに、豊臣秀吉による朝鮮半島侵略、国王妃閔妃の殺害時に朝鮮特命全権公使の三浦梧楼が関与したこと等、日本への不満は数限りなくある。加えて、韓国は光州事件から「民主化」を大変苦労しながらも独自の闘いで勝ち取ったが、日本は米国から「民主化」を与えられたことに対する、韓国人の自国歴史への自負心も大きいと思われる。

一方、日本の嫌韓意識も極めて大きいものがある。たとえば、明治維新の功労者で初代総理大臣になった伊藤博文の安重根による暗殺、戦前の朝鮮人への蔑視風潮、関東大震災での在日朝鮮人虐殺とそれを否定する言説、1965年国交回復に伴う韓国経済への当時としては大きな援助への問題などである。

身近な問題で言えば、シンガポール、英国に生活した経験があり、国際的な

感覚がそれなりにあった私の母親（1921年生まれ）が、朝鮮人については理由もなく嫌悪していて驚いたことがある。これは戦前の日本の教育に原因があったのではと私は考えている。日本人の自国優位、閉鎖的な観念がまだ強いこともあるかもしれないが、韓国人の嫌日に対する反作用も大きいと思われる。

● 日韓基本条約についての意見不一致

日韓関係を考慮する際に最も検討が必要なのは、1965年に結ばれた日韓基本条約の問題である。同条約は正常化交渉に14年も要したように、日韓両国に強い反対意見があり、極めて難しい交渉であった。請求権については、1992年3月の衆議院法務委員会で武藤正敏外務省アジア局北東アジア課長が、『協定』2条1項で日韓両国及び国民の財産及び請求権が「完全かつ最終的に解決した」ことは確認している。が、これは財産権・請求権について国家として有している外交保護権を相互に放棄したことを確認するもので、個人の財産、請求権そのものを国内法的な意味で消滅させたものではない、と答弁している。
「協定」では韓国人の請求権は消滅していない。しかし、『協定』2条3項には、署名した日に日本の管理下にある財産・請求権に対してとられる措置について、大韓民国は今後どのような主張もしないという内容の規定があり、日本は「国内法」（法律144号）を定めて日本の管理下にある財産の処置を決めている。この「国内法」で日本国内にある韓国人の債権などが消滅した。韓国人の請求権の消滅は「協定」ではなく、日本の国内法で行われたのである。国家がこのように「国内法」で他国民の権利を放棄できるのか、争点が残る。難しい問題であるにもかかわらず完全に解決したという日本の強弁には確かに疑問が残り、韓国人が納得しないのは理解できる。ただし、韓国政府は1971年と74年に「対日民間請求権申告法と補償法」を制定し、軍人、軍属及び徴用された労働者で戦前に死亡した遺族8552人に30万ウォン（19万円）が支払われた、ことも事実である。一方で、1990年代に一部の日本企業相手に徴用工への未払い賃金や賠償で裁判が起こされ、和解が成立したこともある[283]。日本が韓国人に関係する問題を一方的に国内法で決めていいのかという問題はあるが、韓国政府が

合意した外交協定とは別の最高裁判決が下される、など第三者からみて判断が難しい。

　しかも日韓基本条約は米国の強い要請で両国が生煮えの状況で調印された背景があるうえに、その時点で両国の経済状況に大きな差があり、韓国の独裁政権が国民の意見を無視したうえで強引に条約を結んだ背景がある。条約交渉に日本は上から目線の優越感と無反省で会談に臨んでいて、5億ドルの供与は経済協力であり、賠償とはいかなる関係もないと強弁していた。協議の途中で、日本の久保田首席代表が「植民地統治にも良い面があった」とする発言等で協議は紛糾することが度々あり、両国の溝が深いまま結ばれた経緯から、今でも両国の関係改善が図られない根本原因となっている。

　韓国側として極めて不満が残る状況のうえに、80年代以降の人権意識の高揚から徴用工、慰安婦問題、さらには不本意な日韓基本条約と、韓国側のフラストレーションは高まっている。このような状況のなか、両国合意を盾に一切交渉に応じない日本の姿勢は両国の関係改善を図ることを難しくしている。

● 日韓併合条約、慰安婦、徴用工問題

　日本の韓国侵略は1700年前の神功皇后の三韓征伐から始まっており、山縣有朋は朝鮮半島を「利益線」と認識して進出を虎視眈々と狙っていた。朝鮮は久しく中国とは「属国自主」の関係にあった。1894年に始まる日清戦争の主因は、「清韓宗属」の論争にあったと陸奥宗光は『蹇蹇録』で評しているが、日本の勝利で清と朝鮮の宗属関係が終焉した。

　1895年に妻の閔妃を殺害された高宗は、1897年に大韓帝国の皇帝となったものの財政難に陥っており、日本に借款を求めていた。ロシアは1900年の義和団事件に乗じて満州に進出した。高宗はロシアの仲介によって大韓帝国の局外中立化を画策し、ニコライ2世は大韓帝国の独立と局外中立を支持した。ロシアに助けを求める高宗と保護国化を進める日本との対立は決定的となり、日本が1904年2月8日、軍事行動を開始して大韓帝国をめぐる日露戦争が起きる。

　日本がソウルを軍事制圧したなかで、同年1月からはじめていた日韓密約交

渉により、2月23日に日韓議定書が調印された。その後3次の協約を経て1910年8月に日韓併合条約は調印される。1905年には、日本の大韓帝国の保護国化を承認する桂・タフト協定が結ばれた。日露戦争での満州の新たな権益確保や朝鮮半島の導線維持だけでなく、ポーツマス条約で日本の朝鮮における政治・軍事・経済上の利益を認め、朝鮮の支配を容認する内容だったのである。米国は日本が韓国への優越的な支配権を持つことを認めており、英米は併合を実質的に認める形となった。それから35年間、朝鮮半島は日本の植民地支配下にあった *284。戦後の日韓基本条約の交渉では、当然ながら韓国側は強制的な併合だと主張し、基本条約の締結の際も日韓併合を「もはや無効 already null and void」だとしたが、玉虫色の決着となった。

1990年代に河野洋平官房長官が慰安婦の強制を認めて謝罪し、細川護煕、小渕恵三、菅直人首相はそれぞれ謝罪の言葉を述べている。それ以前の1983年には全斗煥大統領の要求にこたえて、中曽根首相が安全保障協力として40億ドルの援助を行い、それ以外にサハリン残留朝鮮人、朝鮮人原爆被害者に補償も行っている。

慰安婦問題については、1995年村山富市内閣が「アジア女性基金」を設立し、謝罪と補償が行われた。さらに2015年に慰安婦問題の「最終的かつ不可逆的な解決」を両国が確認し、日本は軍の関与と政府の責任を認め、韓国が設立する元慰安婦の支援団体に10億円を拠出した。ところが韓国内では解決内容に反対運動が起こり、2018年に文在寅政権は財団を解散させた。大沼保昭氏が「2011年に韓国の憲法裁判所が、元慰安婦への賠償請求について韓国政府が日本政府と十分交渉しないのは違憲であるという決定を下しました。さらに（中略）大法院は、2012年に、戦時中に強制徴用された元労働者の日本企業に対する個人請求権は消滅していないとする判決を下しました」「これは1970年代頃、とくに80年代から欧米先進国を中心に『人権』（中略）への考慮が、他の価値とそれにかかわる判断への考慮に優越して扱われるようになってきたことにかかわっています」「きわめて深刻な人権侵害があった場合は（中略）被害者救済をすべきだという判例が出てきている」とする一方で、大沼氏は「国家間で条約を結んで問題を解決することの意義が揺らいでしまうからです」 *285 と述べて

いて、微妙な問題であることが理解できる。

2018年10月に「元徴用工問題」で韓国最高裁の日本企業に賠償を命じる判決が確定したが、2021年6月ソウル中央地方裁判所は同種の訴訟で原告の賠償請求権について1965年の日韓請求権協定の適用対象だとして訴えを却下した。元徴用工判決の背景には日韓併合が不法であるという考え方が韓国にあり、個人請求権は消滅していないという判断がある。一方で外交問題に対する「司法自制の原理」があり、国家間の合意が優先するという意見もあり、韓国内でも意見の分岐がある。両国が合意した事項を韓国での意見の相違から問題が再燃する事柄も多く、最終的に解決することを難しくしている。日本側のいらだちもわからないではないが、強制労働等は金銭より感情の問題でもあり、常に対話の窓口を開いておく姿勢が重要である。「ボールは韓国にある」という通り一遍の日本側の一方的な姿勢では問題は解決しない。現実に1965年以降も協定以外の補償をしていて「完全かつ最終的に」解決されたとした日韓協定の取り決めを、日本自らが破ったことにもなる[*286]。

● 私の意見

個人としては日韓関係の悪化に大変苦慮している。植民地支配の是非について韓国人は許していないが、19世紀の欧米の帝国主義による植民地支配の流れから山縣有朋が利益線を朝鮮半島に求めたことについては、欧州各国による中国の植民地化の流れのなかで日本側のあの時代の判断と行動としてはやむをえなかったと認識している。結局、朝鮮人の意に反して、しかも強制的に韓国併合したことに問題はあるが、ソ連との確執から朝鮮を植民地にしたことは当時の世界情勢では許されることと考える。

これを否定されると議論が始まらないが、第一次世界大戦で民族自決の方向が決まり、植民地支配について国際世論が認めなくなる潮流のなかで、1910年から45年まで続いた日本の植民地支配の仕方が、例えば英国のインド支配、フランスのインドシナ支配等との比較で適切であったかどうかというところから議論する必要があるのではないか。次いで、第二次世界大戦後、植民地は許

されなくなる状況で、日韓国交正常化の協議の方法、内容が対等で適切であったかどうかを吟味しなければならない。日本は韓国の要請した賠償に応じなかったが、相当譲歩して当時の日本の経済力に相応する経済援助をしたと私は理解している。が、交渉の時点で韓国の自尊心を傷つける発言が結構あり、植民地支配が許されなくなった環境下で、韓国人の心情を理解した大人の対応ができなかったことから、両国のボタンの掛け違いが始まったと思う。

ドイツとの対比でもその行為の違いは無視できないが、韓国人の立場、日本人と違って自己主張と自負心が強いその国民性を理解して、十分なコミュニケーションができたのか疑問に感じており、分断で経済的にも困窮していた韓国の事情をもう少し配慮する知恵がなかったのか悔やまれる。

2022年夏、私はパリに駐在している息子のところに行った。欧州で現代グループの自動車販売台数は4位で、家電でもLG、サムスンが圧倒的な存在感がある。一方、トヨタは6位で、ソニー、パナソニックの家電も韓国製の背後に置かれるような状態であった。欧州では好評な日本食を除いて韓国の存在感が圧倒的に増していて、これが今の日本の置かれている状況だと実感した。

個々人の能力を生かして日本より成長力を増している韓国との関係改善はお互いの弱みを消し、相乗効果が見込めて重要である。まず日本が大人の対応で戦前の統治、強制労働、慰安婦の問題について韓国の世論にもう少し配慮することが必要であることは論をまたない。反日が定着している韓国、一方右傾化が進む日本の世論を動かすのは容易ではないが、これからお互いの誤解を解き交流を高められる方法として「客観的にものごとを理解するためには過去の歴史を直視する必要がある」という方針のもと、日本及び世界の近現代史の教育を重視するような方策が必要だと考えている。

2022年4月から「歴史総合」という新科目が高校の必修科目となった。歴史学者の成田龍一氏が「戦後の歴史教育の大きな転換になる可能性を秘める」と言っているように、世界史と日本史に分かれていた歴史科目を18世紀以降の近現代史として学ぶ科目である。日本学術会議が提言したようで、文部科学省も近現代史を学ぶことを重視しているのは歓迎である*287。一方で『朝日新聞』の報道では、教科書が政府見解に沿い修正されたとの記事もある。「強制連行」

を「強制的に動員」又は「徴用」に修正させ、「従軍慰安婦」を単に「慰安婦」に修正させた。『朝日』は多様な見方を奪わないようにと批判している。歓迎する方針とは別に、同時にこのように問題のある政府の動きは、戦前の1925年に普通選挙法の実施と治安維持法の制定を同時に行ったことを思い出させ、政府は常にこのような正と負の両面を使い分けていることにもどかしさを感じてしまう。

最後に教科書検定については「教科書検定官は強姦の多発という日本軍に固有の問題をあえて無視したうえで、普遍性だけを強調し、それを日本軍の戦争犯罪を免責する論理に転用しているのである」[*288]と吉田裕氏は述べている。アジア・太平洋戦争の事実に正々堂々と向き合わず、姑息な形で日本の戦時行為を正当化するような方法で、果たして世界から理解されるのかと問いたい。地政学的に最も密接な関係にある日韓両国。率直で密なコミュニケーションがあらゆるレベルでも必要と考える。

北朝鮮については、テッサ・モーリス゠スズキ『北朝鮮へのエクソダス』(朝日新聞社、2007年)を読んだ。「地上の楽園」と思って移り住んだものの、あまりにもかけ離れた現実の北朝鮮の生活を強いられている人々を思うと心苦しい。移り住んだ人が9万3千人にのぼると聞いているが北朝鮮との交流がない現状で、皆どのように暮らしているのか隔靴掻痒の思いがする。

帰国事業は日韓基本条約を交渉しているときに始まったわけであるが、困窮した在日朝鮮人が帰国を望んだ背景はあるものの、在日朝鮮人を朝鮮半島に返したい日本政府の意向が大きかった。2002年に小泉純一郎首相が訪朝して「日朝平壌宣言」が発せられ、植民地支配を謝罪し経済協力を表明し、北朝鮮は拉致を公式に認め謝罪したが、現在、ミサイルを発射し続けている北朝鮮との交流、南北合体も夢の話となった。

| 第2節 | 日中関係

北村稔氏は著作で「1905年9月にポーツマス条約が調印された後、首相の桂太郎と来日中の米国の実業家ハリマンとの間には、日本がロシアから獲得した

満州の鉄道権益を米国と共同経営する予備的覚書（桂・ハリマン協定）が作成されていた。しかしポーツマス条約を調印し、ハリマンの離日と入れ代わりにアメリカから帰国した外務大臣の小村寿太郎が大反対し、この予備的覚書は日本政府により破棄される。（中略）もしも日本が、日露戦争後の満州開発にアメリカを引き込んでおれば、中国のナショナリズムは反日だけには向かわずに分断されたであろう。また資金力のあるアメリカなら、蔣介石の国民政府が1930年代に推進する経済建設を飲み込む形で、満州を開発することができたのではないか、そうであるならば1937年に始まる日中間の全面戦争と、その後の日米戦争は発生したであろうか」[289]、という。

ポーツマス条約に反対して日比谷公園で焼き打ち事件が発生し、日本でもナショナリズムが強くなっていた時期でもあり、この覚書の実現は難しかったとは思われるが、その当時の日本の経済力を勘案すれば桂太郎の判断は適切であったと思う。アジア・太平洋戦争の経緯を対華21カ条の要求から書き始めたが、日露戦争によりソ連から継承した満州の権益の獲得があり、満州は中国の領土でその権益の不安定さから日中戦争の火種が常に起こっていたことをここで改めて想起したい。

1945年8月に15年にわたる日中戦争が終わり、戦犯や賠償問題については蔣介石の「以徳報怨」の寛大政策が大きく、「国民政府」は請求権の放棄となった。戦犯についても内戦から早期終結を迫られ、1949年1月の岡村寧次支那派遣軍総司令官の無罪で結審した。

中国が日本に温情的な対応をしたことについて、大半の日本人は忘却しているし、歴史の教育でもこのような事実を伝えていない。1971年7月に突然のキッシンジャー大統領補佐官の中国訪問と、翌年2月のニクソンの中国訪問に促され、1972年9月田中首相が中国訪問し、9月29日日中共同声明が発表され、78年8月の福田政権の時に日中平和友好条約が調印され、国交回復がなされた。アジア・太平洋戦争で最大の被害者であった中国との国交回復に30年近くの時間を要したのは、中国の共産党政権の誕生、冷戦が大きな原因であった。周恩来首相が「中国人民も日本人民も日本軍国主義者の被害者である」という日本人民と日本軍国主義を分け、さらに賠償請求も放棄するという「未来志向」

で共同宣言の実現を図ることができた。

　また、田中角栄、大平正芳両首相が交渉で日本の中国侵略について深い反省の意思を示したことで交渉を早期に妥結することが可能となった。中国は日本の侵略で1000万人以上に及ぶ死者を出し、大変な被害を受けたにもかかわらず、賠償を放棄したのは次の事由と考えられる。①58年の大躍進政策で大量の餓死者を発生させ、50年代後半から中ソ対立によって自力更生を図ることを強いられた。②66年から10年にわたって毛沢東自ら起こした文化大革命で紅衛兵の大量虐殺（殺された人数は数百万から数千万と言われているが実数は不明）が行われたことに加えて、言論の自由も認めておらず、結果的に自ら汚点となるような事実の公表を伏せたかった。

　国交回復後、日本は相当な経済援助をしているが、その恩恵は中国各地の被害者には届いているわけではなく、日本の侵略について日本政府は正式に謝罪していないこともあり、火種は常にある。小泉首相の靖国神社参拝等だけで容易に反日デモ、日本商品不買運動が起きていることは中国と関係するときには常に念頭に入れておく必要がある。

　習近平政権のウイグル族への人権侵害、香港の中国化と体制引き締め強化、南シナ海への進出が加速しているなかで、特にトランプ政権以降、米中貿易戦争、台湾問題から米中の関係は極度に悪化している。一橋大学の授業での加茂具樹氏によると、中国の中央官僚の選抜は大変熾烈な競争のなかで行われ、絞られた幹部の能力は極めて高く、共産党首脳にあげるその提言は大変優れているとのことである。そのような優秀な官僚集団を部下に持つ共産党幹部と協議しなければならない。こうした状況のなか、日本は中国が最大の貿易相手となっており、その巨大な経済力から中国への依存が一層高まるなか、台湾をめぐって米中の軍事的緊張関係もあり極めて難しい環境に置かれている。

　賠償を含む日中戦争の問題は一応政治的に解決しているようだ。が、中国政府は米中間の緊張関係もあり、現状では内部の統制強化の観点から、日中関係が悪化するようなことを中国側は制御していることを常に念頭においておく必要があり、基本的には極めて不安定な関係にある。ドイツがユダヤ人、ポーランド人等の被害者に対して今でも継続的な支援を行っていることを忘れてはな

らず、日本は加害者であったことを反省して、常に真摯な対応を行うことが求められている。

今後、米中の覇権争いは経済・軍事的に収まらずさらに緊張が高まることが想定され、日本は中国に「借り」があることを絶えず忘れることなく、政府及び国民間の意思疎通は常に欠かさないようにすることが肝要である。特に日本は言語表示に漢字を利用していることもあり、文化的、学術的な接点の一層の強化を図るべきだと考える。

南京には南京事件を慰霊する「南京大虐殺記念館」があり、私はまだ行ったことがないが、中国各地にこのような慰霊碑があると聞いている。そのようなところに行ったときはつとめて中国人の無念の思いに浸り、我々日本人としてその責任に無縁ではないことを強く自覚して自責の意思表示をすることは大事だと思っている。

香港に1970年代に短期派遣員として駐在していたことがあるので、最後に香港について触れたい。41年12月25日日本軍は香港を占領し、今でも最高級のホテルであるペニンシュラホテルに本拠地を置いていたが、日本軍占領に伴う負の遺産は見受けられない。英国の植民地として「レッセフェール」を大いに謳歌したが、習近平は政治的な自由を奪って、元々共産党政権発足時の避難場所であった香港から、今度は多数の香港人が海外に流出していると聞くと、寂しい気持ちで一杯になる。

第3節 ┃ 日台関係

韓国及び中国との関係を考慮すると、日台関係は台湾の置かれた脆弱な状況が続いていることもあり、極めて良好な関係にあることは事実である。台湾に4年あまり駐在したこともあり、大好きなところであるが、冒頭でも記した通り、日中戦争で台湾人を日本人軍人・軍属として20万人あまりも徴用し、そのうち3万人が戦死・戦病死し、2万6千人あまりが靖国神社に合祀されている[*290]ことは忘れるわけにはいかない。

靖国神社への政治家の参拝は台湾でも極めて微妙な問題であり、圧倒的に親

日と言われる台湾でも日本に不快の念を持っている人々が外省人（戦後中国から台湾に移り住んだ人々で約15％を占めていると言われる）を中心に多くいる。台湾政府は日本との関係を考慮してこのような微妙な問題について言及しないが、日本政府が戦争責任を曖昧化させている現状とその歴史認識を容認しているわけではない。サンフランシスコ平和条約発効の7時間半前の1952年4月28日に日華平和条約が結ばれ、台湾は一切の賠償を放棄し、日本は植民地支配について詫びていない。満州事変から15年近く日本と戦ってきた蒋介石は「第二次世界大戦の指導者で蒋介石ほど影の薄い勝者はいない」[*291]と揶揄されている。

しかし蒋介石は国共内戦など極めて難しい立場におかれていたが、英米ソの指導者との緊密な書簡を中心とした「公理に訴える外交手法」で日本に勝利した貢献者の一人である。戦後台湾では彼の独裁的な政治からその声望は相対的に低いが、既述の通り、彼が苦労した日本との戦いの賠償を求めなかったという事実と、それに対して台湾人（戦前から台湾に住んでいた内省人）が蒋介石の独裁・弾圧に抗議しえるような状況になかったことは知っておく必要がある。

台湾は日本最初の植民地でもあり、優秀な日本人を台湾に派遣し、台湾の経済と文明の発展に大きな貢献をしたことはある。しかし各地に日本の神社が立てられ日本文化、日本語を強要された被害者でもあったことを忘れてはならない。私自身、台湾に生活してわかったことだが、台湾と韓国の関係は半導体等で経済的には緊密ではあるが、決して仲のよい関係ではない。韓国人に抵抗を感じている人が多いという印象がある。どうして韓台関係がうまくいっていないのか定かではないが、日本が間接的に影響を与えていることは間違いなく、日韓関係の悪化は台湾にとっても対岸の火事ではない。

経済的に巨大な中国との良好な関係は大事だが、最初に植民地とした台湾への目配りは欠かせないと思う。台湾は国家として認められておらず、WHOのオブザーバーにも入れないし、李登輝がその著で述べた「台湾人の悲哀」を、台湾の生活に触れると日常でも感じられた。中国との統一というのは、今日の香港の状況を考えると台湾人は絶対に受け入れない。中国は台湾との統一を悲願にしており、軍事的に攻めるよりは文化的・経済的に従属させ、台湾の中国への編入を容認させるような硬軟の政策を検討していると思われる。経済状況

については最近の『日本経済新聞』に台湾からの輸出は中国向けが今や40%に達し「中国から経済で自立する力はもはや今の台湾には残っていない」と書かれていた。

新聞についても中国寄りの新聞が理由は不明だが圧倒しているようで、現状の台湾を擁護する大手の新聞は一つになってしまった、と『朝日新聞』の記事に載っていた。このように中国は台湾統一のための巧妙な様々な施策は行っていることを知っておく必要がある。日本は妨害工作は出来ないが、台湾人の心に寄り添って、脆弱な立場に置かれた人々の精神的な支援は必要であろう。日本人として台湾人との緊密な交流と台湾への頻繁な旅行を勧めたい。

台湾の鉄道を4年間の駐在で全線踏破したが、特に東側は3000メートルをこえる山々が100以上連なっていることもあり、海と山が隣接していて壮大な滝、リアス式海岸、急流の河と狭隘な浜辺と狭い田園等、鉄道から見える景色は雄大で、変幻自在である。香港に住んだこともあるが、台湾の中華料理は広東料理も含め50年に及ぶ日本の植民地の影響もあるのか、日本人の嗜好に向いている。単身赴任だったが、妻は4年間に16回も来て台湾料理とその文化の大ファンであった。政治的に難しいこともあり、日台の民間による一層な緊密な経済、文化交流が最も大事だと思う。

第4節 ｜ 東南アジア諸国との関係

日米開戦が必至になる状況のなかで、大東亜共栄圏という言葉は、英米の経済封鎖から代替資源を獲得するために使われた。アジアの解放をスローガンに、独立付与をちらつかせ、経済広域圏の形成に協力させようとする一方的な構想であり、これを掲げて日本は東南アジア全域に進出した。

1940年代後半の北部仏印進出以降の日本との戦闘及びそれに伴う死者数は、中国を除き、その多い順にインドネシア400万人、ベトナム200万人（原因は飢餓で死者の大半を占める）、インド150万人、フィリピン111万人と続き、大変な被害を出している *292。サンフランシスコ平和条約の米国の賠償放棄の要請の影響からか、その後に日本が各国への賠償に応じたものの、その額は相対

的に少なく、多くの国は不満を持つ内容となった。しかもその賠償は日本企業のひも付きの政府開発援助（ODA）と呼ばれ、日本企業の海外展開の支援となったものが多い。しかも、東南アジアとの賠償交渉では独裁国家が多かったこともあり、補償は国民に回るものは少なく結果的に支配側を太らせることになる、問題の多い支援が多数あったと言われている。

　私は小学校3年から2年弱、父親の仕事の関係でシンガポールに生活した経験がある。1950年代後半、シンガポール駐在の日本人は家族を含めてまだ100人あまりだった。後で知ったが、日本が1942年2月にシンガポール攻略後、山下奉文司令官は華僑の抗日分子の名目で粛清を行い、5000人あまりを3日間で証拠調べもせず機銃で殺害した。シンガポール駐在の日本人はその事実をよく知らないまま生活していたが、外務省及びシンガポール駐在の幹部はその虐殺事件を知っていたと思われる。日本人子女は基本的に米国または英国系の学校に入り、華僑が大半のシンガポール人との接触をできるだけ避けるように図られたのではと私は勘ぐっている。シンガポール領事館主催の運動会が年に複数回も行われ、日本人同士の関係は緊密で良好だったが、一方でシンガポール人と距離を置くことを仕向けられたのではと思う。

　シンガポールの虐殺事件は現在では明らかになっているが、他の東南アジアでもそれに近い事件を起こしていて、特にインドネシアではインドネシアを統治していたオランダ人の虐殺が女性も含めて交戦中に公然と行われ、フィリピンでも同様な大量の虐殺があり、反日感情はいまだに大きい。東京裁判でも問題となったのは東南アジアでの捕虜の対応であり、フィリピンでのバターンの死の行進、ビルマでの鉄道建設等で大量の死者が発生し、ドイツ側の捕虜の死者が5％以下であったのに対して、日本側での死者が20％ [*293] を超えていた事実は、欧米中心に大変な反響を引き起こした。虐殺の報道ではどうしても白人の方が多くなってしまっているが、当時の東南アジアの大半の国が、植民地かそれに近い統治形態であって、現地住民の虐殺のような人権蹂躙の事実が公表されず、闇に埋もれてしまっていることを理解する必要がある。

　東南アジアは中国の政治・経済の強大化で大きな影響を受けており、特に中国の南シナ海への進出で、ベトナム、フィリピン、インドネシアとは微妙な関

係になっている。その中核であるASEANは多様な政治体制の集合体で、民主主義を信奉している国は限られている。米国の庇護下にある日本として東南アジアとの関係は経済的には緊密だが、政治的には東南アジア各国の利害が対立していることもあり良好ではない。

　最近問題になることはあまりないが、中国と同様にアジア・太平洋戦争で多くの国で被害が起きていることを肝に銘じ、その事実を常に念頭において寛容な対応が常に求められる。特に次章で扱う難民・移民問題は、大きな課題を日本に与えている。移民は少子高齢化による労働力の確保のため受け入れを認めてはいるが、建前では日本は移民を基本的に認めていない。2022年11月に国連の自由権規約委員会が、日本の入管施設に収容されている外国人の処遇改善を勧告した。複数の収容者が死亡したこともあり、収容者が十分な医療を受けられるよう適正な措置を講じることを要求したのである。法務省とその外局である出入国在留管理庁の非人道的な取り扱い、人権意識の欠如と硬直的な対応は極めて問題が多く、国連から指摘されるのは由々しき事態である。戦後責任を強く認識したドイツが、難民・移民に欧州でも最も寛容な方策を採っているのと対比すると、日本の非寛容で非人道的な対応は悲しくなる。

　最後に、オセアニア地域のことを記そう。太平洋戦争でオーストラリアは米軍がまだ戦力が十分に整わない時期に戦いの中心となった。特にガダルカナル島での日本との戦いは有名だが、ソロモン、ニューギニアではオーストラリア兵の多くが戦いに参加し、米軍の3分の1にあたる2万人近くが戦死した。東京裁判でオーストラリア人の昭和天皇への責任追及が強かったことは有名である。オーストラリア人である裁判長のウエッブも、同様の感情を持っていたと言われる。現在、経済的・文化的に極めて緊密な関係にあるが、オーストラリアとニュージーランドの反日感情はいまだに強いことを理解しておく必要がある。

第**3**章 | 開戦・敗戦・戦後責任と未来責任

第1節 | 開戦責任

　戦争責任を論ずるうえではいろいろな切り口があるが、この問題を取り上げ
ている著作も多く、どのように話を展開するか苦慮したが、一番責任が重いの
は開戦責任だと思う。敗戦責任、戦後責任と続くが、誰もが負けると分かって
いた太平洋戦争を開始し、結果的に国内外で大変な被害を起こしたことが最大
の問題である。なぜこのような戦争を行ったのか本書で書いてきたが、結局そ
れを指導した人間の心理と組織制度のソフト部分の解明なくしてこの問題を解
くことはできない。そのなかで一番参考になったのは、丸山真男氏の日本の
ファシズムについての一連の著作である。『超国家主義の論理と心理』で、ナ
チスの指導者は開戦の決断に関する明白な意識を持っている一方、わが国の場
合は、我こそ戦争を起こしたという意識が見当たらない、としている。そして
丸山氏は、米国との戦争を決定するために四度の御前会議を行い、天皇、陸海
軍、政府トップも綿密な議論を重ねたが、曖昧なままずるずると戦争に突入し
てしまったと述べている。そしてそれは各自が主体の意識を持っておらず、天
皇主権もあったが、抑圧の移譲による精神的均衡の保持とでもいう現象が見ら
れ、封建社会的観念が強く残っていて他者に責任を転嫁することが日本の特徴
だと主張する。そして究極の天皇については次のように記す。「近世初期のヨー
ロッパ絶対君主は中世自然法に基く支配的契約の制約から解放されて自らを秩
序の擁護者（Defensor Pacis）から作為者（Creator Pacis）に高めたとき、まさ
に近世史上最初の『自由なる』人格として現われた。しかし明治維新に於て精
神的権威が政治的権力と合一した際、それはただ『神武創業の古』への復帰と
されたのである。（中略）欽定憲法は天皇の主体的製作ではなく、まさに『統治
の洪範を紹述』したものとされ」[294]、天皇を中心とした同心円で中心は点でな
く、垂直に貫く縦軸（時間制）だと述べる。

これが超国家主義の論理であり、中心はあるもののこれはどこまでも永遠に続く縦軸の世界で、主体は永遠に訪れないと規定している。主体がない以上責任の所在もない。論理は全くなく、魑魅魍魎の世界が戦前の日本の社会だと丸山氏は言う。「人間たまには清水の舞台から眼をつぶって飛び降りることも必要だ」は東条の本音だと思うが、日本が危機に直面したときに問題を解決することなく運に身を任せるような発言に、国家を統治している指導者として責任意識の欠如に驚かされる。

　丸山氏は次のようにも述べている。ナチの指導者は無法者の集団であったが、市谷の被告は最高学府や陸軍大学校を出た秀才であり、白鳥や大川のような人もいたが無法者ではなかった。彼らは主体的責任意識が希薄で「既成事実に屈服」し、官僚のロボットとなり、官僚は出先の軍部やこれと結んだ右翼浪人やゴロツキにひきまわされる。そして既述した「抑圧移譲の原理」でひきずられヒエラルヒーの最下位に位置する民衆の不満は移譲するところがないので必然的に外に向けられる。そうした無責任な世論に屈従して政策決定の自主性を失ってしまい*295、と無責任の連鎖が永遠に続くと断じている。

　さらに「権限への逃避」という「官僚精神」が潜んでいて東京裁判で責任をなすりつけあう場面がしばしば見られたように、政治的統合ができなく、政治的多元性を最後的に統合すべき地位にたっている天皇は、立憲君主の権限を守って主体的に聖断を下さなかった。これは天皇の性格の弱さと敗戦より革命を恐れ階級闘争よりも対外戦争を選んだ側近重臣の輔弼もある*296としている。

　丸山氏の主張を見たが、確かに明治憲法の分立制による制度上の欠陥は大きい。昭和時代の日本人エリートの責任意識の欠如と勇気が欠けていることに加えて、戦前の統治機構の「抑圧移譲の原理」がどこまでも続き、主体性が縦軸に伸びきった魑魅魍魎とした社会構造が戦争を開始させた大きな要因であったと私は考える。

　丸山氏の主張に反発する論稿もよく目にする。私は天皇主権のなかで責任が曖昧な分立体制に加えて、日米開戦の経済力比較分析でも同様なことを記したが、日本人の大勢順応主義で責任逃避的な意識が強いことが結果的にずるずると戦争にのめりこみ最悪の事態を招いたと思う。

英国と日本の違いは、戦死者のうち貴族及びトップエリートの比率を比較すると、日本が圧倒的に低いということである。英国では平時にはその特権を弄んでいるトップも、未曾有の危機には率先して戦うと言われている。一方、日本軍のインパール作戦を調べたりすると、戦場で厳しい状況になると真っ先に逃げるのは指揮官と参謀と言われており、その卑怯な態度にはあきれるほかはない。日本のトップが緊急事態で勇気ある判断と行動をとれないのは、その超国家主義的な論理が無意識に支配しており、近代国家における個人の自我、自己責任という考え方がまだ確立されていなかったからだと、私は思っている。コロナが収束しつつある2022年春以降、マスク論議が盛んとなっているが、同調圧力でマスクを外すことができないという意見が、まだ支配的である。ほとんどの人がマスクを着用している。他人の目を行動様式の規範と受け入れ、独自の行動がとれない日本人の個の弱さかもしれない。

第2節 ┃ 敗戦責任と戦争責任者

　敗戦責任については、敗戦直後から東京裁判の時期において敗戦責任論が一般的だったが、敗戦時の指導部の意識は開戦時と同じなので、この問題を改めて議論はしない。しかし、現在の観点からすれば、なぜサイパンが陥落した時点で降伏できなかったのか。第4章第3節で記した通り死者数310万人の9割近くが1944年以降のものだということからしても敗戦必至の状況で降伏することができなかったのは、丸山真男氏の議論を見れば一目瞭然である。結局2度の原爆投下とソ連参戦によって降伏することになったが、終戦内閣の鈴木貫太郎首相ですら、降伏の決断を自ら行うことはできず、彼の功績はその決断を天皇に委ねたことだろう。

　戦争に導いた指導者の責任は既述したが、再度明示しておきたい。対華21カ条要求からこの問題を論議してきたが、直接的な軍事行動を起こした①満州事変の責任をまず問うことが必要であり、その責任は中央の意向とは無関係に勝手に事件を起こした石原と板垣が負うのは当然である。天皇の許可を得ずに、独断で朝鮮から越境した林銑十郎の責任も極めて重い。②1937年の日中事変

について戦争は偶発的に起きたようで、その責任者は明確ではない。しかし参謀本部の戦争の反対意見を抑えて本格的な戦争を決断し中国との外交交渉を絶ったのは近衛であり、彼の責任が極めて大きい。③米国との関係を徹底的に悪化させた三国同盟だが、三国同盟が米国を牽制するために必要と訴え主導したのは松岡であり、その責任が問われる。次いで、この同盟に反対していた海軍の方針を転換させた及川とその意見を強硬に主張し反対論を封印した伏見宮の二人の責任も大きい。

　④対英米戦争を引き起こした直接の原因は、南部仏印進駐である。その時の近衛首相、松岡外相がまず責任を問われる。東条陸相、及川海相も同様である。戦争の当事者たる東条首相と、海軍で戦争を強く主張し実際に戦争を進めた永野とそれに追随した嶋田海相の責任は重い。

　陸軍では統帥系が戦犯から免れている人々が多い。保阪正康氏は統帥系を裁かなかったのは米国側の意図で、これを突き詰めると天皇の問題になると見立てている *297。統帥系で一番の責任者は、戦争中に参謀総長の杉山元である。杉山は妻に自決を迫られて45年9月12日に自殺したが、彼は省内を全く統制できず、あだ名が「グズ元」またの名を「便所のドア」。その心は「押せばどちらにでも開く」と言われた。陸軍大臣、教育総監、参謀総長の三官衙のトップをすべて経験したのは昭和では杉山だけであり、どうしてこのような人物が陸軍を采配したのか。次に服部と辻のコンビ、参謀本部第一部長である田中新一と東条の側近で軍務課長であった佐藤賢了、海軍では軍務局長の岡敬純と第二課長である石川信吾になる。

　そして東条を推薦した木戸である。確かに選択肢は限られていたが、戦争をする以外の判断ができなかった東条を推薦した責任は免れない。最後に昭和天皇については、第5章3節「昭和天皇の戦争責任問題」で記した通りである。

　通常の戦争犯罪で問われた陸海軍以外も含め上記18名が戦争責任者として断罪されねばならないと私は考える。ただしこの18名のほとんどは対米戦争をしたら負けることは理解しており、戦争必然論から戦争に突入する意思決定がなされ、指導者の個々人の個の確立と責任感の欠如は全員に当てはまる。しかも現在でも同調意識はあらゆる局面で続いており、個よりも協調を重視する

日本人の行動様式の限界と言えるかもしれない。

　戦争責任の追及について山田朗氏は、「どのような歴史状況のなかで、どのような国家の判断・行動が、どのような結果をもたらしたかを実証的に検証し、その因果関係や責任の所在を明らかにし、国民の歴史認識として定着させることである」[*298]と述べているが、要は二度とこのような戦争を繰り返さないことである。戦後世代の我々も自分自身の問題として戦争責任を受け止めることが必要であり、次に述べる戦後責任に繋がっていく。

　戦争、敗戦責任について日本人の特質と人物に焦点をあてて追及してきたが、既述の通り、戦争を起こし敗戦となったのは、統帥権の独立等の明治憲法体制の不備に加えて、国土の貧しさや経済力と科学技術水準の差が大きかったことも要因である。軍事独裁体制のなかで陸海軍の対立、画一的で個の育成を怠った軍事教育、精神論と硬直的な指揮・指導体制も極めて問題が大きかった。戦後、この制度的な欠陥は是正されたが、硬直的な縦割りの官僚制度、政治家の相対的な資質の低さと責任意識と指導力の欠如など戦前と変わらない点はまだ多く残っている。

第3節 ｜ 戦後責任と未来責任

　大沼保昭氏は「80年代初めから、戦争責任と正面から向き合うことなく、とくに他国民との関係において日本の戦争や植民地支配がもたらしたさまざまな罪悪や不利益に対して十分な責任を取らず、放置してきた責任という意味で『戦後責任』」[*299]と、とらえている。

　2022年2月に亡くなった石原慎太郎は1993年10月の衆議院予算委員会で、対中国戦争の侵略性を明言せずに、欧米諸国との戦争は帝国主義戦争であり、戦争責任は負っていないと主張した。中曽根元首相は中国と東南アジアについては侵略行為と認めているが、対米戦争は自存自衛の普通の戦争と述べており、その後21世紀に入ると「歴史修正主義」が政治・外交をリードしてきて、安倍元首相の言動を見ると自衛戦争論は右派系の政治家の一般的認識のようである。

　しかし、第一次世界大戦以後の世界的な戦争違法化の流れのなかで、戦争へ

の認識が大きく変わるような状況になってきた。しかも9カ国条約を批准していながら、一方的に満州を侵略したのは、ロシアによるウクライナ侵略と全く同様な行動である。これは明らかに国際法違反であり日中戦争から太平洋戦争まで自衛戦争として正当化しているのは間違った認識である。

　日本の政治指導者のなかでこのような主張がまかり通っていることに強い違和感を覚えるし、過去に率直に向き合っていない、短絡的で自分本位の貧相な意識に驚きを禁じ得ない。2015年の安倍談話について三谷太一郎氏は、「過去に対して主体意識がないために、現在と未来に対する展望を自らの言葉で語れないのだろう。その結果、終始冗長で毒にも薬にもならない談話になった」[*300]と酷評している。このように歴史に真摯に向き合わず、アジア・太平洋戦争を自衛戦争として自己正当化するような、近年勢力を強めていると言われる「歴史修正主義者」の一連の言動は、対中国、対韓国との軋轢をさらに深める大きな要因となっている。一方ドイツは近隣諸国との関係を重視し、戦後責任を明確にさせていることもあり、その大人の対応と強い経済力から、高い信頼感をえて EU 諸国のなかでリーダーの不動の地位を築くまでになった。

　このような状況のなか戦後責任、未来責任を理解していくうえで、教育の果たす役割は極めて大きくなっている。グローバルな世界になっている今日、近現代史を学ぶことの重要性はさらに高まっているにもかかわらず、上記のようなことを主張する政治家に配慮していることが背景にあるのか、または近現代史の史観がまだ定まっていないという言い逃れなのか、近現代史の教育に消極的な文部科学省の対応は極めて問題である。これは最近の若者の保守化、現状維持の Easygoing の生き方から、自民党支持が過半と言われている要因の一つとも考えられ、事実と真理を学ぶことの重要さを求めない愚民化政策の一環と言われるだろう。

第4節 ｜ 難民・移民問題

　このような閉鎖的な思考は今日のコロナウイルス感染のなかで、先進国として最も鎖国主義的な対応をとっていることとも関連があり、世界的に大きな問

題になっている難民・移民政策における日本の孤立的な方策にも反映している。

　グローバル化が一層進展するなかで、世界的に豊かな生活をしている人々と困窮している人々との格差、クルド人に代表されるような政治難民が多数生み出され、これをどのように克服していくのか、世界は新たな課題に直面している。日本も外国籍の人口が2022年には300万人を超える規模になっているにもかかわらず、移民についてはいまだに建前では受け入れを基本的には認めていない[301]ことに問題が集約されている。

　少子高齢化の状況下、３K（きつい、汚い、危険）職場での労働力不足から1980年代から不法就労が増えているにもかかわらず、単純労働者の受け入れを認めなかった。しかし、外国人労働者が急増するなか、1990年に出入国管理法を改定して専門職・技術職及び日系人を対象とした在留資格を改編した改正法が施行され、1993年には技能実習制度が創設された。技能実習は最初に勤めた会社から転籍することができず、脆弱な身分から低賃金、賃金不払い、労働災害等の弊害が多く人権侵害の事例が多く問題多発の制度であった。さらに外国籍が増加するなか、2008年以降高技能外国人の受け入れ、介護・福祉分野の受け入れ、低技能労働者の受け入れのための特定技能制度（2019年）による多様化と拡大が図られてきた。しかし、特定技能は独身、最大５年等の制限が多く、移民を受け入れていない建前との乖離が年々大きくなっているのが実態である。基本方針が策定されていないことに伴う弥縫策に終始していることがその根本原因である。

　移民統合政策指標（Migrant Integration Policy Index）には、2019年に56カ国が参加している。労働市場での移動、家族結合、教育、政治参加、永住移民、国籍へのアクセス、反差別、健康の分野で各国の評価がなされている。2020年の分析では日本は健康、家族結合、永住移民は評価が高いが、教育、反差別で評価が低く、問題の根幹は人間を「労働力」として扱っていることにある。移民統合政策指標（MIPEX）は８つの政策分野に関する政策指標を100点満点で数値化しているが、2020年の日本は47点で52カ国中35位で全体的に低く（アジアのトップは韓国で19位）、報告書で日本は教育と反差別で評価が低く、「統合のない受け入れ」に分類されている[302]。

日本はGDP3位の経済大国であり、世界の不安定が増すなか国際社会の平和への一層の貢献を果たすことが求められている。移民の受け入れを積極的に認める必要があることは論をまたない。移民を建前で認めない政策の転換は必至であること、そのためには多文化共生を旗印に日本語教育、行政サービスの多言語化、生活の支援を図る必要がある。まず差別という意識を軽減させるための教育が必要と考える。

　欧州の難民問題での混乱を見ていると、難民の扱いは移民以上に難しいが、日本は難民についてはその認定が他国と比して異常に少ないことが大きな問題である。ドイツはその戦後責任と関係諸国との関係への配慮から、中近東を中心に欧州で最も積極的に難民を受け入れてきた。日本は第二次世界大戦でドイツと同様に国際法に違反する戦争を行い、多くの人々を殺害・虐殺したことの戦後責任、未来責任を果たすことは世界と共生するうえで最低の義務であろう。移民・難民問題に鈍感であったが、移民・難民が世界的に多数発生し、極めて大きな問題となった今、世界中で苦悩している人々の救済を図るために徐々にその扉を開くことは当然の義務である。政策の転換は未来責任を果たすうえで強く求めていかなければならない。

　政治家は未来志向と言っているが、未来は現在、過去と繋がっている以上、過去を直視し、それから学ぶのは基本的な行動理念である。今、日本を指導している最も影響力のある政治家が過去に触れたがらないのでは、信頼と共感を得られるとは思えない。

おわりに

2019年に一橋大学の聴講生を終え、「はじめに」に書いた事由で本書を書き始めて2年近く要してしまった。これだけの時間を費やすことになったのは自分の知識・文章能力の低さが最大の要因だが、2021年5月24日に妻の衣のすい臓がんが判明、5カ月あまりの抗癌剤治療のあと肺炎が併発し10月10日に亡くなったことが大きい。プライベートな話となるが、42年の結婚生活、わがままな私の生き方に文句を一つも言わず、家庭を支えたのはすべて衣であり、独り身になってから家ではまったくの居候に過ぎなかったことがよくわかった。家庭、子供の養育、ピアノ、薔薇と蘭と庭の手入れから人間関係の配慮まで、中途半端を嫌い、何でも徹底的に行うことを心がけていたことが命を縮めたかもしれないが、衣には強い意思と筋道の通った一本のはっきりとした生き方があった。66歳の短い命だったが、衣の生き方には華と優雅さがあり、最後の時でも「自分の人生は充実して楽しかった」と言っていたことに唯一の慰めを感じている。失ってからのこの悲しみは一生癒えないし、生きる支えを失って、生かされている毎日だが、時々襲う絶望感に苛まれる日々は、今後も続くと思う。

衣に「気楽な人生ね」と言われつづけ、仕事を辞めてから呑気な生活を送っていたが、衣の何でも徹底する生き方を少し真似て、何とかこの論稿を書きあげることができた。

内容は関係するいろいろな書物と一橋大学の授業で吉田裕氏が作成したレジュメから学んだことが中心であり、アジア・太平洋戦争に関心がある人ならだいたい知っているようなことを書き連ねたものである。大きな事件と戦争責任の項目を中心に、自分の意見を書いたが、ある意味において常識的な意見の羅列であり、内容について全く自信はない。しかし、歴史学の大家であるE.H.カーの「歴史とは、歴史家とその事実のあいだの相互作用の絶えまないプロセスであり、現在と過去のあいだの終わりのない対話なのです」[303]という格言には忠実であったと思う。

また、最近の日本の政治家について同じような苦言を何回も書いたことについては、自分の狭量的な部分を見せてしまったと自戒しているが、文面の継続性を尊重して削除することはしなかった。しかし、同じく E.H. カーは「過去が未来を照らし、未来が過去を照らすというのは、歴史の正当性の根拠であり、同時に歴史の真相であります」*304 だと言っている。近現代史を学んできたが、日本の将来を明るく展望できないのも、残念ながら真実のようである。

　飽きっぽい性格で集中力も今一つの自分だが、一つのテーマを10年近く追い続けたことの集大成として、このような論考ができたことには満足している。この論考を書くことの動機づけを与えてくださった吉田裕氏に改めて感謝するとともに、ウクライナの悲劇の一刻も早い終了と、衣が本書を天国で読んで論旨に賛成してくれることに夢を託して、終わりたい。

2023年8月15日

第1章

*1 岡義武『転換期の大正』岩波文庫、2019 年、49 頁

*2 奈良岡聰智『対華二十一ヵ条要求とは何だったのか』名古屋大学出版会、2015 年、324 頁

*3 前掲『対華二十一ヵ条要求とは何だったのか』98 頁

*4 笠原十九司『日中戦争全史　上』㈱高文研、2017 年、62 頁

*5 筒井清忠『満州事変はなぜ起きたのか』中公選書、2015 年、25 頁。吉野作造すら「我が国の最小限度を言現したもの」と記されている通り、日中の世論がするどく対立していたことが理解できる。

*6 前掲『対華 21 ヵ条要求とは何だったのか』307 頁に加藤高明の本来の外交構想の延長線上にはないが、世論が沸騰したことから政治的立場を優先した旨の記載がある。前掲書「日中戦争全史　上」65 頁に「わずか 5 年前の韓国保護国化から『併合』（1910 年）へのプロセスを念頭において見ると、日本の政府・軍部がつぎは中華民国の保護国化、植民地化をねらって作成した青写真と見ることができる」と書かれている。

*7 前掲『対華二十一ヵ条要求とは何だったのか』323 頁。櫻井良樹『加藤高明』ミネルヴァ書房、2013 年にも加藤の真意は不明と記している。

*8 川島真『国境を越える歴史認識　日中対話の試み』東京大学出版会、2006 年、47 頁

*9 前掲『日中戦争全史　上』65 頁

*10 吉田裕「近現代史への招待」『岩波講座日本歴史 15』岩波書店、2014 年

*11 伊藤之雄『明治天皇』ミネルヴァ書房、2006 年、柴田三千雄「フランス革命研究の新地平」、「思想」1990 年 3 月号

*12 安田浩『近代天皇制国家の歴史的位置』大月書店、2011 年

*13 吉田裕「なぜ、戦線は拡大したのか」NHK 取材班編『日本人はなぜ戦争へと向かったのか　戦中編』NHK 出版、2011 年

*14 吉田裕「なぜ開戦を回避できなかったのか」、137 頁、岩波新書編集部編『日本の近現代史をどう見るか』岩波新書、2010 年

*15 佐々木重蔵『日本軍事法制要綱』巌松堂書店、1939 年、53 頁

*16 長谷川正安『昭和憲法史』岩波書店、1961 年

*17 古川隆久『ポツダム宣言と軍国日本』吉川弘文館、2012 年、14-15 頁を参考。

*18 戸部良一『日本の近代 9　逆説の軍隊』中央公論社、1998 年

*19 エドワード・ドレア「内向きの論理・日本陸軍の誤算」、NHK 取材班編、『日本人はなぜ戦争へと向かったのか　上』、NHK 出版、2011 年

*20 保阪正康『東條英機と天皇の時代』ちくま文庫、2005 年、592-593 頁及び『追

悼録榊原主計』榊原主計追悼録刊行会編、1985 年非売品を参考。

*21 吉田裕・纐纈厚「日本軍の作戦・戦闘・補給」藤原彰など編『15 年戦争史 3』青木書店、1989 年

*22 保阪正康『太平洋戦争を考えるヒント』PHP 研究所、2014 年、73 頁

*23 三根生久大『帝国陸軍の本質』講談社、1995 年、127 頁

*24 戸部良一他『失敗の本質』中公文庫、1991 年、317 頁

*25 近代戦史研究会編『日本近代と戦争 4』PHP 研究所、1986 年

*26 吉田裕・森茂樹『アジア・太平洋戦争』吉川弘文館、2007 年、67 頁

*27 森田敏彦『戦争に征った馬たち』清風堂書店、2011 年

*28 堀栄三『大本営参謀の情報戦記』文春文庫、1996 年、332 頁

*29 平間洋一編『戦艦大和』講談社、2003 年

*30 栗原俊雄『戦艦大和』岩波新書、2007 年

*31 デービット・ルー『松岡洋右とその時代』TBS ブリタニカ、1981 年、30 頁

*32 麻田貞雄『両大戦間の日米関係』東京大学出版会、1993 年、309 頁

*33 ジョン・W・ダワー『人種偏見』TBS ブリタニカ、1987 年、45 頁

*34 黒沢文貴『大戦間期の宮中と政治家』みすず書房、2013 年

*35 吉田裕『昭和天皇の終戦史』岩波新書、1992 年、12-13 頁

*36 『小川平吉関係文書 第二巻』、みすず書房、1973 年、141 頁

*37 日本国際政治学会太平洋戦争原因研究部編『太平洋戦争への道』朝日新聞社、1987 年、184 頁

*38 譚璐美『戦争前夜 魯迅、蔣介石の愛した日本』新潮社、2019 年、308 頁。

*39 秦郁彦『昭和史の謎を追う 上』文藝春秋、1993 年、36 頁。

*40 田中伸尚「昭和天皇は立憲君主で平和主義者だったのか」藤原彰編『日本近代史の虚像と実像』』大月書店、1989 年、288 頁に「天皇はこの日、田中の上奏の前に白川陸相の「張作霖爆死事件は之を摘発すること国家のため不利と認めるに付き、其の儘となし、別に守備区域の責任上村岡司令官以下の処分を奏請する」との上奏を認可していたのだ。つまり天皇は真相を公表せず、責任者を厳罰に処分しないという政府の方針を認めたうえで田中に対して怒りを爆発させたのである」と記し、白川の上訴を裁可し、田中には許さないという矛盾した行動をとった。油井大三郎『避けられた戦争』ちくま新書、2020 年、230 頁に「白川陸相が昭和天皇への上奏で、真相の公表が「国家のために不利」と説明したのを昭和天皇が了承していたことが壁になったと言われている。結局、首相の交代だけで幕引きとする因習が問題の根本解決を妨げたと言えるだろう」とも記している。

*41 前掲『昭和史の謎を追う 上』30 頁。

*42 原田熊雄『西園寺公と政局 第一巻』、岩波書店、1951 年、10 頁に西園寺は当

初「『竜頭蛇尾に過ごさせることは、国家の面目上からいっても、陛下の陸軍の綱紀維持の点からいっても、宜しくない。』と言われ、更に自分に独り言ように『この事件だけは西園寺の生きている間はあやふやに済ませないぞ。』と言っておられた」と言ったとある。

読売新聞戦争責任検証委員会『検証戦争責任　上』、中公文庫、2009 年、144-145 頁。半藤一利氏はこの時期テロが多発しており、西園寺の豹変はテロの恐怖が原因と述べている。

*43　中路啓太『昭和天皇の声』文藝春秋、2019 年、227 頁

*44　寺崎英成、マリコ・テラサキ・ミラー『昭和天皇独白録』文藝春秋、1995 年、28 頁

*45　加藤陽子『昭和天皇と戦争の世紀』講談社学術文庫、2018 年、208-211 頁を参照した。

第２章

*46　前掲『検証戦争責任　上』32 頁に「昭和史に暗い影を落としたのが、1930 年（昭和 5 年）の統帥権干犯問題だった。統帥権は統帥部（参謀本部、軍令部）だけが独占するかのような誤った認識が、陸軍軍人を中心に広がるきっかけになった」と書かれている。

*47　前掲『検証戦争責任　上』115 頁

*48　臼井勝美『満州事変』講談社学術文庫、2020 年、18 頁

*49　大杉一雄『日中十五年戦争史』中公新書、1996 年、59 頁

*50　井上寿一『戦前日本の「グローバリズム」　1930 年代の教訓』、新潮選書、2011 年、38 頁

*51　加藤陽子『戦争の日本近現代史』講談社現代新書、2002 年、239 頁

*52　前掲『戦争の日本近現代史』248 頁。

*53　加藤陽子『満州事変から日中戦争へ』岩波新書、2007 年、107-108 頁に事変直後の「9 月 19 日午前、行政院副院長・宋子文と駐華公使・重光葵との間で、日中直接交渉方針が合意されていたことは注目される。重光は幣原外相に許可を仰ぎ、それに同意する幣原の訓令は 21 日午後 11 時 8 分に発せられていた。だが 22 日午後、重光から日本に届けられた電報は、中国側の前言撤回を伝えるものであった」とある。合意される目論みから若槻、幣原外相は安易に経費支出を認めたのではないかと加藤氏は推測している。

*54　江口圭一『昭和の歴史 4　十五年戦争の開幕』小学館、1982 年、64 頁

*55　Herbert P. Bix『Hirohito and the making of modern Japan』Harper Perennial, 2001 年、245 頁から引用。昭和天皇の責任を赤裸々に明記している箇所が多く、日本では物議をかもした本だが、ピューリッア賞を受賞している。

*56　山田朗『昭和天皇の軍事思想と戦略』校倉書房、2002 年、70-71 頁

*57　茶谷誠一『昭和天皇側近たちの戦争』吉川弘文館、2010 年、67 頁

*58　堀田江理『1941　決意なき開戦』、人文書院、2016 年、61 頁

*59　2022 年 6 月 1 日朝日カルチャーセンターの熊本史雄氏の「幣原喜重郎と日本の外交」のレジュメ。この撤兵条件の吊り上げについて有田八郎駐オーストリア公使から激烈な批判があった。9 節で幣原外交の限界を記したが、谷亜細亜局長は満州事変の 8 か月前の、1931 年 1 月 15 日に重光駐中国代理公使に「対支方針に関する件」という文書を人を通じて渡している。この文書は「条約遵守主義」に固守する幣原を上司にもかかわらず、バイパスして重光に渡しているように亜細亜派は勝手に行動しており、通商派（欧米派）と言われた幣原は世論の動きもあり、結果的に亜細亜派に追随するようになっていったとされる。

*60　前掲『戦前日本の「グローバリズム」　1930 年代の教訓』48 頁を参考。

*61　重光葵『外交回想録』2011 年、中公文庫、151-152 頁を参照した。

*62　前掲『日中十五年戦争史』93 頁

*63　緒方貞子『満州事変』岩波現代文庫、2011 年、291-292 頁。なぜ犬養と全く反対の考えだった森を選んだのか、不明であるが、犬養の娘婿である芳沢謙吉を外務大臣に任命したことで可能だと考えたことが 218 頁に記されている。

*64　『東京新聞』2022 年 5 月 16 日「五・一五事件 90 年」の記事を参考。

*65　家永三郎『太平洋戦争』岩波現代文庫、2002 年、69 頁

*66　ウィキペディアの『リットン調査団』の結論の部

*67　加藤陽子『天皇と軍隊の近代史』勁草書房、2019 年、205 頁、胡適が主宰する機関紙「独立評論」から引用。

*68　前掲『西園寺公と政局　第三巻』、3 頁

*69　幣原喜重郎『外交五十年』中公文庫、1987 年、171 頁と 189 頁。

*70　クリストファー・ソーン『満州事変とは何だったのか　下』、草思社、1994 年、296 頁

*71　L.ヤング『総動員帝国』岩波書店、2001 年、278-283 頁を参考。

*72　前掲『ポツダム宣言と軍国日本』74-75 頁

*73　小田部雄次「2.26 事件、主謀者は誰か」前掲『日本近代史の虚像と実像 3』84 頁を参考。

*74　松本清張『昭和史発掘　9』、文春文庫、2005 年、351 頁

*75　前掲『昭和史発掘　9』、313 頁

*76　保阪正康『昭和史七つの謎』講談社文庫、2003 年、32-33 頁を参考。

*77　有馬学『日本の歴史 23　帝国の昭和』講談社、2002 年、200-201 頁

*78　松元崇『持たざる国への道』中公文庫、2013 年、100 頁を参考。

*79　前掲『満州事変から日中戦争へ』191 頁

*80　前掲『太平洋戦争』66 頁

*81　藤原彰『昭和天皇の十五年戦争』青木書店、1991 年、89 頁

*82　臼井勝美『新版日中戦争』中公新書、2000 年、74-75 頁を参考。

*83　前掲『満州事変から日中戦争へ』216 頁、12 月 31 日田中新一の業務日誌。

*84　吉田裕『日本の軍隊』岩波新書、2002 年、207-208 頁を参考。

*85　北村稔・林思雲『日中戦争　戦争を望んだ中国、望まなかった日本』PHP 研究所、2008 年、136-137 頁を参考。

*86　北村稔『「南京事件」の探求』文春新書、2001 年 99 頁を参考。

*87　藤原彰「南京大虐殺と教科書・教育問題」、藤原彰等編『南京事件を考える』大月書店、1987 年、17-20 頁を参考。

*88　笠原十九司『南京事件』岩波新書、1997 年、223-228 頁を参考。

*89　前掲「南京大虐殺と教科書・教育問題」31-34 頁を参考。

*90　前掲『新版日中戦争』86 頁の蒋介石の発言

*91　前掲『満州事変から日中戦争へ』226-227 頁

*92　筒井清忠『近衛文麿　教養主義的ポピュリストの悲劇』岩波現代文庫、197 頁を参考。

*93　石川信吾『真珠湾までの経緯』2019 年、中公文庫、168、174、180 頁を参考。

*94　前掲『日本の歴史 23　帝国の昭和』223 頁

*95　前掲『Hirohito and the making of modern Japan』365 頁

*96　半藤一利「小倉庫次侍従日記」『文藝春秋』2007 年 4 月号

*97　伊藤正徳『帝国陸軍の最後　進攻篇』文藝春秋新社、1959 年

*98　海野洋『食糧も大丈夫也　開戦・終戦の決断と食糧』農林統計出版、2016 年

*99　江口圭一「日中戦争期の日本のアヘン政策」『南京事件を考える』228-232 頁を参考。

*100　吉見義明「日本軍の毒ガス作戦」『南京事件を考える』238-246 頁を参考。

*101　木戸幸一『木戸幸一日記』東京大学出版会、1966 年、802 頁の 1940 年 7 月 11 日の記事による

*102　前掲『満州事変から日中戦争へ』235-236 頁

*103　芦田均『第二次世界大戦外交史』時事通信社、1959 年、54-55 頁で近衛の告白の内容が書かれているが、事実関係の把握が十分できない状況の準戦時体制のなかで政治を行うことの限界を感じ、近衛が苦悩したことが理解できる。

第 3 章

*104　田中克彦『ノモンハン戦争』岩波新書、2009 年、226-228 頁を参考。

*105　大木毅『日独伊三国同盟』角川新書、2021 年、23 頁を参考。

*106　朝日カルチャーセンター 2022 年 3 月 10 日佐藤元英先生の「東京裁判における日独伊三国同盟の信義　日本海軍の主張」講義のレジュメを参考。

*107　前掲『昭和天皇側近たちの戦争』154 頁

*108　前掲『日独伊三国同盟』152-153 頁を参考。

*109　前掲『第二次世界大戦外交史』161 頁

*110　前掲『1941　決意なき開戦』74 頁

*111　服部聡『松岡洋右と日米開戦』吉川弘文館、2020 年、134 頁を参考。

*112　加藤陽子『戦争まで　歴史を決めた交渉と日本の失敗』朝日出版社、2016 年、267、273-274、299 頁の間で三国同盟に関連しているところを参考。

*113　小池聖一「海軍は戦争に反対したか」『日本近代史の虚像と実像　3』164-165 頁を参考。

　　　吉田裕『アジア・太平洋戦争』岩波新書、2007 年、42 頁にも軍令部第一部部長宇垣纒は『戦藻録』に「物資不足で、全く行きづまつて居た海軍の戦備は、幸か不幸か、之を機に進ませ得たので、条約締結の裏面の目的は、海軍としては、いや自分の願ふた点は、達したのである」と海軍軍備の充実という「裏面の目的」から三国同盟締結に賛成した、と記されていて国策より組織優先の論理であった。

*114　服部龍二『NHK さかのぼり日本史　外交編 “外交敗戦” の教訓』NHK 出版、2012¥ 年、18 頁

*115　デービッド・ルー『松岡洋右とその時代』TBS ブリタニカ、1981 年、254-255 頁

*116　前掲『第二次世界大戦外交史』202、203、208 頁。松岡がモスクワにいるときにモスクワ駐在のドイツ大使との会談で述べた言葉。

*117　井上寿一『論点別　昭和史』講談社現代新書、2019 年、198、200 頁のなかで三国同盟に関わる著者の主張を要約した。

*118　細谷千博『日本外交の座標』中公叢書、1979 年、①と②は 86-87 頁を参考。

*119　小泉信三『現代人物論』角川書店、1955 年、「近衛文麿」の項の 124 頁から引用。

*120　前掲『真珠湾までの経緯』235 頁を参考。

*121　永井荷風『断腸亭日乗　下』岩波文庫、1987 年、143、145 頁

*122　西浦進『昭和戦争史の証言　日本陸軍終焉の真実』日経ビジネス人文庫、2013 年、209 頁

*123　佐藤元英『外務官僚たちの太平洋戦争』NHK 出版、2015 年、131 頁

*124　参謀本部編『杉山メモ』1941 年 7 月 22 日、原書房、1967 年、276 頁

*125　牧野邦昭『経済学者たちの日米開戦』新潮選書、2018 年、90、95、97 頁を参考に要約

*126　前掲『経済学者たちの日米開戦』96-98 頁を参考。

*127　林千勝『日米開戦　陸軍の勝算』祥伝社新書、2015 年、128-129 頁

*128　前掲『経済学者たちの日米開戦』160 頁

*129　猪瀬直樹『昭和 16 年夏の敗戦』中公文庫、2010 年、83、200 頁による。

*130　2021 年 12 月 14 日に朝日カルチャーセンターの「戦場からみたアジア・太平洋戦争」と題する吉田裕氏のレジュメから抜粋して引用。

*131　2022年4月6日の朝日カルチャーセンターの「経済学者たちの日米開戦」と題する牧野邦昭氏のレジュメから抜粋して引用。

*132　東郷茂徳『時代の一面』中公文庫、1989年、228頁

*133　細谷千博・佐藤元英「発掘　日米交渉秘録　戦争回避の機会は二度潰えた」『中央公論』2007年12月号、62頁

*134　前掲「発掘　日米交渉秘録　戦争回避の機会は二度潰えた」68-69頁を参照

*135　前掲『1941　決意なき開戦』222-224頁を参考。

*136　前掲『杉山メモ』の310-311頁を参考。「対米英交渉において帝国の達成すべき最小限度の要求事項」の第一番目に記されている。

*137　前掲『1941　決意なき開戦』256-258頁を参考。

*138　野村実『天皇・伏見宮と日本海軍』文藝春秋、1988年、83-84頁を参考。

*139　前掲『木戸幸一日記』915-916頁

*140　勝田龍夫『重臣たちの昭和史　下』文藝春秋、1981年、294頁

*141　第三次近衛文麿内閣の総辞職に際して天皇に提出した辞表（1940年10月16日）

*142　江口圭一『十五年戦争小史　新版』青木書店、1991年

*143　富田健治『敗戦日本の内側　近衛公の思い出』古今書院、1962年

*144　前掲『木戸幸一日記』914頁。2023年8月7日に放送されたNHKスペシャル『発見　昭和天皇御進講メモ〜戦時下知られざる外交戦〜』によると、昭和天皇が1942年バチカンとの外交関係樹立に尽力したことが明らかになっている。天皇はバチカンを介しての戦争回避、戦争終結の仲介を希望していたという。またドイツが対ソ戦に勝利すると判断していたことが、バチカン接近の要因だったことがわかる。

*145　加藤陽子『昭和天皇と戦争の世紀』講談社学術文庫、2018年、348頁を参考。

*146　近衛文麿『失われし政治　近衛文麿公の手記』朝日新聞社、1946年

*147　川田稔『木戸幸一』文春新書、2020年、266-267頁

*148　吉田裕『昭和天皇の終戦史』岩波新書、1992年、139頁

*149　前掲『木戸幸一日記』917頁

*150　前掲『木戸幸一日記』919頁

*151　前掲『木戸幸一』273頁を参考。

*152　前掲『重臣たちの昭和史　上』298頁

*153　前掲『重臣たちの昭和史　上』298頁

*154　前掲『断腸亭日乗　下』、岩波文庫、1987年、154頁の10月18日の日記。

*155　森山優『日本はなぜ開戦に踏み切ったか』新潮選書、2012年、129-130頁の開戦決意に関する事項を参考。

*156　軍事史学会編『機密戦争日誌　上』錦正社、1998年、181頁

*157　前掲『日本はなぜ開戦に踏み切ったか』167-168頁

*158 前掲『外務官僚たちの太平洋戦争』226 頁

*159 前掲『Hirohito and the making of modern Japan』429-430 頁

*160 前掲『第二次世界大戦外交史』375 頁を参考。

*161 前掲『杉山メモ』11 月 29 日、537-538 頁

*162 前掲『機密戦争日誌』193-194 頁

*163 朝日新聞法廷記者団『東京裁判　中』東京裁判刊行会、1963 年

*164 ヒュー・バイアス『敵国日本』刀水書房、2001 年、139-140 頁を参考。

*165 近藤新治編『近代日本戦争史 4』同台経済懇話会、1995 年

*166 ジェローム・B・コーヘン『戦時戦後の日本経済　上巻』岩波書店、1950 年

第 4 章

*167 前掲『1941　決意なき開戦』24 頁

*168 半藤一利ほか『昭和陸海軍の失敗』文春新書、2007 年、84 頁を参考。

*169 丸山真男『超国家主義の論理と心理』岩波文庫、2015 年、145-146 頁

*170 秦郁彦「戦争終末構想の再検討」、軍事史学会編『第二次世界大戦　三』錦正社、1995 年

*171 大井篤『海上護衛参謀の回想』原書房、1975 年

*172 一ノ瀬俊也『東條英機』文春新書、2020 年、217 頁

*173 吉田裕「戦局の展開と東条内閣」吉田裕など編『岩波講座　日本歴史 18』岩波書店、2015 年、65 頁

*174 前掲『超国家主義の論理と心理』32 頁

*175 岩波新書編集部編『日本の近現代史をどう見るか』岩波新書、2010 年、148-149 頁

*176 吉田裕『アジア・太平洋戦争』岩波新書、2007 年、219-220 頁を参考。

*177 前掲『戦局の展開と東条内閣』46-49 頁を参考。

*178 油井大三郎『日米戦争観の相剋』岩波書店、1995 年

*179 吉田裕『現代歴史学と戦争責任』青木書店、1997 年、206 頁

*180 吉田裕「アジア・太平洋戦争の戦場と兵士」倉沢愛子など編『岩波講座　アジア・太平洋戦争 5』岩波書店、2006 年

*181 前掲『アジア・太平洋戦争』260-261 頁を参考。

*182 山口宗之『陸軍と海軍』清文堂出版、2005 年

*183 吉田裕『日本の軍隊』2002 年、岩波新書、200-201 頁を参考。

*184 池之上貞巳「兵站地帯の常識」『幹部学校記事』12 号、1954 年 9 月

*185 前掲「アジア・太平洋戦争の戦場と兵士」

*186 前掲『日本の軍隊』203 頁

*187 川崎春彦『日中戦争　兵士の証言』光人社 NF 文庫、2005 年

*188 前掲『断腸亭日乗　下』、207 頁

*189 吉田裕など『敗戦前後』青木書店、1995 年

*190 前掲『昭和天皇独白録』103-104 頁

*191 保阪正康『昭和陸軍の研究 下』朝日文庫、2006 年、206 頁

*192 前掲『帝国の昭和』313、315 頁

*193 前掲『ポツダム宣言と軍国日本』141 頁を参考。

*194 長谷川毅『暗闘』中央公論新社、2006 年、123-124 頁を参考。

*195 山極晃・中村政則編『資料日本占領 1 天皇制』大月書店、1990 年

*196 前掲『帝国の昭和』329 頁

*197 前掲『木戸幸一日記』1208-1209 頁

*198 仲晃『黙殺 上』NHK ブックス、2000 年、17 頁

*199 前掲『黙殺 上』18 頁を参考。

*200 David McCullough『Truman』Simon & Schuster 1992 年、428 頁を参考。

*201 前掲『暗闘』245 頁を参考。

*202 前掲『暗闘』269 頁を参考。

*203 前掲『Truman』448-452 頁を参考。ポツダム宣言発表の 48 時間前にスターリンが宣言国から外されたことが大きいと思われる。

*204 前掲『黙殺 上』31 頁

*205 前掲『Hirohito and the making of modern Japan』522 頁

*206 前掲『暗闘』298 頁

*207 前掲『黙殺 上』271-272、275 頁を参考。

*208 前掲『黙殺 上』235 頁

*209 鈴木多聞『「終戦」の政治史』東京大学出版会、2011 年

*210 前掲『Truman』455、460 頁を参考。

*211 前掲『昭和天皇側近たちの戦争』204 頁。一時、4 条件に傾いていた、天皇と木戸に対して、ソ連侵攻と共産革命への危険性を心配する近衛、高松宮、重光らが積極的に動き、「『国体護持』だけの一条件でポツダム宣言を受諾することに決心させた」とある。

*212 前掲『外務官僚たちの太平洋戦争』346 頁

*213 吉見直人『終戦史』NHK 出版、2013 年、309 頁を参考。

*214 『毎日新聞』2014 年 9 月 9 日の記事より。

第 5 章

*215 安達宏昭『大東亜共栄圏』中公新書、2022 年、233 頁

*216 野坂参三『民主日本の建設』暁明社、1949 年

*217 渡辺治『戦後政治史の中の天皇制』青木書店、1990 年

*218 小田部雄次『天皇・皇室を知る事典』東京堂出版、2007 年

*219 2022年6月15日の朝日カルチャーセンターの熊本史雄氏の「幣原喜重郎と日本の外交」のレジュメを参考。9条の発案は幣原が象徴天皇制にも納得していなかったこともあり、セットでマッカーサーが発案していると熊本氏はその講義で主張している。

*220 横田耕一『憲法と天皇制』岩波新書、1990年

*221 横田耕一『象徴天皇制の構造』日本評論社、1990年

*222 岩見隆夫『陛下の御質問』毎日新聞社、1992年。また2022年5月13日の朝日カルチャーセンターの山田朗氏の田島道治『拝謁記』の講義で、例えば再軍備のための憲法改正について吉田首相に意見をしたいのを田島に押しとどめられる場面がある。このような事例が多数あったようで昭和天皇は天皇主権であった戦前の意識をなかなか払拭することができなかったことがわかる。

*223 古関彰一「象徴天皇制」朝尾直弘ほか編『岩波講座日本通史　19』岩波書店、1995年

*224 松下圭一「大衆天皇制論」『中央公論』1959年4月号

*225 宇田川幸大『東京裁判研究』岩波書店、2022年、124頁

*226 粟屋憲太郎など編『木戸幸一尋問調書』大月書店、1987年

*227 波多野澄雄『国家と歴史』中公新書、2011年、34頁

*228 徳川義寛『徳川義寛終戦日記』朝日新聞社、1999年、167頁

*229 吉田裕『日本人の戦争観』岩波現代文庫、2005年、82頁

*230 2022年5月24日『朝日新聞』オピニオンリーダー＆フォーラム「昭和天皇とヒトラー並べた動画」での高橋哲哉氏の発言要旨。橋爪大三郎氏の発言を同時に載せた。加藤典洋・竹田青嗣・橋爪大三郎『天皇の戦争責任』径書房、2000年、で橋爪氏は天皇の戦争責任はないと主張している。

*231 前掲2022年5月朝日カルチャーセンター山田朗氏の『拝謁記』講演レジュメを参考。

*232 日暮吉延『東京裁判』講談社現代新書、2008年、16頁

*233 レーリンク、カッセーゼ『レーリンク判事の東京裁判』新曜社、1996年、84頁

*234 内海愛子『スガモプリズン』吉川弘文館、2004年

*235 宇田川幸大『考証東京裁判』吉川弘文館、2018年、111頁

*236 半藤一利・保阪正康・井上亮『「東京裁判」を読む』日本経済新聞出版社、2009年、47頁

*237 大沼保昭・江川紹子『「歴史認識」とは何か』中公新書、2015年、13頁

*238 前掲『レーリンク判事の東京裁判』115頁

*239 レーリンク「唯一の文官死刑被告・広田弘毅を再審する」『中央公論』1983年7月号

*240 前掲『レーリンク判事の東京裁判』21頁

*241 前掲『考証東京裁判』113 頁

*242 半藤一利『指揮官と参謀』文春文庫、1992 年、84 頁

*243 前掲『指揮官と参謀』92-96 頁を参考。

*244 ウィキペディア「真崎甚三郎」参考。

*245 秦郁彦『昭和史の軍人たち』文藝春秋、1982 年、293-294 頁

*246 鈴木荘一『それでも東條英機は太平洋戦争を選んだ』勉誠出版、2018 年、75 頁

*247 ウィキペディア「伏見宮博恭王」参考。

*248 前掲『東京裁判研究』第 1-3 章を参考。

*249 前掲『「東京裁判」を読む』197 頁

*250 前掲『「東京裁判」を読む』208 頁

*251 前掲『現代歴史学と戦争責任』167-168 頁を参考。

*252 前掲『東京裁判研究』110-113 頁を参考。

*253 前掲『東京裁判研究』124-125 頁を参考。

*254 前掲『東京裁判研究』130-134 頁を参考。

*255 井上寿一『広田弘毅』ミネルヴァ書房、2021 年、129-130 頁を参考。

*256 前掲『「東京裁判」を読む』385 頁

*257 前掲『東京裁判』278-279 頁

*258 前掲『「歴史認識」とは何か』25 頁

*259 前掲『「東京裁判」を読む』371-372 頁を参考。

*260 2022 年 6 月 14 日の朝日カルチャーセンターの吉田裕氏の「東京裁判その意義と問題点」のレジュメを全面的に引用して、①から⑥までの項目はレジュメから引用した。文章についてはレジュメを参考にしたが、著者の文章。

*261 前掲『考証東京裁判』206-208 頁を参考にし、吉見義明『草の根のファシズム 日本民衆の戦争体験』東京大学出版会、1987 年も参考。

*262 前掲『国家と歴史』31 頁

*263 前掲『東京裁判』341 頁を参考。

*264 渡辺治『日本の大国化とネオ・ナショナリズムの形成』桜井書店、2001 年

*265 岩井克己『皇室の風』講談社、2018 年

終章

*266 朝日新聞 2022 年 6 月 22 日オピニオン＆フォーラム「最高裁判事という存在」の網谷龍介氏のコメント。

*267 朝日新聞 2022 年 5 月 3 日オピニオン＆フォーラム「これからの立憲主義」の石川健治氏のコメント。

*268 芝健介『ヒトラー』岩波新書、2021 年、216-218 頁を参考。

*269 朝日新聞 2022 年 8 月 12 日オピニオン＆フォーラム「ウクライナ　戦争と人権」

の豊永郁子氏のコメント。

補論

*270　西尾幹二『異なる悲劇日本とドイツ』文藝春秋、1994 年、61 頁

*271　前掲『異なる悲劇日本とドイツ』67-69 頁を参考。

*272　前掲『異なる悲劇日本とドイツ』77 頁を参考。

*273　前掲『異なる悲劇日本とドイツ』77-78 頁を参考。

*274　前掲『異なる悲劇日本とドイツ』115 頁。

*275　熊谷徹『日本とドイツ　ふたつの戦後』集英社新書、2015 年、36 頁

*276　前掲『日本とドイツ　ふたつの戦後』55-56 頁を参考。

*277　前掲『日本とドイツ　ふたつの戦後』64、85、107 頁を参考。

*278　前掲『「歴史認識」とは何か』204 頁

*279　高橋哲哉『戦後責任論』講談社学術文庫、2005 年、8 頁

*280　朝日新聞 2022 年 12 月 7 日オピニオン＆フォーラム「虐殺の史実に向き合う」
　　　武井彩佳氏のコメント。

*281　粟屋憲太郎・田中宏・三島憲一・広渡清吾・望田幸男・山口定『戦争責任・戦後責任』
　　　朝日選書、1994 年、252 頁

*282　高橋哲哉「終わりなき歴史責任」『世界』2022 年 9 月号、160 頁を参考。

*283　内海愛子『戦後補償から考える日本とアジア』山川出版社、2002 年、59-62、
　　　67-68 頁を参考。

*284　森万佑子『韓国併合』中公新書、2022 年、第 5 章「保護国への道程」を参考。

*285　前掲『「歴史認識」とは何か』61-63 頁

*286　朴裕河『歴史と向き合う』毎日新聞出版、2022 年、230 頁

*287　朝日新聞 2022 年 3 月 30 日オピニオン＆フォーラム「歴史総合　新科目の狙い」
　　　成田龍一氏のコメントを参考。

*288　前掲『現代歴史学と戦争責任』32 頁

*289　前掲『日中戦争　戦争を望んだ中国望まなかった日本』54 頁

*290　ウィキペディア「台湾人日本兵」から引用。

*291　麻田雅文『蔣介石の書簡外交』人文書院、2021 年、15 頁

*292　『日本社会の歴史 下　近代〜現代』歴史教育者協議会編、大日方純夫、山田朗、
　　　早川紀代、石川久男著　大月書店、2012 年

*293　サラ・コブナー『帝国の虜囚　日本軍捕虜収容所の現実』みすず書房、2022 年、
　　　それによれば、米軍捕虜の 3 人に 1 人が収容所で死亡したという。

*294　前掲『超国家主義の論理と心理』30、32、35 頁を参考。

*295　前掲『超国家主義の論理と心理』167、180-181 頁を参考。

*296　前掲『超国家主義の論理と心理』197 頁を参考。

*297 　前掲『「東京裁判」を読む』、69 頁

*298 　山田朗『日本の戦争 3　天皇と戦争責任』新日本出版社、2019 年、235 頁

*299 　前掲『「歴史認識」とは何か』、97 頁

*300 　2015 年 8 月 15 日記事。前日の安倍首相談話については新聞各社がコメントを発表していて、「朝日新聞」は三谷太一郎氏の批判的な記事を掲載したが、「産経新聞」は櫻井よしこ氏がその談話に賛同する旨の記事を掲載していた。談話で賛否両論があったことに注目したい。

*301 　日本に移民政策はなく、2018 年当時の安倍首相は国会答弁に於いて、「政府としては国民の人口に比して一定程度の規模の外国人や家族を期限を設けずに受け入れることで、国家を維持する政策をとることは考えていない」と述べている。その上で入管難民法改正案の外国人労働者受け入れの拡大は、あくまでも「深刻な人手不足に対応するため、真に必要な業種に限り一定の専門技能を有し、即戦力になる外国人材を制限を付して受け入れようとするもの」だと説明した。

*302 　移民問題については、2022 年 2 月 20 日、目黒区教育委員会が主催した「ソーシャルハーモニー／多文化共生の実現に向けて」での永吉希久子氏「データから学ぶ移民と日本」の講演で配られたレジュメによる。

*303 　E.H. カー『歴史とは何か　新版』、岩波書店、2022 年、43 頁

*304 　前掲『歴史とは何か　新版』、207 頁

著者略歴

石井 創一郎(Soichiro Ishii)

1949年東京都大田区に生まれる。神奈川県立湘南高校、慶應大学法学部卒。1973年日本航空(株)入社。東京支店、香港支店、成田貨物支店、国際貨物営業部、米州地区支配人室、関連事業室、台湾支社付 Pan Jupiter Transport、貨物事業部専任部長。(株)日陸(現 NRS)。2013 ～ 2019年一橋大学社会学部、聴講生。

アジア・太平洋戦争への道のりと戦争責任

2023 年 12 月 13 日　初版第 1 刷発行

著者　石井 創一郎

発行　株式会社文藝春秋企画出版部

発売　株式会社文藝春秋

　　　〒 102-8008

　　　東京都千代田区紀尾井町 3-23

　　　電話 03-3288-6935（直通）

装丁　佐々木 浩志

印刷・製本　株式会社フクイン

©Ishii. 2023　Printed in Japan

ISBN978-4-16-009057-6